品读正定

孙万勇 著

学习出版社

正定是我的第二故乡。这里有悠久的历史，灿烂的文化，勤劳的人民。我爱自己的故乡。

——习近平

序言

正定是个好地方

"一个热爱中华大地的人,他一定会爱她的每一条溪流,每一寸土地,每一页光辉的历史。这里,我想向我的青年朋友们谈谈我的第二故乡——正定。"[①]

这是习近平同志在正定工作时写的一段话,字里行间饱含着对这片热土的殷爱之情。

正定(古称真定),位于太行山东麓、滹沱河畔,物华天宝,人杰地灵,是华北大地上的一颗明珠,是中华文明的发祥地之一。正定古城,位于东经114.57度,北纬38.15度,历史悠久,文化灿烂,是国务院命名的国家历史文化名城。

古往今来,真定、正定的语意皆为守正安定,与中华优秀传统文化理念颇为吻合。

道家曰:制而不着,放而不动,处喧无恶,涉事无恼者,此是真定。[②]

[①] 习近平:《知之深 爱之切》,河北人民出版社2015年版,第1页。
[②] (明)高濂:《遵生八笺》清修妙论笺上卷。

佛家认为，达到最高理想境地之一就是正定。有"智慧正定戒根本，大圆满觉人天钦"之说。①

历史的公认，不偏不倚谓之"正"，不惑不移谓之"定"。

新时代肇基，那是从政起步之地，守正创新，天下安定。

"1982年3月至1985年5月，习近平同志在河北正定工作，先后任县委副书记、县委书记。任职期间，他和正定人民'一块苦、一块过、一块干'，对正定倾注了极大的心血与情感。"②

离开正定后，习近平同志足迹踏遍八闽大地、浙江山水、浦江之滨，始终一如既往地牵挂这里，多次故地重访，时刻关心家乡的振兴；到中央工作后，又先后于2008年和2013年两次回到正定看望乡亲们，寄希望于家乡更快更好地发展，殷殷之情溢于言表。

若干年后谈起自己的经历时，他曾深情地说，"正定是我从政起步的地方"，③"正定是我的第二故乡"，"我爱自己的故乡"。④

关注正定的还有一位伟人——开国领袖毛泽东。博览群书、知识渊博的毛泽东，虽然没有到过正定，但想来对正

---

① 参见《楞严经》。
② 本书编写组：《让群众过上好日子——习近平正定足迹》，河北人民出版社、人民出版社2022年版，第1页。
③ 中央党校采访实录编辑室：《习近平在正定》，中共中央党校出版社2019年版，第23页。
④ 习近平：《知之深 爱之切》，河北人民出版社2015年版，第215页。

定的历史并不陌生，特别是对两位正定人印象深刻。

这两位正定人，一位是秦末汉初开拓岭南的南越王赵佗，另一位是三国时期"一身是胆"的蜀国名将赵云（字子龙）。

关于赵佗，毛泽东曾给予高度评价，风趣地称他为"南下干部第一人"，还称他是"开发岭南第一人"。

1958年10月，毛泽东在天津接见中共正定县委书记杨才魁时说："正定是个好地方，那里出了个赵子龙。"[①]书写这句话的牌板，至今还矗立在正定城内的赵云庙前。

毛泽东对赵云评价甚高，曾称赞我军智勇双全、能征善战的"百战将星"杨成武为"军中赵子龙"。[②]

那么，让习近平总书记知之深、爱之切的那个正定，究竟是个什么样子？被毛泽东称赞过的正定，究竟是个什么样的好地方？需要静下心来，仔细地审视一番。

而要真正认识正定，需要有宏大的历史观，有宽广的格局和视野，不如此不足以洞察全貌。

因为，正定的历史太悠久、太厚重了。数千年来，在这片雄浑深沉的热土上，时而惊天动地，时而云淡风轻；时而奏响豪放之歌，时而吟出婉约之曲；时而铁马金戈激荡，时而小桥流水飞红。它在俯仰间吸吮着天地精华，在旷世中和润着华夏文明，演绎着写不尽、诉不完的故事。

---

① 正定县政协文史委编：《千年正定城》，人民日报出版社2014年版，第204页。

② 卓翔、高湘嫒：《被毛泽东称为"军中赵子龙"的杨成武》，《学习时报》2021年3月8日。

于是，我们看到了文明之光源远流长。上溯5400多年，正定人先祖已在此生活繁衍；上溯2700多年，鲜虞人在新市（今正定县新城铺镇）建国立都，是正定建城史的发端；上溯2200多年，秦始皇改东垣邑为东垣县，后秦朝在此设立恒山郡，是正定郡县建制的肇始；上溯1700多年，三国魏时至中华民国之初，正定先后是郡、州、军、府、路、巡抚的治所，牢牢占据着河北中南部政治、经济、文化中心的地位。辽金时期，曾两次成为一国之都。在中国历史发展的进程中、在中华文明赓续的许多重要时期，正定都没有缺席，并且发挥着不可或缺的作用。宋代史学家宋祁画龙点睛地说，经略河朔非真定也。

于是，我们看到了穿越时空的千古之美。正定是中华文明最早的发祥地之一，源远流长的历史，给正定留下了瑰丽灿烂的文明成果。我国现存最高大、最古老的铜铸立佛，唯一现存的唐代钟楼，"庄严尤过于罗马君士坦丁凯旋门"的阳和楼，堪称孤例的广惠寺华塔，历史最久远的文庙大成殿，都是中华古建筑的杰作，历经千年沧桑而熠熠生辉，享誉海内外。而书法史上承秦启汉的隋代龙藏寺碑，泱泱华彩的书院和宋词元曲，麦黍飘香、丝绢飘逸、白玉紫花等精美物产和非物质文化遗产，又为中华文化宝库增光添彩。1994年，国务院命名正定为"国家历史文化名城"，乃实至名归。

于是，我们看到了钟灵毓秀的藏龙卧虎之地。正定这片得天独厚的热土，哺育出许多闻名遐迩的英雄豪杰、文学大家、科学巨匠，为武赳赳，为文彬彬。秦末汉初南越王赵佗，三国名将赵云，唐代抗击安史之乱、宁死不屈的常山太守颜杲卿，北宋名相赵普，金代著名医学家李杲，元曲四大家之一的白朴，明朝重臣梁梦龙，清代保和殿大学士、收藏家梁清标，北洋政府国务总理王士珍，中共第一任正定县委书记尹玉峰，中国共产党北方农民运动领导人之一郝清玉，我国现代眼科医学奠基人张晓楼等，皆为精英代表。他们以文韬武略、杰出贡献而彪炳史册。

于是，我们看到了自强不息、豪勇侠义、可歌可泣的人文精神。千百年来，反对压迫、反对剥削的斗争此伏彼起，东汉张燕、北宋柴宏农民起义，震撼燕南赵北；近代以来，反帝、反封建的浪潮风起云涌，铁路大罢工、反"讨赤捐"斗争震惊全国。在国家民族危难面前，正定人民同仇敌忾，浴血奋战，著名的高平地道战，声名远播。在新民主主义革命时期、社会主义建设和改革开放年代，正定人民更是意气风发，高歌猛进，创造了新的辉煌。

这真是一个让人念念不忘、流连忘返的地方！

不得不说，正定就是一个常年盛开的百花园。数千年来，人们走到这个地方，总要不由自主地停下脚步，尽情欣赏它的美丽雍容、大气含蓄、聪颖质朴，不约而同地发出赞美之声。

北宋政治家、文学家欧阳修出使真定一年，温良的氛围温暖了他离开京城寂寞的心，临别时留下了"莫忘镇阳（正定）遗爱在，北潭（潭园）桃李正氤氲"的诗句。

见过世面的意大利旅行家马可·波罗，从正定北门进城，立刻被这里的繁华惊呆了，称正定是"一座贵城"，盛产丝织品，能织金锦丝罗，其额甚巨。城南有一条大河，可以直通汗八里（元大都北京）。

著名建筑学家梁思成曾经多次到访正定。仅20世纪30年代就两次来到正定，看到一处处精美绝伦的古建筑，他"心花怒放"，"高兴到发狂"，亲手测量绘制了重要古建筑的图纸，结集为书，才有了那部《正定古建筑调查纪略》，生动、翔实且极具价值，成为中国古建筑史上的经典教材。

著名学者余秋雨来到这里，按捺不住激动的心情，用极富感情的话说，正定我来得晚了，在正定，我找到了中华文明最兴盛时期的图谱与证据；正定拥抱着太多的国宝，可以让人强烈地感受到一种千古之美。

与诗人、专家和学者相比，亲身在这里生活过的人，更有另一番深刻的感悟。

由于历史的机遇，我有幸于1999年6月任中共正定县委书记，历时三年十个月。

在这近四年的时间里，我经历了人生最有价值的锻炼，留下了人生最为深刻、难以忘怀的记忆；也是政治上成熟、作风上多方锤炼的一个时期。

正定的经历不算长，但它是我人生的大课堂，正定的父老乡亲就是最好的老师，使我受益匪浅。在这里，我读懂了什么是国情、县情；读懂了中国农村这部百科全书，熟悉了朴实的老百姓以及他们的喜怒哀乐；更感悟到党员领导干部的人生价值所在。

每每想到这些，我都激动不已，又回到那激情燃烧的常山岁月。

从那时开始，我就有一个强烈的愿望，有机会一定要好好写一写正定，让更多的人了解正定，了解这里勤劳朴实的人们，了解这里价值连城的国宝，了解这里载入史册的瑰丽文化和厚积薄发的人文气质。

当然，以史为镜，可以知兴替。重温历史的意义在于传承和创新。观照现实，助力今天的事业，才是温故知新的初衷所在。正定有辉煌的过去，处在今天伟大的时代，也一定会加倍努力，创造新的未来，不负她的盛名。

那么，现在就让我们拉开历史的大幕，一起走进正定，了解她幕后许多鲜为人知的故事，感受她悠久的历史、灿烂的文化，慢慢品味她不同寻常的精神气质和特有的文化魅力。

正定是个好地方，我爱自己的第二故乡！

是为序。

目 录

序 言	正定是个好地方	1
第一章	千年形胜——虎踞龙蟠燕赵间	1
	恒山苍苍，滹水泱泱	3
	九省通衢，八面来风	15
	三关雄镇，河朔要冲	29
第二章	乾坤激荡——天下根本在河北	41
	归汉，方为大义	43
	横空出世的真定	56
	滹沱一片冰	69
	再识赵子龙	82
第三章	山河带砺——经略河朔非真定也	97
	常山义旗奋	99
	遇宋兴，遇真定兴？	112
	赳赳者君子风	126
	高平之歌	142

1

第四章 经世济民——穷边无处见春荣　　159
悠长的丝带　　161
阳和楼大观　　175
民以食为天　　190

第五章 千古之美——四塔八楼拱阳和　　207
斗拱与飞檐的协奏曲　　209
梁思成的"人间四月天"　　227
寻觅潭园　　242

第六章 晨钟暮鼓——古殿悠悠径有苔　　257
不息的钟鸣　　259
聆听临济喝　　271
慈悲的与智慧的　　284

第七章 涓涓文脉——何处如今更有诗　　297
仰望星空　　299
戏剧的春天　　316
梁家那些事儿　　331
摇篮曲　　349

第八章 上善若水——春风十里润常山　　365
长河的晶莹　　367
续写，红楼新曲　　379
感念民心　　394

附录　正定历代建置沿革简表	408
参考书目	415
后　记	417

第一章 千年形胜——虎踞龙蟠燕赵间

恒山苍苍，滹水泱泱

一

中国历史地理学讲究形胜，是中国特有的文化概念。

何谓形胜？《荀子·强国》曰："其固塞险，形埶便，山林川谷美，天材之利多，是形胜也。"用今天的话说，就是位置险要，交通便利，环境优美，自然物产丰足。

用这个标准衡量，正定就是一个形胜之地。

对于这一点，古诗早有赞咏。譬如，"恒山北走见云气，滹水西来闻雁声""恒阳拱抱滹沱绕，衣冠文物擅八表。镇城中控翼神京，势吞河朔景突窈""恒峰邀堞耸，滹浪蹴城浮""带绕滹沱，屏开恒岳，连营剑倚青天"等。

我以为，表述最准确、最能概括和凸显正定优势，又有雄浑气象和宏大视野的，还是清代诗人容丕华的《正定府》：

起伏沙冈一郡环，唐藩成德汉常山。
西抱恒岳千峰峭，南截滹沱百道湾。
中国咽喉通九省，神京锁钥控三关。
地当河朔称雄镇，虎踞龙蟠燕赵间。

容丕华和其他诗人都道出了两个关键词：恒岳和滹沱，实为正定之精确形胜坐标。

古北岳恒山

第一章 千年形胜——虎踞龙蟠燕赵间

恒岳，乃指古代五岳之一的北岳恒山；滹沱，则指发源于山西、流经正定的滹沱河。

恒山，亦曰常山，曰北岳，一名大茂山，在真定府曲阳县西北70公里处（注意不是现代北岳所在）。历史上恒山地位很高。《尔雅》载，恒山为北岳祠典，五岳之一也。《地记》称，恒山北临代，南俯赵，东接河海之间，天下形胜处也。[①] 已经说明了它的方位。为了避免与今天山西浑源的北岳混淆，我们都将大茂山以古北岳相称。

滹沱河，源于山西繁峙县东北泰戏山，由晋入冀，古经代、太原、真定、常山、钜鹿、渤海六郡，长680多公里。其中流经平山、灵寿、真定城南、藁城县北，晋州城南，均属真定府属地。滹沱河也是名川。《礼记》载，晋人将有事于河，必先滹沱，是也。《唐六典》记，河北大川曰滹沱。"盖滹沱横亘于河北，燕、赵有事，滹沱上下，皆津渡处矣。"[②]

背倚恒岳为屏，带绕滹沱为依，正定的形胜要拜这一山一水所赐。

二

初识正定的朋友，走在正定城恒山大街上，免不了要问一个问题，为什么秦统一六国，将真定作为恒山郡（后避汉文帝名讳改常山郡）郡治？一马平川的正定为什么有以恒山命名的街道，

[①] （清）顾祖禹：《读史方舆纪要》（一），团结出版社2022年版，第402页。

[②] （清）顾祖禹：《读史方舆纪要》（一），团结出版社2022年版，第407页。

曲阳县城古北岳庙

它和恒山有什么关联？

解答这个问题，首先要搞清楚古恒山的位置。

古代人有崇山拜月的图腾意识，因为山川代表天下，普天之下莫非王土。但地域辽阔，不可能一一巡视，封建帝王登高望远，会当凌绝顶，一览众山小，以这样的形式巡狩疆土，代表的是一种主权意识。

自从汉宣帝确立祭祀五岳礼制以来，至今东岳泰山、西岳华山、中岳嵩山的位置，都是一成不变的，而南岳衡山、北岳恒山的"帽子"都有过一次替换。最初的南岳封在安徽天柱山，后隋文帝改为湖南的衡山，改动原因不详；而北岳的原址并不在今天

第一章 千年形胜——虎踞龙蟠燕赵间

的山西浑源，而是河北曲阳的大茂山。

公元前61年，汉宣帝颁发诏书，确定国家秩典祭祀制度。从那时起直到清代前期，历朝帝王祭祀的北岳恒山，都是位于河北曲阳县西北70多公里的大茂山。因山高路远，帝王们有时惧畏辛劳，祭祀地点多选在曲阳城内的北岳庙（现有遗存，为国家重点文物单位），称为遥祭。有时也遣真定的官员代祭。古北岳受祭祀延续1700多年之久，历史上很是红火。笔者前些年曾经游览曲阳县城中的北岳庙，虽历经沧桑，仍然殿宇高大，气象森严，一派堂皇景象。

明朝迁都北京之后，北岳的位置出现争议。有人以祭祀地点在国都之南为由，出现了"迁祀到山西浑源"的动议，但也有人认为，祖制不可更改，千余年的祀岳惯例应当维系。"迁祀派"和"维祀派"经过几次争论终无结论。

清代旧事重提，继续沿袭了这场争论。顺治帝登基后，大概觉得国之初立，要换换风水，遂于顺治十七年（公元1660年）御批"移祀北岳于浑源"，改祀之争才尘埃落定。

就这样，由于风水学的引导，也由于封建帝王的意志，一个千余年祭祀的北岳，从河北迁往了山西，由曲阳大茂山变为了浑源天峰岭。祀岳历史又加上了一段新内容。

迁祀虽然完成，但古北岳的历史印记依然保留下来。如今的曲阳县城，除了高大巍峨的北岳庙，人们仍然能够看到以恒山、北岳、恒阳为名的街道；而历史上恒山郡治所——今天的正定城，也有恒山路、恒府广场等地名，似乎顽强地提醒着人们记住那段历史，古北岳在河北地界上呢！

答案有了。恒山乃五岳之一，名声如此之大，名字如此敞亮，秦朝将管辖此地的郡以此命名就再正常不过了。

当然，古北岳绝不仅是名气大、名字敞亮，它的雄伟、险峻、气势在华北是领袖群伦的，更为重要的是，它与正定的联系是那样地密不可分。

三

能够居五岳之列的名山，都是很有"形"的，固有山清水秀之神韵，更有雄险奇峻之气势，且各有特色。北宋大画家、《早春图》的作者郭熙形象地说，泰山如坐，华山如立，恒山如行，衡山如飞，嵩山如卧。他已把五岳拟人化了。

古北岳恒山的"形"，格外有气势。古恒山由太行山山脉20多座山峰组成，站在巍巍北岳的主峰大茂山的崖顶，就可看到峰连峰，峰拥峰，峰峰争先、奔涌而来的壮观景象。故大文豪苏轼有"太行西来万马屯，势与岱岳争雄尊"之名句。

那么，如此一座名山与正定有什么关联呢？

用今天的地图测量，正定距古恒山有150多公里，然而这距离并没有成为彼此亲近的障碍，正定与恒山有着太多的、密不可分的联系。

先从大气候的关联说起。古恒山高耸入云，海拔1898米，是东南暖湿气流与西北寒流交汇的一座屏障。由于海拔的猛然抬高，留下了东南暖湿气流，也阻挡了来自西北的寒流，确保了山下的气候适宜人居。

正是古恒山山脉的护佑，河北中部平原包括正定一带气候温润、雨量充沛、自然物种繁茂，也成就了沃土千里、衣食充足的富庶之地。

再从地理位置来说。古恒山一西一东，一边是晋中深处，一边是河北平原，为历代战略要地，也是北方游牧民族进入中原的必经之路。春秋战国时期，曾为燕国、代地、中山国和赵国的界山。五代时期的后晋、后汉、后周及北宋等朝代均以此山与契丹（辽）为界。中山国、北齐及明代先后于此筑修长城，抵御外敌的入侵。

故宋元之际的史学家胡三省说，恒山挺峙于冀州之中，为东西屏蔽，岩谷高深，道路阻险，出奇者所必由也。《楚世家》也说，秦地半天下，席卷常山之险，必折天下之脊。①所谓"一夫当关，万夫莫开"，古恒山就像一只展开两翼的雄鹰，护卫着太行要道。守住了古北岳，则河北平原安全无虞，而失守了古北岳，则无险可守，异域大军可以直下河北平原，威胁整个河朔地区。

这是个兵家必争之地。而守卫险要之地的兵马，则必须来自能就近保障后勤的重镇，具备条件的就是正定。

秦末汉初的正定，经济活跃，物产丰富，已经很是兴盛，有足够的人力、财力、物力支撑前线军需。因此，很多时候，正定官员的首要任务，就是戍边卫国守住古恒山关口。明代更是在正定设立真定卫和众多军卫所、军屯，集中了大批兵马，所守卫的固关、倒马关、龙泉关等，均在古恒山这一线。

如此看来，古恒山为正定提供了双重庇护：优越的地理环境，以及生活安定的军事屏障；而正定也竭尽所能支撑关隘稳固，相辅相成，相得益彰。

正定与古恒山的关系如此密切，那么，从秦末汉初开始，多数王朝都将古恒山划为正定管辖，也就是自然而然的事了。

---

① （清）顾祖禹：《读史方舆纪要》（一），团结出版社2022年版，第401、403页。

四

常言说，山水相依，有山就有水。

巍峨耸立的太行山，纵跨京、冀、晋、豫四省市，蜿蜒400余公里。太行山脉植被繁茂，涵养着众多水量充沛的河流，顺势而流，去往华北大平原。

在雄浑的太行山中段、古北岳山脉之下，有一条大河——滹沱河蜿蜒流过，自远古以来，她与太行山一起，伴随着正定的年年岁岁，荣枯着这里的一草一木。

人称滹沱百道湾，名不虚传。它从山西繁峙东北泰戏山发源，先流向山西西南又东南，划了一个大大的"L"形，从五台、盂县之间，横穿太行山，迎面扑向第一块冲积地——河北平原。而进入河北境内，滹沱河亲吻的第一块土地，就是后来属于恒山

正定滹沱河风光

郡或真定府的地域，加上支流，滹沱河在这一带的流域面积达300多平方公里。

如果说，古北岳山脉对于正定是一道坚强有力的屏障，护卫着一方平安，那么，滹沱河就是一条既有韧性又有张力的血脉，义无反顾地承担起抚育正定大地的职责。

历史上，滹沱河以河道宽阔、河水汹涌而著称。南宋政治家、文学家文天祥抗金失败被解往元大都，途中渡滹沱河时，留下"过了长江与大河，横流数仞绝滹沱"的诗句。文天祥将滹沱河与长江、黄河相比，因为古代的江河都是特指的，江就是长江，河就是黄河。他感觉，滹沱河是仅次于长江、黄河的汹涌澎湃的大河。

20世纪70年代，在河北平山出土的中山王厝墓中，发现四条尺寸阔大的大船，据说就是用于滹沱河航行的。可见滹沱河的水量巨大。

中华民族发祥的显著特点之一，就是临河而居。最初的先民们都是选择水源丰富、便于渔猎的河边居住。正定的先民们也不例外，早早就定居于滹沱河畔。

20世纪80年代，在今正定城东南滹沱河边的南杨庄，发现一处新石器时代仰韶文化遗址，距今有5000多年历史。遗址发掘出了房屋、陶窑、墓葬、灰坑等遗存，出土了粟和加工粮食的石磨盘、石磨棒，居然还有陶制的蚕蛹，说明先民们早就在滹沱河边繁衍生息。

千百年来，丰沛的河水一直润泽着正定大地，浇灌着两岸广袤的良田，使得这一带五谷丰登，六畜兴旺，物阜年丰。

肥沃的土地，丰富的水源，为水稻、小麦的生长提供了天然的优越条件。城西的曲阳桥一带，曾经是优质的水稻产地，所产大米晶莹剔透，口感上乘，是传统的餐桌美食。

滹沱河在为人们提供衣食的同时，还滋养了一座泉水喷涌、荷花摇曳、美不胜收的古城。

史料记载，正定城边有大小泉穴数十个，常年流水潺潺，藕塘鱼池星罗棋布；城内湖潭交错，知名的旺泉、柳泉、甘泉等泉水四溢，溪水环绕，曾经闻名于世的潭园，占据半城，波光潋滟，潭水幽深，好一派江南泉城风光，是北宋年间北方面积最大、风光绮丽的潭水园林。

来到这里，古人会诗兴大发。明代诗人袁宏道有诗曰："晴天一碧翠遮空，浪卷云奔夕照中。郭外荷花二十里，清香散作满城风。"清代诗人吴雯有"镇州荷花一万柄，正对城门是酒家。下马当垆更斟酌，醉临明镜看吴娃"的诗句，皆为赞叹正定古城的秀美。

五

然而，滹沱河于正定人来说，又是个爱恨交织、感情复杂的邻居。

这个邻居并不都是和风细雨、润物无声的，而是喜怒无常，福泽与灾害并存。属于沙质型河道的滹沱河，河床浅且淤沙较多，一遇山洪发起脾气来，会淹没良田，冲毁村庄，甚至倒灌进城内，祸患无穷。因之，《禹贡·九河》称其为"徒骇"，《礼记》称其为"恶池"。

《正定县志》记载，从唐永徽年间开始的1000多年里，滹沱河流域共发生水灾103次，发生旱灾61次，发生风雹灾21次，平均五六年就发生一次。

第一章 千年形胜——虎踞龙蟠燕赵间

于是,对滹沱河的治理,就成了历朝历代官员的要务。古代官员在任时有两件大事,修水利、兴学,而兴修水利在正定尤为重要。

历代的正定县志几乎都有记载,正定人在持续不断地疏浚河道,修坝筑堤,从东汉时期一直延续到新中国成立。可以说,正定的历史有多长,治理河患的历史就有多长。

东汉永平十年(公元67年),汉明帝"作常山滹沱河蒲吾渠,通漕船"。

唐上元三年(公元762年),滹沱河洪水泛滥,冲毁真定石城,成德军节度使李宝臣率众抗洪,将石城墙拆除,重新扩建筑城,收到了抗洪与固城的双重效果。

宋代元丰七年(公元1084年),修漕马口河堤,长540丈。

明代是治理滹沱河的一个高潮期,工程繁多。太祖洪武十四年(公元1381年),浚通滹沱河。永乐十年(公元1412年),修筑真定城护城堤。

清代也在延续……一直到民国。

然而纵观历史,正定对滹沱河的治理,都是一种被动的修补防御,没有也不可能从根本上治理。

真正的治理,来自伟人的号召。20世纪50年代,毛泽东发出

正定滹沱河风光

"一定要根治海河"的动员令。从1958年开始,沿河人民艰苦奋战,在上游修建了岗南和黄壁庄两座大型水库,从此结束了滹沱河危害两岸的历史。滹沱河第一次按照人民的意愿,要风得风,要雨得雨,趋利避害,造福百姓。

进入新时代,滹沱河治理又有新的提升。随着生态建设的推进,正定滹沱河两岸再现波光粼粼、河水荡漾的景象,成为正定乃至石家庄市民休憩的好去处。

人们希望有一天,滹沱河仍然会河水奔涌,芦花怒放,渔舟唱晚,像当年一样繁忙。

回望历史,正定与太行山古北岳、与滹沱河有着太多太多的紧密联系。山的雄伟,水的灵动,共同为这片土地奉献了书画绚丽篇章的天然纸墨。

从先辈们选择在这里生存繁衍,到各朝各代的风云演变,正定几乎所有的重大事件,所有的重要时期,都能感觉到它们的存在。

千百年来,围绕太行山古北岳、滹沱河发生了无数或慷慨悲歌、壮怀激烈或婉约悠长、令人唏嘘的故事。远到战国时期古中山国的硝烟烽火,近到红色革命浪潮的兴起;远到隋唐时期丝织业的兴旺,近到现代粮棉的高产,都印刻着恒山、滹沱的身影。

在这一山一水的拥抱下,正定天时地利,得天独厚,笑揽四方,自在有为。

当然,从历史唯物主义的观点出发,形胜只是提供了优越的客观环境,而能不能将其优越资源变为现实优势则是另一回事。

决定的因素还是人,在于实干兴邦的努力。正定千百年来的杰出贡献和文明成果,不是躺在优越的区位上得来的,而是千百万劳动人民努力奋斗而来的。

一句话,千年形胜在,今古往来同。惟有奋斗,方见彩虹。

九省通衢，八面来风

一

从历史的大视角看，形胜往往有"滚雪球"效应——交通的兴起。

一个有利的区位，容易带来人口的兴旺、城市的崛起和商贸的繁荣，由此产生了出行的需求，也就进一步促进了交通的发展与完善。

如同现代交通一样，古代交通也是以城市为主要起点和中间节点的。正定早期的城垣，例如东垣（今石家庄市东古城村），是滹沱河畔最早的城市之一，起源于战国时期。因而自那时起，正定的交通就一直在发展和完善着。

自古以来，正定就是四通八达的交通要地。

古人有记述。龙藏寺隋碑记载，真定"路款晋而适秦，途通鲁而指卫"。一句话，把交通的区位说清楚了。明代真定知县周应中很自豪地表述，真定"北枕三关，右肘太行接秦陇，左掖辽海联齐鲁，南蹑天雄通荆豫徐扬百粤之孔道。"[1]清代曾参与修订《正定县志》的容丕华，更是直截了当地说，"中国咽喉通九省，神京锁钥控三关。"

你看，随着时间的推进，交通越来越通达，先人表述得越来

---

[1]《光绪正定县志》册二。

越清晰，越来越自信了。

事实如此，正定是九省通衢，绝非浪得虚名。按历史的说法，以正定为起始点，北去，路通中山（今河北省定州市）而达蓟辽；西去，路通冀宁（古太原）而达陕甘；东去，路通济南而达徐扬；南去，路通豫地（今河南省）而达荆湘，直至南粤。

这还不是通衢九省吗？

也许中国人对此习以为常，并不怎么看重，但旅行的欧洲人却给予了高度评价。

距今700多年前的元代，意大利旅行家马可·波罗来到真定，发现"有甚多道路分向各省，路名即以所趋向之省为名"，盛赞"此城为极聪明之计划"。①

500多年后的清代，德国地理学家费迪南德·冯·李希霍芬，于1868年9月至1872年5月，对中国进行了近四年的地质地理考察，走遍了大半个中国。他到访正定，评价说在正定府——直隶境内的一座大城市，我们踏上从樊城（今湖北省襄阳市樊城区）到北京的大路。从山西、河南和怀庆府（今河南省沁阳市）的进京道路也在此汇集，因此这里的道路四通八达。②

李希霍芬是最早提出"丝绸之路"概念的人。在其著作《中国》一书中，把"从公元前114年至公元127年间，中国与中亚、中国与印度之间以丝绸贸易为媒介的这条西域交通道路"称为"丝绸之路"，这一名词很快被学术界和大众接受。其后，有学者又进一步确定了丝绸之路的范畴和内涵，即它是中国古代经

---

① 梁勇、石丽娟：《京津冀挽起一带一路》二册，河北美术出版社2016年版，第421页。

② ［德］费迪南德·冯·李希霍芬著，［德］E.蒂森选编，李岩、王彦会译：《李希霍芬中国旅行日记》，商务印书馆2016版，第418页。

过中亚通往南亚、西亚以及欧洲、北非的陆上贸易交往通道。

李希霍芬对正定道路的印象，按叙述的方向，应当是在完成考察、由南向北的回京途中；而马可·波罗则是从元大都出发、由北向南的走向，尽管方向不同，但两位外国人，都已经从大中国的角度来评价正定的交通了。

二

然而，正定四通八达的交通网络，并不是一蹴而就的。应了马可·波罗家乡的一句谚语，罗马城非一日建成。

交通是为社会发展服务的。正定的交通经历了若干时期，都是随着城市的起源、政治地位的提升、经济的繁华、军事的需要，甚至整个河北地区的社会发展而铺开、延展、完善的。

正定交通建设的第一次高潮，是战国时期。当时七雄争霸，鲜虞国也复立中山国，号称"千乘之国"。正定一带原属中山国，后归赵国，与燕、齐、鲁、韩都有疆界。各国相互角力，攻城略地，排兵布阵，借助通畅的道路才能出其不意，神速收效，客观上促成了重要城市之间道路相连。

战国时期，以东垣为中心的南北、东西的交通格局已相对成型。南北大道，北起蓟、涿，经中山、过东垣，直下河南洛阳；东西大道，西起太原，穿井陉，过东垣，直抵山东临淄。这是以正定为中心的十字形交通线的肇始，带有一定的区域局限性。

尽管道路等级还不高，但在军事上却发挥了巨大作用。

战国时期的军事家都是运动战的高手，千里奔袭、迂回包抄、断敌后路等，许多成功战例，看似计谋高超，实则是巧妙利用交通做文章、在运动中消灭敌人的实践。

一本《三十六计》说得明白，与道路交通相关联的计策，就有调虎离山、顺手牵羊、暗度陈仓、远交近攻、声东击西、围魏救赵、假道伐虢，等等。那个"走为上"计更是经典。其中，假道伐虢，就是讲的晋国假道鲜虞（今正定县新城铺镇一带）而灭肥（今石家庄市藁城区一带）、鼓（今石家庄市晋州市一带）等诸侯国的故事。由此看来，战国时期的道路，首先是为消灭敌国而存在的。毕竟，那个时期正是中国大一统的关键时刻。

第一次体现统一国家意志的交通体系建设，来自千古一帝的秦始皇。

秦统一六国后，为巩固中央集权，车同轨，修了九条驰道，"道广五十步，三丈而树"，形成以咸阳为中心，四通八达的"国道"。东垣是其中的重要节点城市，当然不能缺位。

连接东垣的驰道有两条，一条以京城咸阳为中心，向东转北，经西河（今河南省安阳市）、邯郸、东垣至广阳（今北京市），再向东北经右北平（今天津市蓟州区）再向东至碣石（今河北省秦皇岛市昌黎县北）；一条由东垣经井陉至太原。这是历史上穿越太行山的第一条正式国道，开燕赵晋陕之间通衢孔道，有标志性的指向作用。近现代的正（定）太（原）公路、正太铁路，一直到今天的石太高铁，大多是沿着这个走向完成的。加上原有的道路，那时东垣的交通枢纽地位已见端倪。

在这条大道上，最著名的是秦皇古驿道。它宛如一条长龙，从东垣经土门关（今石家庄市鹿泉区境内），穿越崇山峻岭，取井陉关贯通东西，直入山西境内，全长百公里。

古驿道横跨太行山脉，山高坡陡，河道曲折，在当时条件下，建造困难程度可想而知。数以万计的役卒风餐露宿，夜以继

井陉秦皇古驿道

日,开山辟路,艰辛劳作,才得以开通。

虽然工程条件艰苦,但驿道质量没得说。位于井陉白石岭的古驿道历经2000多年,仍然清晰可见。残破的青石,深深的车辙,默默诉说着当年车水马龙的岁月,也为秦代车同轨的交通,留下了历史物证。

作为中国国道建设的开篇作之一,世界历史文化遗产工作人员评价说,秦皇古驿道要比知名的罗马古道至少早100多年。说明我们的祖先在道路建设上,已经领先于世界。

比古驿道历史更吸引人的是这里发生的故事——著名的沙丘之变。公元前210年,秦始皇去渤海边巡游,返回途中病死在沙丘平台(今河北省广宗县)。他的小儿子胡亥、丞相李斯和宦官赵高秘不发丧,用车装上鲍鱼掩盖尸体发出的臭味,沿井陉的古驿道入晋,绕道九原(今包头市)疾驰回咸阳,以实现其篡位的目的。

这是秦始皇最后一次经过自己规划的国道,不过是在他已经去世的情况下。

三

　　社会发展没有尽头，交通建设也就不会停滞。西汉以后，东垣已经改称真定，恒山郡改为常山郡，但汉隋唐宋诸代都在修御道、开驿路，将彼时的国都长安、洛阳、开封分别与东方的真定相联系。因为国都是政治经济文化的中心，道路的尽头，一定是中心城市。

　　唐代于正定（彼时先后称恒州、镇州）交通最伟大的贡献，是开辟了一条到五台山的进香之路。

　　唐代是佛教兴盛时期，道路的建设开始为佛教的传播服务。为了方便人们到佛教中心——五台山膜拜，修建了进香官道。《元和郡县志》记载，"恒州西北取五台山至代州五百三十里，"其中从真定城向西北，经行唐县、阜平县、龙泉关进入山西，一直到五台山，约长180公里。想来帝王们要去佛教名山，路途遥远，先要从长安到达镇州，稍加休憩、沐浴更衣后再上进香路。

　　如今，在敦煌莫高窟五代61窟的壁画《五台山图》中，还可领略到这条官道的风采。这是莫高窟最大一幅山水人物图，也是最大的全景式历史地图，长13米，高3.6米。画中详细描绘了从镇州到五台山，方圆几百里的山川景色，沿途的城郭、寺庙、桥梁、佛塔、亭阁、茅庐等170多处，以及驼马队、数百位行进中的僧俗人物。其中，特别标明了镇州真定城内的建筑，包括龙兴寺、临济寺等多处庙宇。可以想象，当年这条进香古道上人来车往、络绎不绝，是何等的繁华热闹。

　　这是一条开放的文化交流之路。路尽头的五台山，是无数佛教徒朝拜的圣地，一年四季香火不断。除了大批本国信徒外，还

第一章　千年形胜——虎踞龙蟠燕赵间

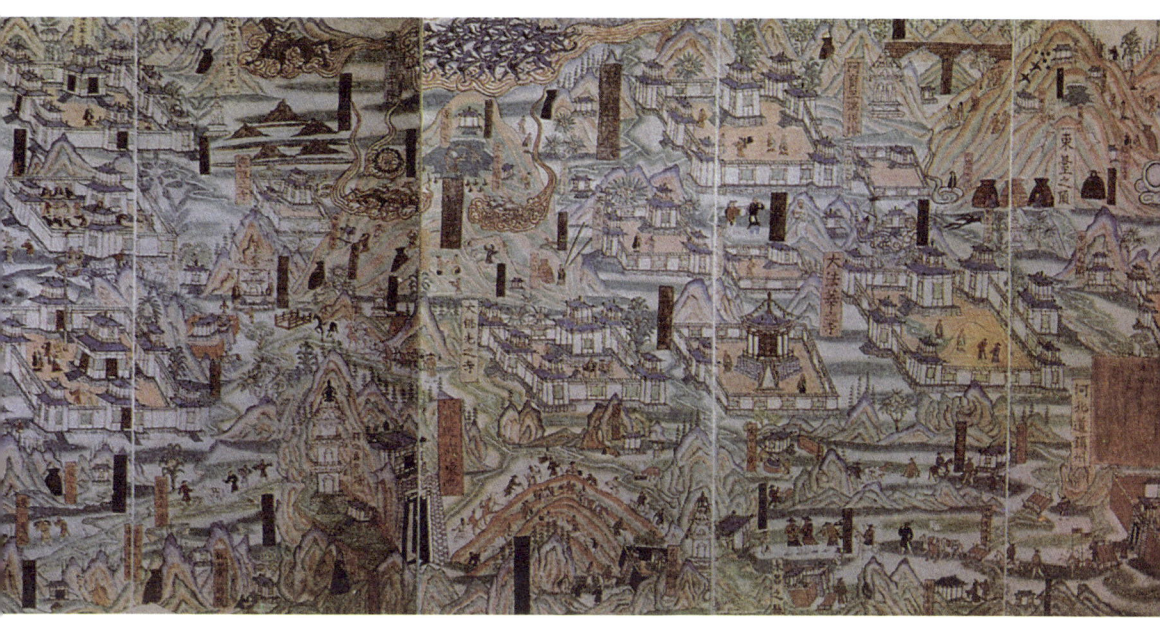

敦煌莫高窟 61 窟《五台山图》——唐代五台山进香大道壁画局部

有不少海外的朝拜者、使臣和商人。

《五台山图》上，绘有镇州真定城西的一个叫"新荣之店"的地方，正在接待"新罗（今朝鲜）送供使"；五台山上还有"新罗王塔"以及新罗使臣从五台山东归的场面，说明五台山与新罗国的密切关系。日本著名僧人圆仁到五台山礼佛，也是走的这条进香道路。他在《入唐求法巡礼行记》中回忆，曾经路过镇州西北的使庄（今正定县东权城村）、南楼到行唐。这条进山路上，每隔二三十里，即置一普通院，供僧俗住宿、饮食，他就在南楼村刘家普通院吃过斋饭。可见进香路上的设施还是挺齐全的。

而这条大道起点设在镇州真定，说明真定除了是河北中部的一座重要的城池，还是一座佛教重镇，把真定、五台山两个佛教氛围浓厚的地方连接起来，是很自然不过的事了。唐代的进香古道，为正定又开辟了一条冀晋之间、通往西北地区的交通要道。

第一次将正定与首都直接联系的,是700多年前元代建立大都(今北京市)以后。以大都为中心,形成了南行、北行、东北行、西行4个方向的官道。其中有两条南行的官道,从大都由涿州经真定,再分别通向山西和河南。

明代移都北京、清朝入关建都北京后,真定府直隶于京师,成为京南第一重镇,政治经济军事地位再次提升。与京师的交通要确保畅通,同时也成为京师通向西北、西南、华中的咽喉要道。

四

没有简单的重复,社会在进步,道路的多功能性也在凸显。一个类似今天快递式的交通网——驿路越来越令人瞩目。

驿路,萌发于秦,成熟于唐宋元,明清更加完善,常与官道并行,用途多广。政治交往、经济往来和军事的需要必不可少,驿路承担起官员巡访、信差、解差、大臣出使、番人来朝等迎来送往的责任。

有驿路就有驿站。沿路每隔一定距离,设一座驿站,站站相连,绵延不断,提供过往的人马粮秣、歇息寝食。

驿站还下设若干铺司,负责公文传递、邮信寄送。以明代真定进京官道为例,从真定城总铺(古称恒山驿)出发向北,依次是七里铺、十里铺、北牛铺、新城铺(古称四十里铺、伏城驿)等,向前过定州、经保定、下涿州,一直达到京城。

前边说的马可·波罗、李希霍芬等人,就是这条驿路的客人,并且做过相应记述。

曾经做过北宋河北西路察访使的沈括,对驿站的功能了解颇多。他在晚年所撰的《梦溪笔谈》中,对信差有相应的记述,"驿传旧有三等,曰步递、马递、急脚递。急脚递最遽,日行四百里,唯军兴则用之。熙宁中,又有金字牌急脚递,如古之羽檄也。以木牌朱漆黄金字,光明炫目,过如飞电,望之者无不避路,日行五百余里。"[①]老先生记述了信息传递的种类和不同形态,形象而生动。

这是一个政府管理的体制。驿站及铺司配有专职人员和马匹,费用由地方财政支出。看来,公务接待古已有之,是个历史很久的行当。

正定的驿站位置很重要,人来车往,络绎不断,也是一笔不小的开销。清光绪年间的《正定县志》赫然记载,恒山驿"现在行差马209匹,马夫51名,兽医1名,传报马夫9名,管夫3名,厨役6名,杠轿夫100名",同时开支细化到每匹马、每个人每日支出几两几钱几分几厘,最后标明"以上一岁通共支用过银7216两4钱4分7厘。"这应当是官衙财政开支的公开,比现在某些地方敷衍了事的应付,要翔实得多。

与驿站相辅相成的,还设有邮政驿铺,也是中国现代邮政最早的雏形。在秦皇古驿道旧址,保留着中国最古老的清代邮政驿铺,为研究古代邮驿史提供了重要物证。

让很多人想象不到的是,除了陆路交通,古代和近代,正定还有一条繁忙的水路——滹沱河。明代诗人盛颙过滹沱河,留下"河势萦回燕尾飞,洪涛拍岸浩无垠"的诗句,可见当年滹沱河水路运输的条件还是不错的。

[①] (宋)沈括著,侯真平校点:《梦溪笔谈》,岳麓书社2002年版,第85页。

当年的滹沱河与子牙河等诸多水系连接，运输繁忙，旺水时，满载棉花、玉米、小麦的货船可以直达天津。滹沱河边的正定是名副其实的水旱码头。

这条水路也提供了许多就业岗位，一直到清末民初、新中国成立之后，沿河许多村庄的人们，还以打鱼、摆渡、运送为生。旺水季时，船只穿梭，风帆点点；每当冬季，在结冰的滹沱河上，都有三三两两闲置的船只停泊在岸边，等待春天再次扬帆起航。

滹沱河南岸有一村庄，与北岸的正定城遥遥相望，村边有转运的货场，大多数货物要送到河北的正定城，天长日久，人们将其称为"北送"，后又演变为北宋村（今位于石家庄市长安区内）。

可以看出，四通八达的交通对于正定的极端重要性。凭着这个优势，正定延续了几千年的中心地位，虽有战火的摧残，天灾人祸的涂炭，但乌云过后，依然生生不息，依然那样繁荣。

依赖这个优势，正定曾经是河朔地区开放程度最高、最繁华的城市之一。从唐代各国出使长安的使者，到宋代与辽金的贸易榷场，从元代西域的商人，到明代安南（今越南）进贡的使臣，经济文化的交流都沿正定的道路进行，也使这里成为"千里桑麻绿荫城，万家灯火管弦清"的繁华巨郡。

道路带来的红利是双向的，在惠及别人的同时也发展了自己。

五

然而，正定九省通衢的交通地位，并不是一劳永逸的，走到近代历史关口,遇到了强有力的挑战。

起因是西方工业革命带来的先进技术的冲击。首先进入华夏大地的是铁路,一个庞然大物——火车来了。

清末,在经过多次反复之后,连接河北、山西的正太(正定到太原)铁路开始筹建。但好事多磨,想不到带来的首要问题却是起始点设在哪里?这个本来不是问题的问题,由于多重因素作用,还真成了问题。

本来,老辈子就讲"花花正定府,锦绣太原城",将河北和山西的两个中心城市连接起来,是顺理成章的事,最初的工程也是这样设计的。

但是,人们都认为是正常的事,在某些人看来却不正常,起而反对,引来了一场开放与封闭的较量,带来了"一路三变"的结果。

从今天的角度看,有一条铁路大动脉经过,那是天大的好事,它对当地经济社会的拉动作用,对于城市的发展和影响是何等大啊!

可是,当年正定府的官员和士绅们不这样看。他们认为,正定是良田沃土的宝地,不宜动土,修了铁路,会坏了风水。他们宁可让先前的平汉铁路(北平到汉口)在远离县城的边上设个小站,也决不让正定再成为一条铁路的

平汉铁路正定站

起始站。

这风水学的说法，倒同清廷的"老佛爷"——慈禧太后有共同的思维。慈禧曾大动肝火地斥责铁路是"失我险阻，害我田庐"。

糟糕的是，这些愚昧的官绅不仅这样想，而且有能力、有行动改变规划，他们多次上疏奏请朝廷放弃初衷。负责设计施工的法国人也暗自窃喜，起点在正定，要架一座横跨滹沱河的大桥，会增加资金，于是也跟着起哄，力主变动起点。

几方作用下，朝廷最终批准正太铁路起点由滹沱河北岸的正定城，改为南岸一个叫柳林铺的小村庄，规划改称为柳太铁路。

事情还不算完。随着勘探的进展，发现柳林铺紧邻滹沱河，是沙土土质，无法建设。法国人本来认为，起点设在柳林铺，距离山西还有点绕弯，仍然浪费钱财，有此因由，干脆划一条直线，起点直接放到一个叫石家庄的村子。

于是，这条铁路几经反复，变成了石太铁路。这可能是中国铁路史上，起始点改动最多的规划，创下历史纪录。即使这样，由于它在正定府地面，人们在很长一段时间里，仍然称为正太铁路。

当初力主改变规划的人们，绝不会想到，由正太铁路到柳太铁路、再到石太铁路，"一路三改"，改变的不仅仅是一条铁路的起点，而且改变了一座千年古城的地位和命运，带来了一座中心城市治所的迁移更替。

随着正太铁路的开通，正定城的政治、经济、交通优势日渐式微，工商业中心、水旱码头的地位渐行渐远。当年的《河北月刊》这样说，"正定在清时，虽为冲要之缺，但正太铁路通轨之后，豫晋孔道已移至石家庄，致地方日益衰落，工商业均无存在，比之一般县份尤见荒凉"。

而因铁路而兴的石家庄，一开始就展示出生机勃勃的发展力，以不可阻挡之势迅速崛起，成为一个工商重镇，取得了中心城市的地位。

由此，没落了一个旧的府城，促进了一座新城的兴起和繁荣。正定城与锦上添花、再创辉煌的历史机遇就这样擦肩而过。

六

一边是欣欣向荣，一边是日渐衰败，对比何其鲜明。进入19世纪初，正定在一场封闭落后与开放进取的博弈中，选择放弃机遇，封闭保守，最终丢掉了自己的优势，没有跟上历史发展的步伐。

进入2000年时，正定的干部群众结合解放思想的大讨论，曾经举一反三，专门回顾反思这段历史。遥想100年前那段故事，联系改革开放实际，总结经验教训。为什么常讲抓住历史机遇，但机遇来了，却视而不见，甚至千方百计奉送别人。正定人深深感悟到，历史机遇稍纵即逝，不容错过，错过，就会陷入全局的被动，就会被历史抛弃。历史的教训值得记取。

教训之一，开放的意识是至关重要的。交通本身的属性和意义就是开放。有了道路，才有了开放，有了开放，才可以货通天下，互通有无，才可以八面来风，吸收最新的文明成果，促进本地的发展和繁荣。

教训之二，不仅仅是交通，整个经济社会发展，能不能开放，开放程度如何，是一个长久的历史课题，需要不断地作出回答。答案是，一个时期的开放是不够的，需要持续不断地开放，才能保持区位优势；封闭没有出路，封闭就会落后，就会被历史所淘汰。

教训之三，形胜再好，也需要不断进取。外因是变化的条件，内因是变化的决定因素。单凭区位优势的自豪感，成不了大事。聪明的人会借势而为，努力进取，把优势资源利益最大化，而不是躺在前人的基础上吃老本。

其实，对于这个问题，20世纪80年代在正定工作的习近平同志就有论述和实践。

1982年12月，习近平同志在三级干部会议上提出："商品经济是一种开放的经济，要加快其发展，必须实行开放性的政策，把内部和外部的各种有利条件都充分利用起来。"[①]

习近平同志主张，"拆掉围墙，八面来风，横向联系，经济协作，主攻石市，挤入京津，咬住晋蒙，冲向全国。"

"他希望正定能构建一种更大、更开放的经济格局，从全国乃至国际层面去开拓市场、配置资源。"[②]

当年这番话，在30多年后的今天，听来依旧振聋发聩。拆掉围墙，就是要以开放包容的胸襟去创新发展；八面来风，就是要以海纳百川的气势接轨世界。惟有如此，方能冲破羁绊，阔步向前。

站得高才能望得远。正定，或是其他更广大地方的经济或社会事业，都需要这种宽阔胸怀和勇敢气魄。

这才是今天重讲"九省通衢，八面来风"的意义所在。

---

① 本书编写组：《让群众过上好日子——习近平正定足迹》，河北人民出版社、人民出版社2022年版，第92页。

② 本书编写组：《让群众过上好日子——习近平正定足迹》，河北人民出版社、人民出版社2022年版，第93页。

三关雄镇,河朔要冲

一

从石家庄跨过滹沱河进入正定,首先映入眼帘的,是一座两层三重檐的雄伟城门楼——正定南城门,名曰"长乐"。这是古城的一座标志性建筑。

高大的城门楼,带有阔大的瓮城,据说其规模之大,仅次于几朝古都的西安和南京。瓮城错落地建有三道门——形成易守难攻之势。只见内门上嵌有"三关雄镇"的匾额,瓮城门上嵌有"迎薰"的匾额,月城门上嵌有"九省通衢"的匾额。

2001年复建的正定南城门

中国文化的内涵和想象力真是丰富。三道门，三重寓意，完美诠释了正定的形胜。迎薰，可以想象到恒山滹水、东南和薰之风的景观；九省通衢，则凸显它独特的区位交通优势；而三关雄镇，又道出了它不可代替的战略地位，引出后人无限的遐想和感叹。

正定南城门匾额

如果说，我们在前文中已经对正定的景观和区位优势有所了解的话，那么，现在应当再认识一下"三关雄镇"的威名了。

问题来了，三关是哪三关呢？这是历史遗留下的讨论题。

形成共识的是，"三关雄镇"的说法，始于明代。洪武元年（公元1368年），明成祖开始实行卫所军屯制。出于防范北方游牧民族的需要，洪武三年（公元1370年）起设真定卫，作为统率真定、保定二府最高军事指挥机构。其指挥使司设在真定，地点在当时真定府衙的东南，时称卫前街，内设机构有经历司、镇抚司、军器局等。

真定卫有前、后、左、右、中五个千户所、若干个百户所、七十二处军屯，分别坐落在滹沱河沿岸真定、藁城、栾城、获鹿一带。有学者研究，当年真定府获鹿县的石家庄村，也是由一个军屯演变而来。

明王朝移都北京之后，正定成为畿辅之地，军事地位再次提升，负有拱卫京城的重任。据此，有人将正定与北京、保定并称"北方三雄镇"。

现在看来，这种说法值得商榷。北京作为国都，不会与正定、保定相提并论，并称三雄镇，因为彼此之间是护卫与被护卫的关系。况且，正定作为重镇的存在，始于战国时期，此后一直承担着护卫河朔地区的重任。明朝于真定城设真定卫，统管保定、真定两个巡抚。故真定有"三关雄镇帅府"之称，并没有与其他城市分享其名。

重要的是，"北方三雄镇"的说法，还混淆了"关"与"镇"的概念，把扼守三个关隘的一个重镇，理解为与北京、保定齐名的三座城市之一，史料没有出处，北京、保定也不见其说。

比较靠谱的分析，还是要与正定的战略地位联系起来。

真定卫的职责重要明确，它不仅管理保定、真定两府数量众多的千户所、百户所和军屯，而且要扼守北岳山脉的三大关隘，防御外族入侵。至于是哪三关，史说有出入，但应当是与真定府地域相对应、西北方的"倒马关（汉代也称常山关，今河北省唐县境内）、龙泉关（今河北省阜平县境内）、故（固）关（今山西省平定县境内）"三关。

有权威史书佐证。《畿辅通志》记载，"正定府边墙，北自阜平县狼牙口起，南至井陉县阳庄口止，共长699里"。[①]倒马关、龙泉关和故关都在其中。

明嘉靖年间《真定府志》也记载，"按真定所辖关隘，北起落路，南尽鹿台。绵亘600余里。其大者有三，曰倒马，曰龙泉，曰故关"，同时，还详细记述各关所辖隘口数量、名称，以及各关口烽堠传警讯于真定城的路线。因之，真定府当时雄镇的三关，乃指倒马、龙泉、故关三关无疑。

---

① 《畿辅通志》第九册，河北人民出版社1985年版，第29页。

有职有责还要有人。负责守卫三关的参将及兵马均由真定卫派出管理，下设倒马关营、龙泉营、故关营等卫所。名门望族真定梁家的七世孙、梁梦龙的胞弟梁梦弼曾经任过真定卫指挥，十世孙梁士仪、梁清仪，分别任过故关守备、倒马关把总。

同时朝廷外调神武卫，驻真定卫西。神武卫，本陕西华州卫，寻改为西安右护卫。宣德五年（公元1430年），改曰神武卫调至真定。两大卫设于此，还有地方团练武装，真定名副其实地成为北方一座军事雄镇。

对于真定来说，"三关之势，倒马为急，故关次之，龙泉又次之。"胡三省说，"谓真定之安危，视倒马之得丧也"。① 距离最近的则是故关，以及相连的娘子关，因为它守卫的是太行八陉之一的"井陉"所在。

古时出太行山，从北到南仅有八条隧道，谓之"太行八陉"。太行深处的晋中人出太行到河北，也只有经故关过井陉。而真定处在井陉的东端，敌军过了这些关隘，真定则无险可守，京城也会震动。在故关设卫所，不过是将防线往前提而已。

因之，明隆庆、万历年间重修真定城墙时，"三关雄镇"的匾额便当仁不让地挂在了南城门上。

二

三关雄镇的含义搞清楚了，那么，它在国家版图中是什么位置？容丕华老先生告诉我们，"地当河朔称雄镇，虎踞龙蟠燕赵间"。

---

① （清）顾祖禹：《读史方舆纪要》（一），团结出版社2022年版，第423页。

第一章 千年形胜——虎踞龙蟠燕赵间

河朔这个词很古老，泛指黄河以北的广大地区，据说起源于战国时期。朔，有多种解释，《康熙字典》释义，"朔，北方也。……朔，尽也。北方万物尽，故言朔也。"给人以遥远、荒漠之感。

比较强烈地感觉到"朔"的含义，应当在统一的大中国以后。秦汉隋唐诸代，国都大都在秦陇之地，政治经济文化中心置于西部，黄河以北相对比较遥远，又是与北方游牧民族长期争斗的地方，因之也被称为河朔或边塞。早期正定诗集里，就有许多描述边塞风光的诗篇。

唐代，边塞诗人李益诗云，"漠南春色到滹沱，碧柳青青塞马多。万里关山今不闭，汉家频许郅支和"。另一位边塞诗人高适留下"城邑推雄镇，山川列简图。旧燕当绝漠，全赵对平芜"的诗句。

宋代，天圣年间同登进士、同为诗人又是官员的宋庠、宋祁兄弟，也不约而同地发出感叹。宋庠说，"周界西穷陕，常山北尽边。关河相望日，容鬓各衰年"，宋祁则说，"莫嫌屯垒是边州，试听河山说上游"。不是尽边，就是边州，还不是边塞吗？

宋、明两代，正定是边塞地区的北部重镇，负有屯兵、供给、指挥之重任。宋辽的边界线，在今雄安新区一带，而明代与关外民族争斗的最前线，则是今古北口、居庸关、山海关长城一线的蓟辽地区。河朔的防御线向北推移了不少，但真定的兵马并不缺位。

在明长城沿线的遗存中，多次发现真定营或真定标的字样。在抚宁县万历三十六年（公元1608年）管修敌台碑上，分别镌刻着"真定标下车营右部二司把总管陈奕芳管修敌台一座。周长一十二丈，高连垛口三丈五尺""真定标下车营左部头司把总官郭钂管修青石山敌台西空，本台根起二等边墙一十丈六尺"等文字，证明真定子弟兵的存在。

指挥包括真定标在内的明代守边军队的，就是大名鼎鼎的民族英雄戚继光，而担任朝廷蓟辽总督、统领这支大军的，则是明朝的太子太保、曾任兵部尚书的真定人梁梦龙。

至于说到燕赵间，就比较好解释了。正定自战国时期开始，就有地处燕南赵北之说。顾名思义，正定南为赵国之地，正定北是燕国之地，本府则归属于赵国。正定是燕赵之间的要地。

真定于河朔地区的重要地位和意义，古人论述颇多。既是诗人、官员，还是史学家的宋祁精辟地说，"河朔天下根本，而真定又河朔之根本，其地河漕易通，商贾四集，屯田潴水，限隔敌骑，进战退守，绰然有馀，故常倚为北面之重。"①意思是，除了富庶之外，河流纵横，限制敌人的骑兵，有进退之便。

而明代散文家归有光从历史的角度说，"真定本古中山国，赵武灵王胡服骑射，以北略地，其事固已伟矣。……，唐失河北，势日陵夷。宋没两路，国遂南渡。况今翼卫神京，为万世帝王之业，比古京兆、冯翊、扶风之地，非得良有司拊循教化，无以使之安土乐业，而壮国家之藩卫也。"②

陵夷，衰败也，南渡，指南宋退过黄河，偏安于江南，失去真定，后果很严重。归有光已经把正定的重要性，上升到国家安全的高度，并且叮嘱赴任的官员注意教化百姓，以壮大藩障。

清代历史地理学家顾祖禹则说得更具象些，称正定"府控太行之险，绝河北之要。西顾则太原动摇，北出则范阳震慑，若夫

---

① （清）顾祖禹：《读史方舆纪要》（一），团结出版社2022年版，第565页。

② 郭预衡、侯光复主编：《中国古代十大散文家精品全集·归有光》，大连出版社1998年版，第210、211页。

历清河，下平原，逾白马，道梁宋，如建瓴水于高屋，骋驷马中逵也。盖其地表带山河，控压雄远。"①

三

总而言之，无论从宏观上讲，还是从微观上说，正定都是兵家必争之地，因而也是历朝历代苦心经营之地。

朝代的更替，带来正定历史建制沿革的诸多变动，但每一次变动，都没有削弱其地位，而是在不断地强化着。

正定的建制沿革，要比其他一些地方繁杂得多，这里只粗略梳理一下重要节点。

最早的县置，是公元前221年，秦始皇统一中国后在此设立的东垣县，隶属巨鹿郡，距今已有2200多年历史。

最早设立的郡置，是秦朝从巨鹿郡析设恒山郡，郡治东垣。公元前197年，汉高祖亲征东垣，平叛之后，改名真定，仍为恒山郡治所。公元前179年，汉文帝为避其名讳，改恒山郡为常山郡，郡治元氏故城。公元220年，

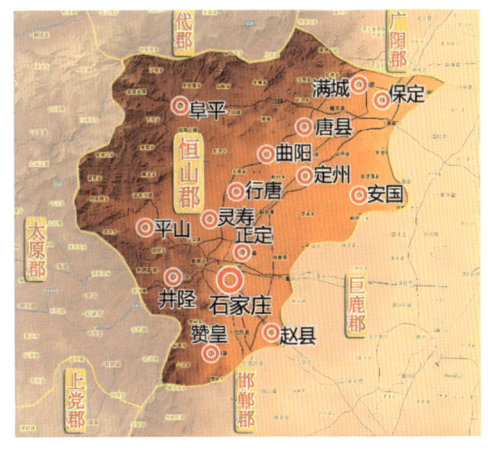

恒山郡舆图

---

① （清）顾祖禹：《读史方舆纪要》（一），团结出版社2022年版，第564页。

三国魏时，常山郡治又迁回真定。

决定真定城唯一一次搬迁，即由滹沱河南岸迁往滹沱河北岸的，是一位个性鲜明的帝王——南北朝时期的北魏道武帝拓跋珪。这位鲜卑族出身的皇帝，对汉文化相当崇拜，对风水学尤感兴趣。除了将自己的都城从盛乐（今内蒙古自治区和林格尔县）迁到平城（今山西省大同市）外，还一有机会就看风水、迁城址。

公元398年，拓跋珪来到已恢复为常山郡治——滹沱河南岸的真定城（今石家庄市东古城村），看到滹沱河北岸有一处高地，名曰安乐垒——一个扎营驻兵的军事城堡。在充分发挥丰富的想象力之后，认定是"祥瑞之地"，"嘉其美名，遂移郡理之"，立即决定将常山郡治迁到北岸的安乐垒。这一次迁移比较彻底，连城市的名字一并带走，安乐垒成为真定城。而原来繁华了几百年的旧真定城则被抛弃，渐渐衰败为一个村落（今石家庄市东古城村）。历史真的很无情。

自此之后，除了唐武德时期将石邑（今石家庄市振头街道）做过短短三年治所之外，真定城一直是郡、州、军、府、路、县的治所，甚至一度成为国都所在地，承载着统领区域中心的重任。

真定城名气最大的时期，是在辽朝曾经做过国都，尽管时间比较短暂。

公元947年2月，契丹国主耶律德光在汴京（今河南省开封市）称帝，为辽太宗，改国号为大辽，升恒州为"中京"。当年，辽太宗北返途中病逝于栾城，辽义宗（追封）之子耶律阮在中京恒州继皇帝位，史称辽世宗。

正定管辖范围较大的时期，是雍熙四年（公元987年），北宋设河北西路，路治真定。统辖四府：真定、中山、信德、庆源；九州：相、浚、怀、卫、洺、深、磁、祁、保；六军（军也是行政设置）：天威、北平、安肃、永宁、广信、顺安；六十五县。范围大致北到今保定满城、徐水一线，南到今黄河北岸焦作的沁阳、武陟一线（包括今河南省安阳市、新乡市），西以太行山为界，与山西相邻，东到今雄安、衡水一线。

宣和四年（公元1122年），真定宣抚使刘韐招募军兵，岳飞闻讯从家乡汤阴来真定应募，此事在汤阴岳飞庙岳飞生平中还有记载。后来，岳飞手下大将牛皋也曾任过真定府路马步军副都总管。[①] 宋代的"路"直属中央，相当于后世的"省"，故真定早在宋代就做过省会。

坐实省会位置的是清代以后。顺治二年（公元1645年），改北直隶为直隶，管辖着河北、山西、山东和辽宁的广大地区。直隶省设置一个总督——宣大总督，驻山西大同。设置三个巡抚，顺天巡抚驻遵化，保定巡抚驻真定，宣府巡抚驻宣化。保定巡抚辖保定、真定、顺德、广平、大名、河间六府，管辖今河北省大片地区。

顺治十六年（公元1659年），改保定巡抚为直隶巡抚。直隶巡抚治所先后设大名、真定、保定。初设大名，顺治十七年（公元1660年），治真定。真定成为名副其实的省会城市。九年之后，为方便与京师的联系，直隶巡抚迁至保定。

而把真定改称为正定的，则是源于另一位帝王的任性。

雍正元年（公元1723年），清王朝雍正帝继位，为避其（胤禛）名讳，改真定为正定。什么叫避讳？就是皇帝的名字，包括同音字，其他地方、其他人都不得使用，已经用了的，要一律改

---

① 《畿辅通志》第四册，河北人民出版社1985年版，第220页。

掉。封建王朝的皇帝，就是这样霸道，把自己置于独一无二的地位，是名副其实的孤家寡人。

这也是正定最后一次改名。从刘邦改东垣为真定起，时间已经过去了1900多年。

四

不管历史多么久远，以"长乐"命名古城南门，大概寄托了人们期盼远离战火、长治久安的美好愿望。

然而现实很残酷。越是期盼得到的，越不容易实现。与老百姓的愿望相反，山川秀美、物产丰足的天时，扼关锁钥、九省通衢的地利，并没有给老百姓带来平稳安定的生活。

从战国时期开始，2000年来，正定一直断断续续地笼罩在烽烟战火之下。凡是在北方发生的大战事，几乎无一例外地席卷正定。

几场规模比较大、百姓受害较烈的战争，都写在史书上。

唐代天宝年间，爆发了安史之乱。常山一带是官军与叛军反复争夺之地，上演了一场攻城略地、铁马金戈的大戏。交战的双方，都把攻占真定城，作为取得战争主动权的筹码。

叛乱与反叛乱之争，曾在此有过三次惨烈大战，滹沱河两岸刀光剑影，血流成河。第一次，是常山太守颜杲卿在真定城抗击叛军。为了护家卫国，颜杲卿高举义旗，在敌众我寡的情况下，独撑孤城抗争。真定城被敌攻破之后，叛军杀害了一万多名常山军民，横尸塞路，河水变色。第二次，是唐军大将郭子仪、李光弼讨伐叛军，杀退了叛将史思明，收复了真定城，后因唐玄宗西逃，郭、李撤兵西去，叛军卷土重来，百姓受了"二茬罪"。第三次，是郭子仪再次东征，大败叛军，收复洛阳，在官军的威慑之下，河北十三郡（包括常山郡）的叛军投降。以后史思明再次反叛，但已是穷途末路，垂死挣扎之后，以彻底失败而告终。

北宋时期，宋与辽开始了长期的对峙，河北成为主战场。真定府一带，更是重中之重。宋辽双方你争我夺，战事频繁。一会儿，成为宋拒敌的屯兵处，一会儿，又成为辽南下黄河、进攻中原的桥头堡。战争所到之处，田地荒芜，百姓流离失所。

经过数十年征战，宋辽签订"澶渊之盟"，约定以白沟、古恒山、南拒马河一线为界，也就是今天的雄安新区附近，真定府作为边塞之地，承担起保宋拒辽的重任。这种局面维持了100多年，难得为社会赢得了一段和平时光。

然而好景不长，另两个北方民族——金、蒙的崛起，又一次将这一带拖入了战争的泥潭，真定一带山河涂炭，人民遭受了难以形容的苦难。至元末，经过几十年的战乱，人口锐减，河北仅有54万多户135万多人，比金代初期下降四分之一多。

再一次激烈的战争，来自明代"燕王扫北"。一个"扫"字，道出了战争的残酷性。燕王朱棣下决心将自己的侄子建文帝赶下台，取而代之，发动"靖难之役"，先要扫平河北，再进军南京。朝廷派大将耿炳文率大军到达真定平叛。

从此，真定成了主战场，几十万大军你来我往，战争规模空前，长达四年多，死伤场景惨不忍睹。史料多处记载，某战"斩获数万"，某仗"斩首三万余级"，甚至"尸填满城壕，溺死滹沱河者无算"（《奉天靖难记》），等等。

倒霉的还是百姓。"靖难之役"使真定一带人口锐减，嘉靖年间《清苑县志》描述，真定府"兵燹之后，人物凋耗，土地荒旷，旧有存者十仅二三"。

五

近代帝国主义列强的危害更烈。1937年10月，日寇的铁蹄践踏正定大地。守城的国民党军队经过激烈战斗后，撤出正定城。10月8日，日军对城内及周边的13个村进行了疯狂的报复，残杀无辜平民1500多人，制造了骇人听闻的"岸下惨案"等多起惨案。在岸下村，他们杀害200多人，55户人家遭灭顶之灾。丧心病狂的日军还闯进城内天主教堂，枪杀受伤的国军官兵，强奸修女，活活烧死8名外国传教士。

然而，残暴的敌人并没有征服这里的人们。在中国共产党的领导下，正定人民坚强不屈、勇敢战斗，在大平原上坚持抗战，最终取得了胜利。

在艰苦卓绝的斗争中，一群组织起来的庄稼汉，发挥聪明才智，在无险可守的华北大平原，因地制宜地独创了特殊作战方式——地道战。后来，地道战被广泛推广到冀中地区，开创了平原抗战的新局面。

"野火烧不尽，春风吹又生。"尽管有这一次次的灾难，但正定人民追求美好生活的愿望一直没有泯灭，旧的居所破碎了，他们一次次从苦难中站立起来，坚韧不拔，奋斗不息，又不断创造着新的家园，推动着社会的发展。

历史是会说话的，它告诉人们，天时地利的形胜，并不能天然获得优势。国家、民族和人民是息息相关的，只有国家的富强，才有人民的幸福；人们只有站起来，不断努力奋斗，才能拒战止战，实现持久的和平；只有天时地利人和浑然一体，才能把命运紧紧掌握在人民手中，实现美好生活的愿望。

第二章

乾坤激荡——天下根本在河北

归汉,方为大义

一

2018年2月9日,广州市越秀区,一项隆重的仪式正在举行,纪念开埠先驱的南粤先贤馆将要与民众见面。

进入先贤馆,人们发现首批列入的先贤共56名,但排在第一位的,并不是本土原住民,而是2000多年前、从遥远的东垣来到南越的秦军将领赵佗。

熟知历史的人们知道,这是用特殊的方式,向开拓南越的先驱致敬。

一个国家、一个民族、一个地域,总有历史上的英雄,或为开先河之人,或为文韬武略、建树颇丰之人,或为力挽狂澜于既倒、护佑苍生之人。

纪念英雄的形式五花八门。西方人习惯于雕塑,在城市街头、广场或其他显眼处,竖有青铜塑像;东方人习惯于庙宇、祠寺和纪念堂,供奉忠烈像和牌匾。西方人是开放的、一目了然的,东方人是低调的、内敛的。当然,目的是一致的,都是表达一种敬意。

南海之滨的广州人,则采用了一种既东方又颇具本土特色的形式——先贤馆。

作为广州历史文化的大观园,赵佗能在这里名列前茅,绝对是实至名归、当之无愧的。须知,要研究南粤的开埠甚至整个

赵佗公园中的赵佗塑像

岭南地区的发展史，无论如何是绕不开赵佗这个名字的。

赵佗，真定人，出生年月不详，去世于公元前137年。史书有的说他活了101岁，有的说他活了103岁，以此来推算，大约出生于公元前240年至公元前238年。在生活条件落后的古代，人均寿命很低，赵佗能如此长寿，可称得上是个传奇了。

更为传奇的是，这个没有显赫家世、可以说是布衣出身的真定人，在南越经历之曲折、执政时间之长、业绩之厚重，对后世影响之久远，都是前无古人的。

赵佗在秦末汉初即任南越王，在位近70年，以至于儿子没有机会接班，他去世后是由孙子继位的。20世纪80年代，在广州市越秀山发掘的南越王墓，主人就是第二任南越王、赵佗的孙子赵眜。

然而，赵佗并没有虚度这70年。他在南越漫长的岁月中，带领真定的子弟兵，拓疆土、和百越、开岭南，尤其是经曲折而不忘初心，历蹉跎而魂系华夏，二度归汉，维护了中华民族和国家的统一。

一言以蔽之，他是开拓南越、汉越民族融合的先驱，是打开封闭之门、将中原文明燎原于岭南，并将这片神奇土地"领回家"的人。

非常有契合感的是，2000多年后，岭南地区又一次具有历史意义的大开放，河北人也有参与组织。20世纪80年代初，时任广东省委书记的任仲夷，是河北任县人，任县与赵佗的家乡真定相距不远，在秦朝初年，两县曾同属巨鹿郡。

时间空间变化如此之大，境遇截然不同，但两次开放都足以载入广东史册。第一次开放使岭南地区浴火重生，进入了文明社会，第二次开放则使广东告别了贫穷，踏上了现代化的富裕大道。

二

1949年9月29日，新中国成立前夕，毛泽东对准备前往广东主持工作的曾生说："你们广东开化很早。秦始皇时代就是秦朝管辖的地方。河北人赵佗在广东做官，他对地方治理得不错。秦朝末年，天下大乱，他乘机扩展了粤西、海南岛等地方，自立为王。汉高祖平定天下后，派人去见他。他表示臣服，接受汉朝的管辖。"[1]

伟人所讲的这一切，是对赵佗功绩的盖棺论定。但人们可能并不知道，赵佗经过了怎样艰难曲折的历程。

始皇二十九年（公元前218年），赵佗，刚过弱冠之年的秦军将领，从滹沱河畔的东垣城出发，走向4000多里外的南越——一个只是传说中的地方，似乎在天之涯、地之角。

前途迷茫，充满着未知和凶险，连他自己也不知道，这一去何时才能返回中原家乡，而在那个荒蛮之地，自己又能做点

---

[1] 曾生：《曾生回忆录》，解放军出版社1992年版，第564页。

什么？

他更没有想到的是，若干年后，能够成为主宰一方的南越王；那段金戈铁马、披荆斩棘、血与火交织的生涯，能与中华疆域的盈缩紧紧联系在一起，留痕于汗青上。

"西瓯地拓龙川阔，南越星移象郡明。"后人叙说赵佗的功业，一般有四：开疆拓土，和辑百越，开拓岭南，两度归汉。

所谓开疆拓土，是实现了"南越河山归一统"，面朝南海、50多万平方公里的土地归化秦帝国，群龙无首的百越之地进入了中华民族的大家庭。

背景是，秦始皇在灭六国、统一中原后，开始谋划多民族统一国家的大业，遂派大将"赵佗、屠睢将楼船之士南攻百越"，号称50万人之多。

"百越"在哪儿呢？大致包括今广东、海南、广西及福建南部地区，当时散居着众多越族部落，被称为"百越之地"。其与中原有五岭相隔，又称岭南，是一个封闭的半原始社会。赵佗率真定子弟兵，与其他秦军一起，经过艰苦奋战，终于平定了百越地区。

始皇三十三年（公元前214年），秦朝在此设立了南海、桂林、象三郡，中心在番禺，即今天的广州，管辖着包括北到五岭山脉、南到越南中部的广大地区，今河内也在其中。这是岭南地区有文献以来、中原王朝最早实施有效管辖的政权。

所谓和辑百越，是指赵佗执政后，一改前任血腥屠戮、残酷征杀的"暴秦"行为，推行了"和辑百越""汉越一家"的民族亲和政策。

为此，他上奏朝廷批准，"徙民与越杂处"，改善居民结构，除从中原包括真定一带迁入无夫者女1.5万多人外，还推行汉越通婚，为戍边的将士成家立业，并且带头将女儿嫁给越族人，促进了民族融合。他尊重越人习俗,维护越人的利益,任用越族精英治理地方,逐步得到越人的拥戴,有效化解了他们对王朝的敌意,增加了归属感。

所谓开拓岭南,是指赵佗努力传播中原文明,推广先进的生产方式,从而使岭南地区由水耕火耨、愚昧蛮夷的时代,迅速走向精耕细作、知书达礼的文明社会。

当时的岭南,可不像今天这样繁荣。当中原社会已经相当文明的时候,岭南地区却交通闭塞、居无定所、疾病丛生、无积聚而多贫,过着类似原始状态的生活。

改变这一切,无疑需要巨大的努力。赵佗一方面用中原的伦理道德教化越人,倡导赡养老弱、废除群婚,引导越人习汉字、学礼仪,从而使百越人"渐见礼化","蛮乡今有汉衣冠"。一方面推广中原先进的耕作、冶铁、纺织、建筑和造船技术,以铁制农具代替木犁,使岭南地区经济社会得到跨越式发展。

1983年,在发掘的南越王墓中,出土文物330余件,其中有丝缕玉衣、龙钮金印的"文帝行玺"等,居然还有烧烤乳猪的器具,其器物之精美,价值之高,令人惊讶。说明在南越王治理

反映南越王传播中原文明的浮雕

之下，生产力极大发展，美食空前丰富，广东人从那时起就很会吃了。

所谓两度归汉，是指赵佗在汉高祖、汉文帝时期，审时度势，顺潮流而动，两次归顺汉朝。

秦末，天下大乱，群雄并起，战火在中原大地上燃烧。时任龙川令的赵佗，受南海郡守任嚣的临终托付，继任南海尉。为防止中原战火波及岭南，赵佗断绝各关隘，聚集军队加强守卫。然后，出兵统一了岭南地区，以番禺为都城，建立南越国，自立为南越武王。同一时期，中原楚汉相争，刘邦胜出，奠定大汉江山。这一阶段，南越与汉地处于相对隔绝的状态。

但中原并没有忘记这片领土。

汉高祖十一年（公元前196年），汉高祖刘邦派大夫陆贾带诏书南下番禺，奉劝赵佗归顺汉朝，封为南越王。赵佗接受了汉高祖的封号，成为中国历史上较早的民族区域自治政权的首领。

然而好景不长，刘邦死后，吕后专权，歧视少数民族，禁止与南越经济往来，封关市、限铁器，还放纵小人捣毁了真定赵佗先人墓。激愤之下，赵佗自立称帝，还派兵攻打长沙郡的边镇。

汉越的紧张关系在汉文帝执政后，得以改善。文帝效仿高祖的做法，派陆贾携诏书再下番禺，诏封赵佗。在国家大义面前，赵佗再次表现出政治家的胸怀和气度，毅然除去帝制，受封南越王，汉朝疆土由此完成一统。

三

赵佗归汉的壮举，意义宏大而深远。要知道，如果没有赵佗的大义，中国历史的进程有可能改写，国家的版图有可能重绘。

今天看来，赵佗在南越的一系列杰作，哪一件都是开历史先河的鸿篇巨制，大气恢宏。但我以为，这四件事是不能等量齐观的，最有分量、最值得称道的还是归汉。

因为，判断任何政治家的功业，都是以是否符合历史发展的大势、是否有利于社会的进步为标准的。

从政治家的角度来看，南越实现了归汉，才使得前三件功绩愈加精彩，愈加有意义；倘若没有归汉，南越分离于国家之外，这些壮举会瞬间暗淡了光辉，在一定程度上，可以说是师出无名，是赵佗为自己的小王朝奠基，或者为治理分离出去的领土而制造温床。

由此，归汉与不归汉，实乃国家统一、民族融合之大事，是检验政治家胸怀和大义的试金石。

中华优秀传统文化，讲究家国情怀、忠贞不贰、春秋大义、叶落归根。不论走多远，家国是不能背离的。少小离家老大回，四散家人得团聚，皆为幸事，分离的国土和失散的同胞重回祖国，更应当普天同庆。

而这一切都离不开一个"归"字。

难忘的 1997 年 6 月 30 日晚。香港回归之时，首任特首董建华致辞。在国歌的乐曲声中，他的一句"香港经历了 156 年的漫漫长路，终于重新跨进祖国温暖的家门"，瞬时让许多观众潸然泪下。那天晚上，"回归"成为 960 多万平方公里土地上的热词。

归途漫漫，归心如磐，人们凭着的是一种渗透到骨血里的家国情怀，凭着的是对祖国的认同和民族大义的持守。

想当年，西汉苏武出使匈奴，留胡节不辱，坚贞不屈，渴饮雪，饥吞毡，牧羊北海边，历 19 年方回祖国；东汉蔡文姬滞匈奴 12 载，已为人妇为儿母，但故土情愫一天未泯，国朝召唤，别夫离子，毅然归汉。坚强的信念和高尚的气节，是他们坚持回归的唯一支撑。

彼时的赵佗，也面临归与不归的大考。

人在逆境中容易想到家庭、祖国；人在顺境则容易忘却初心。此时赵佗的处境，根本不同于蔡文姬和苏武那样，命运完全被人捉弄，没有缚鸡之力。赵佗在南越已是成功人士，深耕多年，百越臣服，人气很旺。不归，是万人之上、一呼百应的帝王。归，则要去帝称臣，不仅年年供奉，还要甘受辖制。换句话说，是对至高无上权力的自我剥夺。

实力对比也显而易见。汉高祖和汉文帝登基之初，都面临北部游牧民族的威胁重压，兵力捉襟见肘。尽管出使南越的汉使陆贾虚张声势，说什么大汉天子神威，如进击百越易如反掌，但赵佗明白，此时他手握重兵，且岭南重峦叠嶂，易守难攻。汉军平越，谈何容易。

可以说，此时的南越完全是有实力、有条件、有可能走不归这条路的。

毋庸讳言，赵佗在何去何从的历史关头，也曾受天子之尊、山呼万岁的诱惑，有过出轨和反复，甚至一度"僭越称帝"，但在坚持民族大义和背信弃义的十字路口，最终作出了正确的选择：归汉。

四

后人多把赵佗去帝称臣，归功于陆贾游说的成功，实有偏颇。纵使陆贾是西汉伟大的公关家，能言善辩，巧舌如簧，但外因还是通过内因而起作用。打动赵佗坚硬外表、触动他柔软内心的还是中原之情，准确地说还是真定之情。

且看陆贾的游说过程。

陆贾，楚国人，以门客身份居汉高祖左右，经常出使诸侯。汉高祖四年（公元前203年），刘邦曾派陆贾游说项羽，释放被俘的父亲、吕后等人，虽未成功，但体现了游说才干。陆贾常在刘邦面前献策，劝刘邦"马上得之，马下治之"，要采取文武并用的长久之策。因此被认为是出使南越的最佳人选。

初渡南越的陆贾，贵为汉使，并没有得到应有的礼遇。赵佗那时生活"小康"，日子挺滋润，觉得没有必要马上见陆贾，而将他放在城郊"晾"了一段时间。

陆贾闲来无事，只好在番禺西14里处以筑屋打发时光，竟渐成规模，后人称之为"陆贾城"。其准确位置在今广州泮塘。

在僻壤之地建造一处大庄院，估计费时数月有余。终于陆贾可以见赵佗了，可那场面却让他大吃一惊。

陆贾见到的赵佗是"椎髻箕踞"，一副傲慢不恭的样子。"椎髻"，是将头发束在头顶上如椎状，不像中原士大夫那样戴冠冕；"箕踞"，是伸直两脚而坐，有异于中原人的跪坐，在古代被视为大不敬。

赵佗摆出一副土著越人的打扮，目的是给陆贾一个下马威，示意我不是汉朝的臣属，而是百越之尊。

陆贾不愧是见过大场面的人，仍然不动声色地大谈汉天子神威，天子闻你所为本想兴兵问罪，但怜惜百姓，暂不兴兵，派我授你南越王印。

闻听此言，赵佗仍然是无所谓的态度，及至陆贾说道，足下中国人，亲戚昆弟坟墓在真定（今在石家庄市新华区赵陵铺），如若不归，即是"反天性，弃冠带"，真定家乡会遭挖祖坟、灭宗族之祸，赵佗才"蹶然而坐"，有所醒悟。

研究赵佗的学者胡守为认为，"最能打动赵佗的是'反天性，弃冠带'两句话。'反天性'，是背叛父母之国，不念祖先坟墓、宗族；'弃冠带'，是指他从蛮夷之俗，违背中原礼仪，其意与'反天性'相连。赵佗在宗法社会中长大，受影响不会浅，故国家观念、祖宗宗族之情不能忘怀。他虽已越化，是为了统治越人权宜的举动，被指出'反天性，弃冠带'后，他感到要不要检讨其所作所为了，……"①这足以说明，陆贾的高明之处是成功地触动了赵佗的宗祖之情，以及对真定桑梓的思乡之念，从而促使他下定了归的决心。

时过境迁，15年过后，陆贾以年近七旬高龄再度出使南越，祭出的仍然是同一法宝。

这一次，陆贾除了转送汉文帝的书信、行问候之意外，又以情动人，告知赵佗真定现状：已修佗祖坟，并置守邑、四时祭祀，妥置其兄——没有细说，估计给了官位，吃上了"商品粮"。赵佗再次受到触动，幡然猛醒，面北拜谢，称愿奉诏，长为藩臣。

其实，赵佗的念祖之情始终未泯，汉文帝在信中也透露，赵佗曾去信汉将，求问真定亲兄弟的情况，是陆贾的到来，使他重燃了思乡回归的念头。

南宋人刘克庄对此事看得很透，断定赵佗："已作南夷长，那为北面臣？未忘真定冢，毕竟是华人。"

总而言之，赵佗还是个有家国情怀的人，恪守了千秋大义，才奏响了回归的黄钟大吕。

---

① 胡守为：《南越开拓先驱——赵佗》，广东人民出版社2005年版，第47页。

第二章 乾坤激荡——天下根本在河北

五

汉文帝也是一个大赢家。说实话,汉文帝能登上大位,自己都准备不足。他虽是汉高祖的儿子,但因是小妾所生"侧室之子",没有当皇帝的资格,只是由于高祖传位的长子孝惠帝无子才得以继位,多少有点底气不足。这次招抚赵佗,兵不血刃,统一华夏,国威大振,着实打牢了他的执政基础。

公关家陆贾则因为说服南越回归,验证了他的"马上得天下,马下治天下"的执政理念,为西汉立下大功,而功成名就,备受尊崇,颐养天年。

这是一个皆大欢喜的多赢结果。

赵佗为表心绪,激情写下《上汉文帝书》:"蛮夷大长老夫臣佗昧死再拜上书皇帝陛下:老夫故粤吏也,高皇帝幸赐臣佗玺,以为南粤王,使为外臣,时内贡职。孝惠皇帝即位,义不忍绝,所以赐老夫者厚甚。高后自临用事,近细士,信谗臣,别异蛮夷,出令曰:'毋予蛮夷外粤金铁田器;马、牛、羊即予,予牡,毋与牝。'老夫处辟,马、羊、羊齿已长,自以祭祀不修,有死罪,使内史藩、中尉高、御史平凡三辈上书谢过,皆不反。又风闻老夫父母坟墓已坏削,兄弟宗族已诛论。吏相与议曰:'今内不得振于汉。外亡以自高异。'故更号为帝,自帝其国,非敢有害于天下(也)。高皇后闻之大怒,削去南粤之籍,使使不通。老夫窃疑长沙王谗臣,故敢发兵以伐其边……老夫故敢妄窃帝号,聊以自娱。老夫身定百邑之地,东西南北数千万里,带甲百万有余,然北面而臣事汉,何也?不敢背先人之故。老夫处粤四十九年,于今抱孙焉。然夙兴夜寐,寝不安席,食不甘味,目不视靡曼之色，耳不听钟鼓之音者，以不得事汉也。今陛下幸哀怜，复故号，通使汉如故，老夫死骨不腐，改号不敢为帝矣！"①

通篇读罢，言辞质朴，颇具情感。其中有感念高皇帝当年的恩德，有对吕后专权后不义之举的愤懑，有为自己不得已而为之的辩护，有对当朝汉文帝的忠心表露，总之，有情，有义，有感，有表，不由得令人不动容。乃称中华历史上第一篇回归的宣言。

古往今来，义有大小、长短之分，君臣、主仆、朋党之义，是小义、是短暂之义；国家之义、民族之义是大义、是长久之义。赵佗初心未泯，二度归汉，实属功在当代利在千秋的大义。

岁月蹉跎，青山不老。人们相信，在上汉文帝书的时候，赵佗，还是那个抱怀初心的真定人，真定这块热土给予他的国家情、民族义还在血液里流淌。

政声人去后，大义留人间。赵佗主政南越，获得了极高的声望，以至于龙川等地老百姓立庙建祠，像神一样供奉他。唐代大诗人李商隐曾应邀作《赛越王神文》，当是一篇怀念南越王的祭文。文末曰："今来古往，常教威著越城。万岁千秋，勿使魂归真定。神乎不昧，来鉴斯言。"

你看，一位河南人却道出了南粤人对赵佗的思念之情，期盼异乡旧主，神威长留南越，勿使魂归真定，我等失去了庇佑。南粤人的希望多么现实和直截了当。

相比之下，真定籍清代诗人梁清标的《赵佗先冢》诗，则代表了家乡人的情思："南粤功成长百蛮，尉佗荒冢枕空山。英雄既去同流水，树树秋声倦鸟还。"

---

① 《二十四史》第四册，线装书局2019年版，第2478—2479页。

第二章 乾坤激荡——天下根本在河北

纪念赵佗的越王井

诗人在怀念南越王功绩的同时,也希望他倦鸟知还,魂归故里。有思,有念,有盼,满满的人情味!而如今,在石家庄市的赵佗公园里,赵佗先人墓园依然苍松翠柏,郁郁葱葱,仿佛静待义魂回归。

不管怎么说,南北两地的南粤人、真定人,都在怀念这位于国家、于民族有大义的一代雄才。

赵佗最终没能回归真定,但生前霸业雄图,身后众人敬仰,此生足矣。

| 品读正定

横空出世的真定

一

历史常常带有戏剧性。当赵佗第一次归汉的时候，可能并不知道，遥远的中原政权正经历着一场危机，更不知道，危机的结果之一，是改变了家乡的名字。

汉高祖十年（公元前197年）9月，也就是与陆贾出使南越差不多的时候，赵相国陈豨勾结匈奴在代地（今河北省西北部、山西省东北部）谋反，自称代王。

叛军沿太行山麓一路南下，很快杀入赵地（今石家庄、邯郸、邢台、衡水一带），25座城池被攻陷20座，而攻取的第一个城垣，就是赵佗的家乡恒山郡治所东垣。

东垣，位于太行山东麓、滹沱河南岸，乃战国时期中山国的一个重要城邑，秦始皇统一六国后，置东垣县，是今天正定最早的行政设置，后来成为恒山郡（汉称常山郡）郡治。

东垣扼太行山口，踞滹沱南岸，衔燕赵，控中原，东连齐鲁，西出秦陇，乃兵家必争之地。

因此，东垣的失利，对西汉王朝来说，是带有全局性的。

研究地理历史文化的学者李零，对此有大视角的分析。他说："早期中国，北方纵深有三条线。北纬41度线是长城线，这一线上的秦皇岛、北京、大同、呼和浩特和包头都是边塞。北纬38度线是缓冲带和过渡线，北方民族南下，可以在这里挡一下，正定、太原、榆林在这一线。北纬35度线是王都线，三代王都在这一线，秦到北宋的历朝古都也在这一线。这是早期中国的底线。"①

作为缓冲带的重要城市东垣，应当起到护卫王都的作用，起码是抵挡、拉锯一阵子，现在却轻易落入叛军之手，威胁中原及秦陇关中，震动了整个王都以及长安。大汉的掌门人刘邦不得不有所动作了。

对于东垣，高祖的印象是不错的。他曾多次到访此地。第一次，刘邦为平定反叛的韩王信的残部而御驾亲征，一直打到东垣。战事结束后班师回朝，刘邦从东垣返长安，经过赵国。与东垣籍的赵美人欢度良宵。后赵美人诞下一子，即后来被刘邦封为淮南王的刘长。

还有一次，经过柏人城（今河北省隆尧县西），赵相国贯高谋划杀死高祖，高祖有所察觉，问这个县叫什么？回答说，柏人。高祖说，柏人，就是被迫于人啊！因而没有在柏人停留，直接去了东垣，躲过了一劫。② 某种程度上说，东垣是他的福地。

当然，高祖知道，这里还是一处战略要地，是重要的粮秣供给地，是南征北战的接续地，东垣，既关乎着中原的安定，也关乎着汉王朝的前途命运，决不能长期陷入敌手。

如此重要的征战，汉高祖要亲自上阵了。

汉高祖十一年（公元前196年）隆冬，也就是陆贾第一次出使南越那一年，汉高祖刘邦冒着严寒御驾亲征，率大军前往赵佗

---

① 李零：《我们的中国》第一编，生活·读书·新知三联书店2016年版，第26页。

② 张宏儒、沈志华主编：《文白对照全译〈资治通鉴〉》上卷，改革出版社1991年版，第142页。

的家乡东垣城下，讨伐叛军代王陈豨的守城部将赵利。

这是一场惨烈的战役，双方大战一月有余，陷入缠斗之中。

二

按下战况不表，先说一下这场危机的源头；搞清楚源头，才明白双方为什么会投入重兵厮杀。

作为马上得天下的刘邦，半生戎马，以一平民百姓，夺得天下，开创了四百年的汉朝基业，中国有史以来，可谓第一人。

毛泽东评价说，项王非政治家，汉王则为一位高明的政治家。他还说："刘邦能够打败项羽，是因为刘邦和贵族出身的项羽不同，比较熟悉社会生活，了解人民心理。"由此，得出了"老粗出人物"的结论。[①]

老粗并不粗。市井出身的汉高祖政权得来不易，稳固政权更不易。刘邦与其他朝代的君王一样，都期望江山永固、万代传承。所不同的是，他从登基起，就万里征程未下鞍，始终为消除不稳定因素而南征北战，可以说是封建王朝中最具忧患意识、最辛苦的君王之一，以至于他登基七年，就打拼了七年。

为了江山永固，他内外兼修，一方面戍边护国，抗击匈奴的抢掠；另一方面不遗余力地扶持刘姓家族，剪除异姓王，包括与他一起马上打天下的韩信、彭越、黥布等人，一个个成为"蜚鸟尽，良弓藏；狡兔死，走狗烹"的现实版。

东垣城的危机，某种程度上，就是这种"内卷"造成的。

---

① 《毛泽东评点二十四史·人物精选》上卷，时事出版社1997年版，第277页。

第二章 乾坤激荡——天下根本在河北

在这场斗争中,刘邦最大、最危险的对手,乃是他亲封的淮阴侯韩信。

刘邦与韩信有过一次经典的对话。刘邦问,像我这个样,可以带多少兵啊?韩信说,陛下不过能带十万兵。帝问,对你来说怎么样呢?信答,(兵)多多益善。帝又问,多多益善,为什么还被我捉住了呢?信答,陛下不善带兵但善领将,而且陛下是天子,所谓"天授,非人力也"。意思是说,是天意而非常人能为。

其实,这是一场揣着明白装糊涂的对话,彼此都知道对方的底牌。对于韩信的军事才能,刘邦也深以为然,刚登上大位时曾说过,"连百万之军,战必胜,攻必取,吾不如韩信。"①话虽这样说,韩信却明白刘邦对他的才能一直有所忌惮,登上大位后,更是时时处处防备他。

老粗也有老粗的问题。韩信作为与刘邦患难与共、同打江山的开国者,起初本无反叛之心,只因刘邦上位之后,对他有亏待之处,没有给他应有的职权,且一味实施剪除异姓王的既定方针,韩信才渐起了谋反之意。

作为封建王朝的诸侯,韩信脱离不了功成名就、权力诱惑的世俗追求,何况,正如太史公所言,他本人也是一个居功自傲、不懂得谦虚谨慎之人。

汉高祖刘邦

---

① 《毛泽东评点二十四史·人物精选》上卷,时事出版社1997年版,第302页。

足智多谋的韩信，起初实施反叛计划时，并未赤膊上阵，而是通过代理人进行。这个代理人就是被他选为策反对象的陈豨。

　　陈豨，战国末年魏国宛朐（今山东省菏泽市西南）人，也是跟着刘邦南征北战的将领，汉初曾在平叛中立下功劳，一度刘邦很欣赏他的才能，封列侯、任为代丞相赵相国，掌管赵地和代地事务。

　　陈豨离开长安赴任时，到韩信处辞别。韩信先试探陈豨，见其虚心求教，就打开天窗说亮话，告诉陈豨，你所守的北方边防重地，乃天下精兵所聚之处。只要长期引兵在外，必然会招致当朝的猜疑，反叛便成了唯一的出路。韩信还告诉陈豨尽管起事，他在长安做内应。东西夹击，必成大事。

　　韩信说的所守北方重地，乃指当时的赵地、代地，也包括恒山郡和东垣城，因为他对这一带情况很熟悉，离东垣不远处井陉发生的"背水之战"，就是韩信的杰作。

　　此战发生在汉高祖三年（公元前204年），汉军与赵军在井陉口交战。在敌众我寡的情况下，韩信利用赵军轻敌之心，摆下兵家大忌的背水阵，使己方处于置之死地而后生的境地，激励将士为求生路而决一死战。又调遣兵马袭击敌军后方，结果大败赵军，创下了军事史上以少胜多的著名战例。韩信也因此一战成名，被后人尊为"兵仙""战神"。

　　明代散文家归有光评价，"及汉破楚垓下，以得淮阴侯。而淮阴之功始此，皆在今真定之境。"[①]

　　韩信明白，东垣城与井陉口乃一东一西，战略意义非同一

[①] 郭预衡、侯光复主编：《中国古代十大散文家精品全集·归有光》，大连出版社1998年版，第210、211页。

般,他稍加点拨,陈豨自然会格外重视。

陈豨也不是谦虚谨慎之人,封侯拜相后,毫不检点,很讲究排场和奢侈。一次,回邯郸活动,足足带了门徒食客1000多人,整个邯郸的馆邑都被住满了。这情况自然被刘邦所注意,暗中派人访查。陈豨知道后,心有惧意,遂迫不及待地举起反旗。他还记得韩信的叮嘱,在攻城掠寨的地图上,早早圈中了东垣。

于是,当朝者与反叛者都不约而同地用兵东垣,双方都知道东垣的分量,谁都不会轻易放弃,怎不奋力拼杀?

双方被推上了不可言退的地步,接下来是一场旷日持久的大战。

三

此时,汉高祖遇到了麻烦。攻城讲究速战速决,但东垣之战处于胶着状态,原因在于刘邦的官军与陈豨的叛军各有所长,也各有所短,双方都不具备碾压对方的实力。

从官军来说,优势之处在于师出有名,剿灭叛乱,天经地义,民心所向;国朝地大物博,粮秣充足,可有效地调动和补充辎重;再就是兵多将广,良将如云。

官军的有利之处,对陈豨属下将领赵利来说,恰恰是自己的短板。不过,他也自恃有利条件。譬如城池坚固,易守难攻。东垣城建于战国时期,早就经受过战火的考验,赵利占据后,又加紧筑牢,自称固若金汤。再如,汉军劳师远征,不免疲惫。叛军据守城垣,以逸待劳。

刘邦在平叛陈豨初期,可以说信心满满。他根据叛军兵力部署情况,分东、西两路出兵,自率一路兵马,由西向东杀来,同时命燕王卢绾，从东北方向进攻叛军。

韩信的学生陈豨并不好对付。他自恃天时地利，气焰十分嚣张，但并不死拼硬打，而是采取游击战：派大将侯敞率领万余兵马南攻襄国（今河北省邢台市），另一大将王黄率骑兵千余驻守曲逆（今河北省顺平县西南）；还派张春率军万余人进攻聊城。

刘邦只好采取分兵合围的战术，分别派樊哙、郭蒙等率军赴襄国迎击侯敞部，破张春于聊城。刘邦的汉军则北上，攻王黄占据的曲逆，一番苦斗，方初步稳定了局势。

更大、更艰苦的战役还在后面，要拿下战略要地东垣，这一次打的是攻坚战。为此，刘邦御驾亲征，挥师来到东垣城下。

盘踞东垣的陈豨大将赵利，不甘心束手就擒，凭借着坚固的城墙与刘邦周旋。他让人在高大的城墙上泼水成冰，使之更为坚固，汉军难以攀爬，虽日夜轮番攻打，但东垣城岿然不动。

不仅如此，赵利得意忘形，让军士们在城头高声辱骂刘邦，这更加激起了刘邦的怒火，发誓不攻下东垣城决不收兵。于是，刘邦一再增兵，调来军队合围东垣。

汉军发起一波又一波的猛烈进攻，战斗惨烈，双方死伤颇多，汉军付出了巨大的牺牲。最后，还是时间决定了胜负，城内粮草殆尽，孤立无援的守军才打开城门投降。入城之后，刘邦仍然气不过，来了一番宣泄，凡是辱骂过他的人全部杀掉；没有辱骂过的，脸上刺上字才放掉。

东垣一战，对于刘邦平定陈豨叛乱，稳固大汉江山，有着决定性的意义。这一仗，不仅使陈豨的主力被剿灭了，而且丧失了据险可守的城垣，基本消除了叛军对汉王朝的威胁。

汉高祖十二年（公元前195年），逃跑的陈豨被汉军大将樊哙所斩杀。那个答应陈豨里应外合的韩信，没能在京都起事，反而被吕后设计杀害，可谓英名一世，毁于一旦。历时三年之久的陈豨叛乱至此结束。

回头看来，这次平叛虽以胜利而告终，但西汉的代价可谓大矣。整整三年，高祖派出了几乎所有能征善战的大将，包括樊哙、灌婴、郦商、夏侯婴、周勃、曹参等人；战场波及整个河朔地区，北至匈奴，南至大河，金戈铁马，血雨腥风，数不清的官兵和百姓长眠于战火之中。这是一场惨胜啊！

不仅如此，陈豨的反叛，形成了一个巨大的政治旋涡，韩信、彭越、黥布等几乎所有的异姓王，都被牵连进来，日后都成为汉高祖的刀下之鬼。

老粗还是不粗。刘邦是一个善于总结的帝王。经过这场刻骨铭心的平叛，他对河朔之地特别是东垣的战略地位，有了更加清晰的认识，他应该意识到，进一步巩固王朝的政权，国家安全布局和重点需要作新的调整。

四

东垣之战，印象深刻。刘邦在攻克东垣之后，难以掩饰激动之情，感叹战役之艰苦，脱口而出，真的安定了啊！遂传旨意，改东垣为真定，意即希望这里成为真正安定之地。

历史瞬间的决定，有时具有强大的生命力。从此，真定——一个朗朗上口的名字横空出世，东垣告别了过去，以真定之名堂而皇之地走上了历史舞台。这是正定历史上使用时间最长的名称，一直延续了1900多年，直到清代雍正帝继位，避其名讳，才改为正定。

然而，由东垣而真定，绝不仅仅是名字的简单更替，作为一个政治家，刘邦的决定应该具有多重含义。

其一，它意味着汉王朝对国家安全有了新的认识。国家的安全，并不仅仅是京都的安全。居黄河天险、背倚秦岭的长安，与它的名字一样，在安全上有天然优势，正如大臣田肯所说，"秦地是地理形势优越的地方，有阻山带河之险……，从这里出兵诸侯，犹如高屋建瓴。"①

问题是，仅仅有长安都城的优势是不够的，国家安全需要一个体系保障。王土甚广，诸侯甚多，相距甚远，特别是地处河朔的燕赵之地，缺乏一个保证国家安全的支点。高瞻远瞩的汉高祖一定在寻找这样一个支点。

而通过东垣一战，他悟到并确定了这个支点，应该就是真定。只要燕南赵北的中原一带真正安定了，大汉的安全体系才相对完善、有保障。在这个框架下，汉王朝的都城长安与中原的真定，一西一东互为犄角、遥相呼应。想想看，一边是长安，寓意长治久安，一边是真定，真正安定之地，像一副担子的两头挑起了国家安全重任，如此江山稳固矣。

其二，它顺应了黎民百姓的愿望。中国历史上战争频仍，人民饱受战乱之苦，老百姓最大的心愿就是天下太平，安居乐业。中国很多地名中都含着"安""定"的字眼儿，如西安、淮安、泰安、延安、安阳、保定、定州、平定等，就是明证。

就拿正定历史上的名字来说，它随朝代多次变更，可以列出长长的一串，但也多含有恒久安定之意。譬如，从最早的东垣、真定、恒山、常山，到后来的恒州、恒阳、镇州、镇阳、平山、

---

① 《毛泽东评点二十四史·人物精选》上卷，时事出版社1997年版，第291页。

成德、正定，以至更高一二级的设置，真定国、常山国、真定府、真定路、真定巡抚等，皆有永固邦宁、安定久远之意。偶尔也有他称，比如王莽篡位时，曾改真定为"思治"，但时过境迁，很快被人们忘记。

刘邦改东垣为真定，算是满足了百姓的心理诉求，顺乎了民意，也佐证了伟人所说刘邦"比较熟悉社会生活，了解人民心理"的评价。

其三，它为后世治国理政开辟了新路。汉高祖作为继秦之后，又一个统一的中华帝国君主，他的执政实践，为历代统治者提供了前车之鉴。

这种借鉴是潜移默化的，所谓"萧规曹随"。譬如，他通过改东垣为真定，派儿子刘恒、即后来的汉文帝守卫代地、将赵地归其统辖等举措，向天下传达了国家安全与经世济民的新理念，王朝重心将逐步历史性地东移。后世的君王无不效仿，纷纷把治理重点由西北转向了中原及河朔地区。

公元904年之后，西安再也没有成为中国的国都，中国的重心已经转移到经济发达、交通便利且是战略要地的东方。这也就是1000多年来，正定始终是历朝历代须臾重视、下大力气经略的原因所在。

如此看来，真定，这个名字真不简单，它寄托了汉高祖江山永续的期望，也给予了后来者治国理政的启示。

五

没有想到的是，东垣战役的胜利，汉高祖还带给人们一个精神产品。这就是传承至今的"常山战鼓"。

胜利来之不易，汉军要大大庆贺一番。刘邦命军士在东垣城内置数十面大鼓，"击鼓相庆，月无虚日"。这场攻城战从冬打到春，打了一个多月，现在击鼓相庆，大鼓也敲了一个多月。

农历新年将至，真定城充满了喜庆气氛。持续的大鼓声，既体现了国威，也契合了老百姓欢度新年的愿望，朝野的想法不经意地结合起来，想不红火、不持续都难。

符合民愿、喜闻乐见的文化形式，都能传承下来。这以后，真定乃至常山滹沱河一带，很多老百姓学会了敲锣打鼓，渐渐延续、演变为后来的"常山战鼓"，成为流传至今的民俗活动。如今逢年过节，在正定的村街里，还能听到咚咚的大鼓声。

经过多年演变，现代的常山战鼓由一面大鼓、三五十面小鼓以及若干大中小钹、锣等打击乐器组成。大鼓直径两三米，由三五健壮者敲打，南人见之皆惊诧。战鼓还有曲牌若干套，体现胜利者的威势，边敲边舞，动作潇洒恣意，人舞鼓震，气势雄浑。

常山战鼓表演

常山战鼓作为国家级非物质文化遗产，先后参加了奥运会、世博会等重大活动，每每载誉而归。前几年石家庄每年都举办大型战鼓争霸赛，来自全国各地的鼓队，竞相献技，盛况空前。

当然，东垣战役留下的不仅是如雷的鼓声，那久远的烽火硝烟也带给人们无尽的思绪。

阳春三月，一个偶然的机会，我来到石家庄市东古城村，漫步在凸起的土坡上，赫然看到一块石碑，上刻"全国重点文物保护单位——东垣古城遗址"。

我脚下的土地，就是2000多年前那个知名的东垣之战的古战场，汉高祖曾经在这里指挥千军万马厮杀。

友人告诉我，诞生于战国时期的东垣城，经过秦汉两代，三国、南北朝时期，先后做过恒山郡、常山郡的治所，真定国国都，前后存续了600多年。一直到北魏皇帝拓跋珪来到，将真定治所迁往滹沱河以北的安乐垒（今正定县城），这座古城才渐渐荒废。

考古发现，古城为不规则的长方形，面积约15平方公里，城墙墙基犹存。遗址出土了大量建筑构件的残片、陶制生活用品，以及珍贵的燕、赵刀币。可以想象，当年这里商贾云集，摩肩接踵，一派繁盛景象。先人们在2000多年前，就建造了一座伟岸的城市，不由得我们心生敬意。

可惜，岁月荏苒，历史的揉搓使她早已荒郊野老、草木萋萋，淡出了人们的视野。

触景生情，忽然想到清人容丕华的《东垣城怀古》诗：

    偶过东垣感慨增，离离禾黍满沟塍。
    水流哽咽君知否，欲向行人说废兴。

东垣古城遗址

因而有感，城市可以兴废，治所可以迁徙，只有历史不会停滞，文化不会中断，它还会以某种形式延续、发展。由昨天的东垣、真定，到今天的正定，虽然跨越2000年时空，但斯人斯地，大地、山川、河流与生生不息的黎民，绵绵赓续，不还是一脉相承的吗？

正定从这里走来，还将走向未来……

滹沱一片冰

一

> 光武经营业未兴，王郎兵革正凭陵。
> 须知后汉功臣力，不及滹沱一片冰。

这是唐代诗人胡曾的一首诗，描述的是流传于滹沱河两岸"王朗赶刘秀"的故事。正定的孩子，有不少是听着这个故事长大的。

类似的诗句在正定古诗集中还有很多，如宋代范成大感叹"闻道河神解造冰，曾扶阳九见中兴"；文天祥诗曰"始信滹沱冰合事，世间兴废不由人"；元代陈孚则吟道"征鼓连天战血红，存亡只寄寸冰中"等，说的都是这个故事。

无独有偶。正定县城东的滹沱河南岸，有一村庄名曰凌透（位于今石家庄市长安区）。顾名思义，凌，冰也，透，通过，穿通之意；古有透渡一词，形容乘渡船过河，凌透，指以冰载之过河，当属无误。因之，凌透村，被指为当年刘秀滹沱河冰合而过之地。

滹沱河沿岸，传说为刘秀冰合过河之地的，还有若干个版本，现无从考据，但足以证明故事的影响力之大。

诗篇与村庄、王朗与刘秀交织在一起，演绎着近2000年前同一个惊心动魄、化险为夷的故事。

西汉末年,算卦先生王朗诈称皇子在邯郸自立为帝,并以十万户的封邑作悬赏,捉拿代表朝廷镇抚河北的刘秀,一时间南北呼应,声势很大。正在蓟城(今北京市)的刘秀猝不及防,仓促撤退,日夜兼程。时值严冬,随行的将士们冒着霜雪行军,脸都被冻裂了。

危险还未过去。刘秀被追赶至滹沱河边,前有河阻,后有追兵,无船可渡,情势万分危急。

探听消息的前卫回报,河水中流动着冰块,没有船,不能渡过去。刘秀恐不实,又派部将王霸前往探视。王霸担心众人惊慌,想暂且让众人前行,被水阻拦再回去,就谎报说,冰很坚固,可以渡过。官属们都很高兴,于是前行。等到行至河边,河里的冰真的合拢起来,刘秀一行得以踏冰渡河,但刚刚过去,冰已融化。追兵来到,无可奈何,萧王有如神助,绝处逢生。

过得河来,一行人犹狼狈不堪。只有下属冯异、邓禹守在刘秀身边。在一间空房子里,冯异拢柴,邓禹点火,刘秀对着灶火烤衣服,冯异进上麦饭。

后人考证,所谓麦饭,准确地说是临时搜集来的麦仁、杂豆熬的粥,不过,这对又冷又饥又渴的刘秀来说,已经是美味了。这情景,也被人们口口相传下来,在正定城南滹沱河边,还有座麦饭亭纪念之,尽管煮麦饭的地点,可能

东汉光武帝刘秀

第二章 乾坤激荡——天下根本在河北

滹沱河边的麦饭亭

并不在正定滹沱河边。

这段故事带有神奇色彩。冰合、冰融乃自然现象，不足为奇，但一条河乍结冰乍融化，短时间内无论如何做不到，人们如是说，无非在地点、人物、事件确实的前提下，打了一个时间差。以此来佐证刘秀登大位实属天意，你看，连冰河也那样善解人意，超常变化，解刘秀于危难之中。

无论怎么说，这是刘秀创大业中的一段低谷，几乎陷入绝境。但岂知祸兮福所倚，就是滹沱这一片冰，不仅挽救了刘秀，而且改变了历史，使得刘秀忽然时来运转。

二

当时，刘秀是受更始帝刘玄委派巡行河北的，目的是扫清反对势力。但河朔之地广大（北到辽东、南到黄河），派系林立，错综复杂，并不那么容易搞定，局势起起伏伏，刘秀始终没能站稳脚跟。来到真定，形势为之一新，刘秀的事业进入了一个新阶段。

后人评价，真定才是刘秀乃至东汉王朝的龙兴之地。

何为龙兴之地？通俗地讲，即改朝换代时帝王出生或创基业、登大位之地。例如，秦始皇之咸阳（今陕西省咸阳市）；汉高祖之芒砀山（今河南省永城市境内）；魏武帝曹操之邺城（今河北省临漳县一带）；唐高祖李渊之晋阳（今山西省太原市）；明太祖朱元璋之钟离（今安徽省凤阳县）；等等，都是他们呼风唤雨的龙兴之地。

而东汉光武帝则是一个例外。

刘秀出生于济阳（今河南省兰考县东北），起兵于南阳（今湖北省枣阳市），登基于鄗地、后定都于洛阳，但我以为，这几地都算不上他的龙兴之地。

济阳且不说，刘秀家庭贫寒，父亲早逝，生活无依，寄人篱下，谈不上什么作为；南阳是反抗王莽新朝的起兵之地，但那时刘縯、刘秀兄弟二人主要借势于农民起义的绿林军，本部兵微将寡，装备很差，初期连战马都没有，刘秀是骑着牛上阵的。此时刘秀既没有什么军事实力，更没有什么政治发言权。

昆阳之战重创王莽，刘秀立下大功，显露了才干，及至到了洛阳、被更始帝任命破虏大将军后，才开始登上政治舞台。

所谓"天将降大任于是人也，必先苦其心志，劳其筋骨"。刘秀在洛阳度过了非常煎熬的一段时间。更始帝忌惮刘秀兄刘縯的威望，受人蛊惑，杀掉了刘縯。刘秀知道自己势单力薄，采取"勉从虎穴暂栖身"的策略，韬光养晦，不仅在更始帝面前诚恳检讨自己的"过失",而且不替兄服丧,表面上饮食作息如常,只有夜晚才默默流泪,泪水都打湿了枕巾。这样,渐渐取得了更始帝的信任。

给刘秀带来机会的,是他的工作调动。经过一番争取,刘秀被委任为河北宣慰使,巡行黄河以北地区,至此摆脱了更始帝的束缚,有了大显身手的机会。

刘秀来河北以后,施仁德,任贤能,废苛政,很快赢得了民心,声望渐隆。

但创大业,从来不是一帆风顺的。在刘秀毫无察觉的时候,一个算卦先生王朗的搅局,使他遇到了前所未有的危机,于是出现了滹沱冰合的一幕。

冰渡滹沱河,只是使刘秀摆脱了暂时的危机,敌众我寡的形势并没有改变。此时,他只有数千兵马,而王朗却气势很足,得到赵国以北、辽东以西地方各州郡大力响应,几乎没有官军的立足之地。

"旗帜到底能打多久"?连刘秀都惶恐起来,不知到底该往哪里走,甚至有南返逃离河北之心。

在何去何从的十字路口上,一个重要的地方和一个重要的人物,改变了刘秀的前途命运,也使得他东山再起,告别曲折坎坷,走上了光明大道。

这个重要的地方、重要的人物,就是真定国的真定王刘杨。

三

真定国从何而来?不得不说,这是正定历史上的又一段沿革。

真定地处中原，土地肥沃，千里桑麻，物产丰富，早就成为帝王封赏王侯的理想之地。

元鼎四年（公元前113年），汉武帝划出常山郡的真定、绵曼、藁城、肥垒四县为真定国，封常山宪王刘舜的儿子刘平为真定王，食三万户。真定国国都就在真定县（今石家庄市东古城）。

常山郡、真定国舆地图

谁都知道这是个肥缺，并且还是世袭的，所谓封妻荫子，代代相传。绥和二年（公元前7年），真定国有了新主人，这就是第一任真定王刘平的七世孙，真定共王刘普之子刘杨。

刘杨袭封真定王后，一直养尊处优，日子过得不错。但王莽建立新朝后，将他降为真定公，甚至废除爵位。这一下，动了刘杨的"蛋糕"，引发他强烈不满。先是与王莽对抗，王莽被杀后，又起兵归附自立为帝的王郎，一时间部众有十万人之多。

刘秀就是在这种情况下，来到真定与刘杨见面的。作为政治家，他敏锐地发现真定国的战略地位，以及真定王的实力和价值，审时度势，上演了一出政治联姻的大戏。

刘秀先是派骁骑将军刘植说服刘杨,说什么刘秀天下敬仰,众望所归,必创大业,是未来的新主,你要世袭真定王,不如早早归附于萧王。刘杨左右盘算,最终依附了刘秀。

但是,真定人是很聪明的,刘杨对刘秀还不放心,需要采取措施,将刘秀紧紧地绑在自己的战车上。于是提出联姻,将外甥女嫁给刘秀。

刘秀不经意中,遇见了对他一生有重大影响的女人,即刘杨的外甥女、后来的东汉王朝第一位皇后郭圣通。

郭圣通(公元6—52年),真定藁城(今石家庄市藁城区)人,阳安思侯郭昌的女儿,真定王刘杨的外甥女。郭家为古郭国后裔,家族为真定侯国的名门望族。郭圣通的母族是真定王室,她的母亲是真定恭王刘普之女,因嫁于郭氏而称为郭主,生下郭圣通和儿子郭况。郭主是王家女子,好礼节俭,有母仪之德。生长在这样的家庭,郭圣通无疑也得到了良好的家教。

实际上,刘秀此时已经娶妻,就是那位大名鼎鼎的宛阳美人阴丽华。阴丽华以美貌著称,刘秀尚未发迹时,就十分仰慕她,曾经说,"娶妻当得阴丽华。"昆阳之战后,刘秀声名鹊起,于宛城迎娶阴丽华为妻,后因刘秀去洛阳,夫妇俩新婚三月就离别,但感情笃深。

因此对于与刘杨联姻,刘秀也曾犹豫一时,但权衡利弊,为了千秋大业,也顾不上许多了。

还有另外一种说法,是刘秀为了促成双方合作,共同征讨王郎而主动提亲。我以为,一个巴掌拍不响,不管是谁主动,双方都是利益驱动,互有需要,才最终走到了一起。

这是一次彻头彻尾的政治联姻。相比刘杨攀上高枝儿而言,刘秀的收获满满。通过联姻,他成功地进入了真定的权力圈子,不仅抱得美人归，而且获得了一笔丰厚的嫁妆，那就是真定王的十万精兵。

婚礼的爆竹声未息，刘秀已经信心十足，要率领真定子弟兵大展才能，完成他的千秋大业了。

四

遇见真定，可以说是刘秀打天下具有转折意义的分水岭。因为在这里，刘秀得到了他想得到的一切。

古往今来，凡成大事者，均需要"天时地利人和"三个条件，所谓趋天时而不相悖，实地利而不虚妄，讲人和而不失向背，刘秀也概莫能外。

用此标准衡量，不能不说刘秀在此之前，已经具备了一定的条件，但还是不够；三个条件，充其量只有一个半达标。

一个达标，是指趋天时，顺应了历史发展的潮流。

西汉末年，天下大乱。在经过漫长岁月后，西汉时运已经慢慢衰败，文景之治的昌明、汉武帝的雄才大略，早已成为历史。加之王莽篡权后的所谓"新政"，曾经生机勃勃的大汉王朝弥漫着腐朽之气。地主豪强集团强取豪夺，黎民百姓生活艰难，阶级矛盾日益激化，人民忍无可忍，绿林、赤眉、铜马等农民起义军揭竿而起，酝酿着一场变革图新的改朝换代。

在这种情形下，刘秀顺势而为，起兵讨伐王莽，站在了大多数人的一边。尽管他代表着南阳地主豪绅集团的利益，但客观上符合了社会要求变革、实现国泰民安的大众诉求。可以说，刘秀把握了历史发展的大势，因而后来才有所作为。

半个达标，是指在人和上。

第二章 乾坤激荡——天下根本在河北

刘秀是一个有大局观的人，有胸襟，看长远，善用人，也能容人，统一战线搞得不错，与农民起义军的关系也比较融洽。

来到河北后，他对前朝的官员尽力笼络，对王莽叛军，不搞清算，只要归顺，则网开一面，甚至找到部下与叛军联络或诽谤自己的信件，刘秀也不察看，一烧了之。队伍的纪律比较严，老百姓也很拥护，因而有了一定的社会基础。但还远远不能说众望所归，更没有达到人和的标准，很多人还在观察他、揣摩他，不肯马上把宝押在他的身上。

至于地利方面，则差得更远。刘秀到真定之前，始终处于四处游荡的状态，没有一个巩固的根据地，供他整训补给，休养生息，一旦有事，很是被动。

这些短板，别人看得清，刘秀也看得清。

刘秀在真定收编真定王、迎娶郭圣通的一系列操作，最大的意义，恰恰就在于为成就大业补齐了短板。

首先是在地利方面有了极大的加强。真定国的疆域早就是丰衣足食之地，加之郭圣通出身名门，世代大族，财产无数。郭家仅拥有的良田就多达几万亩，横跨好几个州县，每年收到的田租比一个上等县的赋税还多。

与真定王的联姻结盟，使刘秀有了一个没有后顾之忧的稳固根据地，结束了四海为家、打一枪换一个地方的游击局面。真定国可以为他提供庇护，更可以筹集兵马和粮秣，经过整训，提升整个部队的战斗力。

从这个角度说，郭圣通嫁给刘秀，是献身、献兵又献财，实为刘秀的事业成功，添上了决定性的砝码。

其次是大大补强了人和的条件。真定历来是河北重地，豪门贵胄很多，冀州一带有刘家、郭家、董家、赵家等，人脉资源厚实，甚至触及整个河朔地区。刘秀与郭圣通的联姻，一通百通。过去的刘秀，像漂动的浮萍，始终没有扎下根，现在则实现了与真定的接壤，迅速取得冀州豪门集团的信任和拥戴，人心向背开始向刘秀一方倾斜，社会基础进一步打牢。

至于军事方面，刘秀更是大赢家。他占据了北上南下、西出东进的战略要地，有了把握战争的主动权。还有那训练有素的十万精兵，谁看了都胆寒，所到之处，定会摧枯拉朽，势如破竹。

一言以蔽之，真定是个好地方，真定给了他广阔的用武之地，真定成全了他天时地利人和的圆满条件；犹如围棋高手，刘秀在真定下出了关键性的胜负手。

当年滹沱河上的一片冰，此时已经变为托举刘秀宏图大业的坚强脊背，他获得了政治、经济、军事各方面的极大优势。

当这个优势足以碾压所有对手时，平定河北，夺取千秋大位，就只是时间问题了。

公元 24 年 5 月，刘秀率大军攻取邯郸，击杀王朗，扫除了平定河北最大的障碍。

公元 25 年 8 月，刘秀在鄗县南郊（今河北省柏乡县北）即皇帝位，改年号为建武。

从滹沱河上一片冰到真定联姻，再到大业成功，刘秀仅仅用了一年多时间。

光武帝由此拉开了中兴汉业的大幕。

五

历史往往记住了改朝换代的主角，而忽略了一些处于次要地位但有重大贡献的人。

第二章 乾坤激荡——天下根本在河北

在人们反复述说光武帝中兴汉业、创造又一段历史辉煌时，尤其不能忘却的，是那位来自真定的女人郭圣通。

中国历史的撰写者们，绝对是重男轻女的，不肯给女人留下更多的记载，除非像吕后、武则天乃至后来的慈禧太后这样专权的女人，而不得不写。即使这样，《后汉书·皇后纪》上仍然有郭圣通的记载，因为她值得一写。

这位真定女人创造了两个第一，即她是东汉王朝的第一任皇后，也是第一个被废黜的皇后，一生起起伏伏。虽然没有什么惊天动地的功绩，但她的所作所为，深刻地影响着光武帝的一生。

在刘秀创业最艰难的时期，她带着昂贵的嫁妆，走进光武帝的征战生涯，最大限度地成全了他的创基大业；在光武帝登基后，她又是一个识大体的女人，尽心辅佐后宫；失去皇后之位后，又顾全大局，懂得进退，颇有气度。

尽管如此，从某种角度来说，郭圣通还是一个悲剧角色。想想看，仅仅18岁，就嫁给一个从未谋面、30多岁的男人，况且这个男人已有妻室。从一开始，她就是政治工具，成为利益交换的对象，而完全没有什么自主权，所谓"嫁鸡随鸡、嫁狗随狗"，日后幸福与否，只能是撞大运了。

好在，光武帝还是一个念情之人。在鄗县登基后，将她与家乡的原配夫人阴氏同时立为贵人；在定都洛阳后，又将她立为皇后，享受荣耀之尊。郭圣通也尽心为人妇，先后为光武帝生下五个儿子、一个女儿，大儿子一度被立为太子。这是郭圣通宫廷生活中最为惬意的一段时光。

但是，这段好时光还是被宫闱之争打断了。没有必要再叙述宫斗的那些琐事，只看结果就明白了。

常言说，伴君如伴虎。不知何时，光武帝重新宠爱阴贵人，且对其生子刘阳格外器重。郭皇后不免有些怨言，竟惹恼了光武帝。光武帝于建武十七年（公元41年）突然下诏，收去皇后玺绶，由阴贵人代之。郭圣通贬为中山太后，后又封为沛太后。

由一人之下万人之上，母仪天下，到让出正宫，居于侧室，变化之大，常人难以忍受，但此时郭圣通表现出了坚强隐忍的一面，处变不惊，低调应对。

最明智的是她顾全大局，支持刘强辞去太子位，让位于阴皇后嫡子刘阳。

本来刘强是郭氏与刘秀的大儿子，按规制早年即被立为皇太子，是未来王朝的接班人。但母后被废后，刘强知道母以子贵，又看到父王宠爱阴皇后之子刘阳，遂再三恳请让位，并且愿意离开王都到外藩任职。刘秀初期不允，两年之后，才改立刘阳为太子，封刘强为东海王。刘强这个举动非同小可，相信一定有母亲的明确支持。

这样一来，光武帝倒觉得不好意思了。废后之事就有所勉强，他在废后的诏书中也说，"异常之事，非国休福，不得上寿称庆"。也就是要低调处理。现在太子也重新废立，多少有些内疚，又想起郭家多年的好，遂对郭氏亲属多加恩宠，尽其所能做些补偿。

光武帝封郭家各弟及妹夫为侯，经济上予以厚待，按现在的说法，生活上养起来。

公元44年，光武帝又封郭氏之弟郭况在朝为大鸿胪，赏金银财宝不计其数，京师的人称况家为"金穴"。

公元50年，郭圣通之母病殁，光武帝将郭父灵柩从真定迁来一同下葬，并亲临送丧，百官临会，盛况一时。

两年之后，沛太后郭圣通患病去世，光武帝将其厚葬于北邙山下，又将淯阳公主嫁与郭圣通的侄子郭璜。

当然，仅仅从念旧情来讲厚待郭家，有点儿低估了光武帝的政治智慧。他看重的还是郭家代表的冀州豪强集团，尽管他们已经没有当年的影响力，但仍然是支撑东汉王朝的重要社会基础。从稳固江山的角度出发，光武帝也要笼络住这一派阀势力。说到底，又回到了与郭家联姻的原点，从始至终，还是那个念念不忘的江山社稷啊！

历史上的宫闱之变，往往不能"软着陆"，家族利益集团尔虞我诈，相互攻讦，甚至酿成宫廷政变，带来血腥之灾。而光武帝时期的皇后、太子更替，得以平安画上句号。

东海王刘强，成为自秦之后，第一个以庶子之身，谦让天下与嫡子的皇太子，终结了西汉废太子不得善终的悲剧。史赞"谦谦恭王，寔惟三让"。一场可能酝酿激变的更替，平稳落地了。除了光武帝对大局的把控之外，不能不说，郭圣通以女人特有的智慧和方式，也作出了自己的贡献。

不能否认郭氏没有私利的考虑——避免儿子及整个家族的性命之虞。须知历史上被废的皇后和太子，没有几个有好下场的，要求她有更高的政治站位，也不现实。但她客观上成全的，还是那个知之深而又负于她的刘秀。郭圣通一举一动，小利于家族，大利于江山社稷，谁说女子不如男。

郭圣通的一生，虽没有惊天动地，却也跌宕起伏，她的名字与一个朝代联系在一起，身后应当没有什么遗憾，唯一的是，没能再回到故乡真定的滹沱河畔。

再识赵子龙

一

沿 107 国道走进正定古城,迎面是一座古香古色的牌楼。牌楼上有三块匾,正中是江泽民题写的正定二字,左边书有常山古郡,右面书有子龙故里,表明这里是赫赫有名的赵云的故乡。

赵云(?—229年),字子龙,常山真定人,三国时期蜀国名将。古书说他身高八尺,姿颜雄伟。一汉尺合今公制 0.23 米,算来应该是 1.84 米,而且很帅。

比起他的名来,民间更愿意称呼他的字——子龙。

这是正定引以为豪的历史名人,尽管许多人的历史贡献并不亚于他,有的可能更大些。但能够代表正定形象且认可度比较高的还是赵子龙,连伟人毛泽东都说正定是个好地方,那里出了个赵子龙。

因此,品读正定的历史,赵云无论如何是不能或缺的。

这是一个响亮的名字,大名鼎鼎、声播四海,说起

赵云塑像

第二章 乾坤激荡——天下根本在河北

他，上到天子帝王，下到黎民百姓，炎黄子孙无人不知，无人不晓，可以说是中国历史形象最完美、影响力最大的名将之一。如果评选心目中古代名将的话，赵云的入选，当是毫无争议的。

这是一个有着广泛民间认知的英雄。历代朝廷对他似乎没有太多的褒扬，那个被他救过两次的蜀国后主刘禅（阿斗），是在赵云去世30多年后，才追封他谥号"顺平侯"的。而民间信众则是一个数量可观的群体。许多地方为他立祠建庙，崇拜他的"忠""义"精神，视作楷模祭祀。

作为故里的正定，历史上曾经有多座赵云祠和赵云庙，规模比较大的是正定南关的赵将军庙，乾隆年间的《正定府志》及光绪年间的《正定县志》都有记载。庙前立有顺平侯赵云之碑，里边供奉子龙的塑像，终日香烟缭绕，礼拜者众多。据说还可以看到赵云的饮马池。

出使清朝的越南使者裴木贵于道光二十八年（公元1848年）路过正定，他记叙道，正定府汉真定又曰常山城，南门有汉赵云故里（碑）。

历史上赵云庙多次损毁又续建，今天的赵云庙坐落在正定城内东部，仍然是旅游必到的目的地之一。

故里念念不忘，曾经之地也多有纪念。四川大邑有顺平侯赵云墓和赵云祠，赵云曾在大邑戍兵防羌，故后主敕葬银屏山麓。赵云墓依山而建，有石碑刻有"汉顺平侯赵云墓"。墓前有清幽雅静的木结构四合院建筑，为赵云祠，始建于明朝，原有山门、大殿、正殿，内有赵云坐像。天花板上有壁画，绘有长坂坡救阿斗等场景。

较大规模的纪念地还有河南南阳南三十里屯东赵云祠墓，四川黎州大渡河守御所安靖坝左赵云祠，湖广桂阳州（今湖南省桂

| 品读正定

正定赵云庙

阳县）城外芙蓉山下赵云祠等。至于小祠庙则不计其数。

　　海峡对岸的台湾地区也推崇赵云，台湾各地有30多座祭祀赵子龙的庙宇，知名的在台南市佳里镇子良里子龙庙。台湾地区一些百姓现在还将赵云奉为赵圣帝君。

　　赵云英雄形象的传播，有赖于通俗的文学艺术形式。除了《三国志》《三国演义》外，有关赵云的经典故事广泛载于小说、诗词、戏剧、评书、评弹、连环画、广播剧、电影、电视剧等艺术门类，几乎无一空白。仅以赵云为主要角色的京剧剧目，就有《磐河战》《借赵云》《长坂坡》《取桂阳》《截江夺斗》《龙凤呈祥》《阳平关》《凤鸣关》等。京剧名家杨月楼因擅长扮演赵云，而被称为"活赵云"。

　　元杂剧中，关汉卿在《单刀会》中有"赵子龙胆大如斗"之句，在《襄阳会》《黄鹤楼》《隔江斗智》等近十部杂剧中，赵云都作为较重要角色出场。所有这些，都使得赵子龙的形象家喻户晓，妇孺皆知。

不仅如此，弘扬赵云美德的各种社团组织活跃在海内外，赵子龙的影响力穿越时空，传颂至今。

故乡正定设有河北赵子龙研究会，新加坡和我国香港、台湾等地有赵子龙文化协会、文化研究会、文化联谊会等。从1995年起，还有一个世界赵姓恳亲大会，以纪念赵云为主旨，成千上万的华裔参与，在东亚、东南亚一带颇有影响。正定赵子龙研究会曾经参加过在韩国、新加坡、马来西亚和我国香港地区举办的联谊活动，与会人员来自海内外四面八方，皆以赵子龙为豪。

这种崇拜，甚至会影响到政治人物。韩国前总统朴槿惠曾说过，"我的初恋对象可能就是赵子龙，他登场时我总是心跳得厉害"。2014年7月4日，国家主席习近平访问韩国时，特意向朴槿惠赠送了赵云画像。[①]

这有点耐人寻味。论历史地位和名声，同时期的刘备、诸葛亮都比赵子龙大，也听说过刘备研究会、诸葛亮文化研究会等，但好像都没有赵子龙的影响如此之广泛、声望如此之大。

二

初识赵云，是20世纪60年代在街边书摊上。

上小学后，母亲不定期地给我一角零花钱，偶尔能在小卖部买点酸枣面、黑饼干（粗面粉制成）等零食解解馋。在那温饱不足的年代，这一度是我坚持学习的动力。

---

① 正定县政协文史委编：《千年正定城》，人民日报出版社2014年版，第204页。

放学后，路过花花绿绿的"小人书"摊，禁不住诱惑，下决心从牙缝里挤出一二分钱，去看画有赵云的"小人书"。封面就是一身白色战袍的赵云，胯下一匹腾空的白马，手擎一杆银枪，好一员勇猛飒爽的战将。再看里边的故事，曹兵围困重重，刀光剑影，赵云全然不惧，怀抱阿斗，浴血奋战，几进几出长坂坡，不由得暗叹这才是万人敬仰的英雄。特别是他面对曹操的大声询问，那句"吾乃常山赵云"掷地有声的回答，印象深刻，乃至成了玩耍中的"口头禅"，以显示自己的正义威猛。

再识赵云，是看 2008 年上演的电影《见龙卸甲》。

这是以香港明星为主演、内地演员为配角的影片，一众人操着蹩脚的普通话，演绎着不着边际的故事，完全颠覆了人们对三国历史的认知。为了吸引眼球，把初出故乡的赵云说成啃大饼、光脚丫的乞丐，虚构了用尽心机的同乡罗平安，特别是胡编乱造的赵云最后败于曹操的所谓孙女曹婴之手，一个顶天立地、万人敬仰的英雄，下场令人惨不忍睹。

看完电影颇不舒适，感觉难以抑制的不平：纯粹是蹭三国的热度，炫耀自以为得意的技巧。名人名著岂能如此糟蹋！后来看到观众毫不客气地给予影片差评，方才悻悻然。

再次接触赵云，是在网络上的《三国杀》等游戏里。

此时的赵云，完全与三国演义中的故事脱钩，是腾讯手游《王者荣耀》中的战士刺客，游戏中一个首充六元即可获得的英雄。游戏中的赵云定位为战士和刺客，能抗能打，有伤害有控制有回复，特长是突进，是一个综合能力比较全面的英雄。这一点，倒还符合人们心目中的形象。

这类游戏里的赵云，与历史、历史故事、历史演绎完全不搭，而是顶着赵云的名，借用赵云的形（有的连形也不借、另行设计），舞弄着赵云的兵器，谋着商家的利。赵云成了民间财神"赵公元帅"，成了游戏产业取之不尽、用之不竭的资源，成了老板们的摇钱树。

看到这些，产生了莫名的悲哀：历史的英雄成了躯壳和工具，谁来理解他的忠勇和侠义！

前些年又一次掀起子龙热。这一次，是源于赵云故里之争。传统的原籍正定的权威定论，被某些地方挑战，传统一方当仁不让。双方义愤填膺，论战激烈，一方搜集证据，据理驳斥；另一方付诸行动，开始修建赵云的所谓"遗址"，甚至写进了招商引资的说明书，以证本地历史久远，文化深厚，云云。真不知道，这种做法的动机和效果如何，难道成为名人故里，就会财源滚滚、名利双收吗？

渐渐地明白，什么是名人，什么是名人效应，什么是蹭名人的热度，效果如何另说，都是钱闹的。

渐渐不明白的是，真实的赵云究竟是什么样子？

想起一个成语"舍本逐末"。有时为了一件事，争论了很长时间，关注的都是细枝末节，反而忽略了他的本义。

三

赵云的"本"，是与他"常胜将军"、忠勇仁义的高大形象分不开的。

在人们眼里，赵云堪称完美。与其他名将的特长相比，赵云似乎都不名列魁首，但他的特长就是德才兼备、性格柔贤、老成持重，没有明显的短板。

五虎上将中，关羽武艺高强，过五关斩六将，温酒斩华雄，痛快淋漓，相当了得，但为人处世刚愎自用，听不得意见，不懂得团结人，最终走了麦城；张飞勇猛过人，力拔千钧，当阳桥上一声吼，"喝断桥梁水倒流"，但性情暴躁，作风霸道，充满戾气，不善带队伍，落得个孤家寡人，死在自己人刀下。

反观赵云，无论从正史《三国志》，还是小说《三国演义》中，都是一个有勇有谋、智勇双全，且识大体、顾大局、清廉正派的形象，颇有人缘，还真的找不出什么毛病。

从古至今，人们赞颂赵云的完美，皆用"忠勇仁义"四个字来概括。这在以儒学为正统的封建社会里，无疑是很有认可度的，但从今天的角度看，我却觉得用"忠勇智谦"概括更加准确。

赵云的"忠"，有着与众不同的味道。当然不能排除他对封建帝王的愚忠，要求一位封建朝代的武将超凡脱俗，去忠于其他什么对象是不可能的，除非自己有什么野心。而赵云恰恰是低调本分之人，没有什么权力欲。赵云的忠，更多的应当是从品德方面去诠释。

东汉末年，天下大乱，贤臣择主而栖是一种政治现象。因为正常的社会秩序被打乱，权力中心模糊或游移多变，有家国情怀的人出于本能，要找一位明主归属。事实上，赵云最初投奔公孙瓒，也是受常山郡人推举率义军加入的，是不是有保家卫郡的初衷也未可知。

这是一个寻找的过程。在经过公孙瓒、袁绍等人的比较之后遇到刘备，赵云最终确定了政治志向，追随正统汉室后裔，匡扶汉业。自此之后，他随刘备南征北战，不离不弃，始终不渝。

危难之中的表现尤为突出。长坂坡之战，刘备等人与赵云失散，有人妄测他已经投奔曹操去了，刘备坚定地认为，赵云不会弃我而去，果不其然。曹操爱惜他的勇猛，一再招降示好，但赵

第二章 乾坤激荡——天下根本在河北

云毫不动摇,借机杀出重围,救出甘夫人与阿斗。

在刘备创立蜀汉的所有关键时刻,几乎都可以看见赵云奋战的英姿。当阳之败时保护幼主和甘夫人死战突围;夷陵之败时进兵永安接应先主;街亭之败时断后掩护全军。赵云多次以一己之力,挽救刘备于危难之中,帮扶了即将倾倒的蜀汉王朝。刘备也给予赵云绝对信任,把固守大本营和家小的重任交付于他,子龙则兢兢业业、恪尽职守,付出了一颗赤胆忠心。

长坂坡之战故地

赵云的"勇",并不仅仅是一身是胆,英勇无畏,更重要的是表现在军事素养的全面性上。

他不像关羽、张飞、马超、黄忠等人,以攻城掠寨而著称,善攻而不善守。赵云的军事才能比较全面,战术稳重而老练,能攻善守,每每实现战役意图。

他既能打遭遇战,如长坂坡之战,勇冠三军,杀出一条血路;能打进攻战,如取桂阳之战,入川后,赵云定江阳、犍为,蜀道十二郡,赵云取其二;也能打防守战,如以偏将军担任过桂阳太守,以留营司马留守过公安,以翊军将军督过江州,都圆满完成任务;退却战也有章法,失街亭后,他在危境中镇定自若,步步为营,避免了更大损失;等等。

因之,赵云攻则取州郡,退则止战损,攻得漂亮,守得坚决,退得有序,是难得的良将。

赵云的"智",本身就难能可贵。有勇有谋、智勇双全,是古代武将的最高标准，而赵云的智，表现在战略和战术两个方面。巧施空城计就是一例。在强敌面前，兵力本来空虚又仍然表示出空虚的样子，要是没有一点勇气和大智慧，是绝不敢冒此风险的。

按《三国志》注者裴松之的说法，《三国演义》为了衬托诸葛亮的智谋，将空城计安在了他头上，实则张冠李戴，故事的主人公原是赵云。当时，赵云领兵接应拦截曹军军粮的黄忠，遭遇曹军重兵，赵云且战且退，来到己方的守营。守将张翼欲闭门拒守，赵云却命营门大开，偃旗息鼓。曹军疑有伏兵，纷纷退却。此时赵云擂鼓震天，追杀曹军，后者惊恐万状，自相践踏，许多士兵淹死在汉江中。战后，刘备到赵云营中巡视时赞扬说："赵子龙一身都是胆也！"

与此同时，赵云还具备大局观，善于审时度势，从战略全局上观察问题。

譬如联吴抗曹之议。孙权背信弃义，夺取荆州，大将关羽战死后，刘备大怒，欲讨伐东吴。满朝文武皆不作声，包括军师诸葛亮，唯武将赵云直谏："国贼是曹操，非孙权也，且先灭魏，则吴自服。……不应置魏，先与吴战；兵势一交，不得卒解。"刘备不听，执意东征，结果失利于夷陵之战，伤亡数万人，在赵云的接应下才逃回白帝城安身。自此，蜀汉元气大伤，再没缓过劲来。次年，刘备一病不起，亡于白帝城。

历史不能重演，如果施以赵云的联吴抗曹之议，蜀汉的江山可能更长久些。在这点上，赵云的主见无疑要高明于先主。

赵云的"谦"，主要表现在他的淡泊名利、严于律己，还有爱民情怀。不像关羽、张飞，打了胜仗就要封赏，排兵布阵不打头阵，就闹将起来。赵云一生战功卓著，却未获很高的职务，他不争不抢，欣然接受，表现了良将风范。

夺取益州是蜀汉的大胜利，刘备欲以成都中屋舍及城外园地桑田分赐诸将，当然也有赵云一份。当众人欢腾之时，赵云却谏了一言，他认为，昔日霍去病以匈奴未灭，无以家为，何况今日国贼暴虐，岂可求安？现在须让天下平定，百姓归耕本土。益州人民累遭战火之苦，应当将田宅归还他们，安居复业。对此，军师诸葛亮大赞，刘备欣然接受。

同样，街亭失利赵云断后有功，诸葛亮欲将剩余物资封赏赵云及将士，也被赵云断然谢绝，悉数上交。

我以为，在赵云所有的美德中，"谦"是最应当称颂的。自古以来，中国文化传统就崇尚谦虚，贬斥骄满，告诫人们"满招损，谦受益"，但许多人恰恰在这个老生常谈的问题上跌了跟头，例如力拔千钧的项羽，傲慢轻敌失了街亭的马谡，等等。

而纵观赵云的一生，无论何时何地都保持了谦逊的美德，不居功自傲，不争抢名利，甘居人后。这种良好的美德，使他始终保持淡泊的心态，头脑清醒，冷静处事，这在古代武将中实属难得。

四

历史在转瞬之间。从赵云去世（公元 229 年）到今天，已经过去将近 1800 年。不可否认，赵云的影响，作为一种文化现象仍在延续。何以至此？

历史上对赵云的评价，多以《三国志》为正史，辅之以《云别传》，但民间受影响最大的还是《三国演义》，源于通俗演义的易于传播性。而作者陈寿、裴松之、罗贯中从所谓封建正统的角度解读历史，不免带有抑曹扬刘的春秋笔法，也不排除对喜好人物的溢美之言。

尽管如此，千百年来人们相信，有这样一位人格完美、形象高大的"常胜将军"而去崇拜他。从这一点说，赵云已经不是一个人，他代表了芸芸众生的一种美好愿望和精神期许，甚至寄托了社会价值观的取向。"性本善"的人们，多么希望有一位完美英雄，成为教化社会的楷模。

问题回到了根本上，推崇赵云意义何在？是为了光宗耀祖，扬名立万，作为一种"招牌"和工具去利用他、消费他，还是弘扬优秀历史文化，浓缩其中精髓，镜鉴于今天？

近些年来，随着经济社会的活跃，对历史名人的重视程度与日俱增，稍微有点历史的地方，如果找不出一二位名人，自己都不好意思。于是一些地方出现了争抢名人的大战，甚至连武大郎、潘金莲这些人物也位列其中。那个"武则天她妈在××"的政府文件，足以成为令人捧腹的段子。

20世纪后期，漫画家华君武，曾用辛辣的笔法讽刺过这种现象。他在某报发表的一幅漫画：一个写着某某名酒的宝葫芦，正被人一刀劈为两半，一半上标着某某城，另一半上标有某某地，让人忍俊不禁。

时间过了几十年，这种争夺名人的现象仍在延续，甚至到了毫无顾忌的地步。

前面说过赵云故里之争，其实并不是个复杂的问题。故里这个东西是跑不了、变不了的，是非曲直自有公论。看看《三国志》等史书，听听历史大家论述，赵子龙乃"常山真定人也"，[1]

---

[1] 《二十四史》第七册，线装书局2019年版，第3756页。

说得清清楚楚，明明白白，早有定论。

可是，在这个习惯争抢名人的年代，如果作者陈寿只说赵云是常山人，还真有点说不清楚。多亏陈寿治史严谨，他记述人物原籍，一般要写到县。例如，刘备是涿郡涿县（今河北省涿州市）人，关羽是河东郡解县（今山西省运城市）人。

汉代及三国时期的常山是个大郡的地理范畴，常山郡（一度也称常山国）领十八县（真定曾经也在其中），地域1.5万多平方公里，约包括今石家庄市全域和保定、邢台的部分地区，其郡治也曾变动，包括东垣、元氏和真定。

而当时的真定，则是一个县域的称谓。范围最大时，是汉武帝于元鼎四年（公元前113年）设真定国，与常山郡（郡治元氏故城）并存，也只领真定、藁城、肥垒、绵蔓四县，地域仅937平方公里。到建昭二年（公元前37年）孝元帝取消真定国，前后存续76年。后来虽有复设，也不过百年。其余时间是真定县，也归属常山郡。

按在世年代计算，赵云应是东汉末年人，此时家乡真定县在常山郡无疑，故赵云说自己是常山真定人，是准确无误的。

同此理，常山郡其他县的人可以说自己是常山人，而不能说是常山真定人，因为只有真定人有此资格，其余的人，是不好认祖归宗的。当然，整个常山郡人都可以以赵云为豪。

五

问题又回来了，争抢名人究竟为了什么？

有人说是为了增加文化内涵和知名度，改善投资发展环境。这是个似是而非、含糊不清的答案。

我以为，一个地方的经济社会发展快与慢，发展的质量高与低，与历史上有无名人没有直接联系。

事实胜于雄辩。短短40多年的腾飞，小渔村深圳一跃成为全国高科技的领头羊，荒僻的浦东成为世界闻名的开放高地，没有听说那里有什么历史名人助阵；当然，也有北京、苏州、西安、南京等历史悠久的城市，有厚实的文化资源为发展锦上添花；相反，中西部有的历史名城，好像发展得并不理想。

究其原因，还在于如何对待文化资源上。有名人资源固然很好，但只作为招牌和幌子，而不能够有效地开发利用，成为助推社会发展的文化支撑，则是一种浪费。

以赵云为例，其实我们对子龙文化的研究弘扬还很不够。譬如在中华优秀历史文化的浸染下，赵云身上体现的家国情怀、诚信忠义的精神、谦逊律己的品格，还没有很好地融入本土之中，成为既有历史内涵又有时代价值的特色文化；在文化产业上，也没有很好地运用赵云的形象，发展丰富多彩的文化产品，带来可观的收入。

反倒是外国人善用中国元素。前些年，《花木兰》《功夫熊猫》等影片，在海内外都大获成功，名利双收。看《花木兰》时，大家都众口一词地称赞巾帼英雄，谁还记得花木兰的故里在哪儿吗？故里能出这样的文创产品吗？

结论是，是不是本地的历史名人并不重要，重要的是能够为我所用、助推发展。何况，赵云是大家的，是中国的，甚至是整个华人世界的，子龙文化资源是开放共享的，与其挖空心思去争什么故里，不如努力在文化建设上多做些实事，同样是可以大有作为的。

研究子龙文化，尊重赵云的本真面貌也很重要。无边际地扩大他的外延和内涵，凭空加上一些光环、赋予他额外的溢美之词，也是不好的。

  蜀后主刘禅在追授赵云谥号时，曾经征求了属下的意见。大将姜维等人按谥法，认为柔贤慈惠曰顺，执事有班曰平，克定祸乱曰平，（应）追谥赵云顺平侯。刘禅采纳了这一建议。这在一定程度上是对赵云一生的盖棺论定，也是刘禅少有的正确决策之一。

  我想，赵云是低调的、不事张扬之人，这是他之所以名贯千秋的重要缘故之一。今天我们也应以平常心来研究他，多一些务实，少一些喧哗，多一些内涵的研究，少一些噱头的炒作。

  如此，赵云的在天之灵当是"顺平"的。

第三章 山河带砺——经略河朔非真定也

常山义旗奋

一

历史的车轮来到大唐王朝天宝年间。

已经度过100多个太平年的王朝,猝不及防地被一场暴乱裹挟进来,接下来烽火连天,山河涂炭,国家几近分裂,百姓流离失所,长达近八年时间。

这就是历史上著名的安史之乱。

作为祸乱的萌发地,整个河朔最早陷入战乱,而处在滹沱河边战略要地的常山郡(郡治真定)则首当其冲。

常山地控燕蓟、路通河洛,又扼井陉关的险要,为燕晋咽喉,处于兵家必争之地。叛军来势汹汹,郡县朝夕不保,真定城每时每刻都危在旦夕。

此时守卫真定的是常山太守颜杲卿。

颜杲卿(公元692—756年),字昕,京兆万年(今陕西省西安市)人,祖籍琅琊临沂(今山东省临沂市)。唐朝中期名臣、秘书监颜师古五世从孙、濠州刺史颜元孙之子,为大书法家颜真

颜杲卿

卿的堂兄。

颜杲卿曾是安禄山的部下，初任范阳户曹参军，因才干突出，被安禄山先后提拔为判官和常山太守。

阅览真定之前的履历，颜杲卿就是一个地方文官。户曹参军，是一个专管户籍的小官，判官则是一个僚属，辅理政事，没有实权，充其量是个秘书长。他没有主过政，也没有主过军，当地方一把手时间也不长。

覆巢之下无完卵。在一场突如其来的动乱面前，何去何从，能不能拒敌于郡外、守土护民，很多人并不看好颜杲卿。

然而历史常常出人意料，挽狂澜于既倒，不仅需要才干和能力，更需要悲天悯人的家国情怀，坚贞不屈的民族大义。

颜杲卿在真定城临危不惧，联合其堂弟、时任平原太守的颜真卿同举义旗，上演了一场可歌可泣的抗争大剧，其大义彪炳于汗青，其精神为后人师表。

毛泽东在评点欧阳修等著《新唐书》时，曾有批注，"岳飞、文天祥、曾静、戴名世、瞿秋白、方志敏、邓演达、杨虎城、闻一多诸辈，以身殉志，不亦伟乎！"①

我以为，颜杲卿也是这样一位以身殉志的英烈。

先看一下发动叛乱的祸首安禄山，就知道此时颜杲卿面临的威胁有多大、常山城压力有多大了。

---

① 《毛泽东评点二十四史·人物精选》中卷，时事出版社1997年版，第1265页。

第三章　山河带砺——经略河朔非真定也

安禄山（公元703—757年），本姓康，字轧荦山，营州柳城（今辽宁省朝阳市）人，是一位生长于边塞的混血儿，父亲早亡，母亲是一位巫师。

由一个流浪混血儿到藩镇的首领，又搅乱了大唐百年多来的安定生活，安禄山的经历，充满了无数个疑问，实在匪夷所思。

历史学家黄仁宇为我们捋了一下安禄山的发迹史，说他"生长于今日之热河，在唐时属于国防边境。他初在番人互市的场合之中任翻译，后来加入边防军的杂牌部队而以才能获得迅速升迁。一位巡视的钦差将他的经历报告皇帝，公元743年他来到长安，为皇帝所召见。自此之后他有了将领的身份，一身而兼三个地方节度使，总揽境内文武诸事"。①

出身卑微且是胡人，又没什么拿得出手的业绩，怎么能飞黄腾达，成为皇帝宠臣？不能不说，安禄山是在特殊年代、特殊环境下生长起来的"怪胎"，是一个彻头彻尾的"两面人"，表面上憨厚直爽，实则内心狡诈的小人。

所谓特殊的年代，是从一定程度上说，安禄山的实力全赖唐玄宗、杨贵妃所赐，安史之乱则是大唐第一夫妻一手促成的。

此时的唐玄宗已经执政43年，年逾70岁，早已不是继位前期那个敬业勤勉的帝王，完全沉溺于奢侈腐朽的生活之中。处理朝政昏庸无道，依靠李林甫、杨国忠此类奸佞，自己则沉溺酒色，夜夜笙歌。

史书这样描述当时的场景：在鼓乐喧闹声中，成百名舞女为唐玄宗跳《霓裳羽衣曲》，100匹会跳舞的马口衔酒杯向皇上祝福，训练好的犀牛、大象向他跪拜或舞蹈，真是穷奢极欲。

---

① 黄仁宇：《中国大历史》第5册，九州出版社2011年版，第120页。

司马光评论说，唐明皇仗恃天下太平，不考虑后来所要出现的祸患，竭尽耳朵和眼睛的玩乐享受……借此向他人炫耀。却不知大盗就在身边，早已有窥视之心，最后终于导致自己被迫流离奔波，百姓生灵涂炭。①唐玄宗与杨贵妃一起，再现了"生于忧患，死于安乐"古训的又一个版本。

安禄山就是在这样的朝政环境中接近最高权力的。

善于阿谀奉承，投其所好是安禄山的拿手好戏。唐玄宗指着他的大肚子开玩笑地问，你这个胡人的肚子里有什么东西？安禄山回答说，并没有其他任何东西，只有一颗赤胆忠心。又有一次，唐玄宗命他晋见太子，安禄山不肯叩拜，唐玄宗问为何？安禄山假装说，我是胡人，不懂朝廷礼仪，只知道有陛下一人。唐玄宗大为高兴。

高兴之余，唐玄宗、杨玉环将安禄山认为义子，从此他出入禁宫不受限制。

这以后，唐玄宗对安禄山言听计从，全部满足他的要求，安禄山一步步窃据了范阳、平卢、河东三镇的节度使大位，手下拥有各藩镇最强的兵力，再加上勾结的同罗、契丹、室韦等外族兵士，实力越发壮大，反叛之心也随之膨胀起来。

公元755年，安禄山于十一月初九在范阳起兵反叛，号称二十万大军，来势汹汹。要知道，由于唐朝"外重内轻"的军事布局，可用的中央军也只有八万多人。

当时的大唐上下，已经好几代没有战争了，猝然听说范阳兵变，各地震惊不已。河北道又是安禄山的辖区，各州县都望风瓦

---

① （南宋）袁枢撰，杨寄林主编：《通鉴纪事本末》3卷，花山文艺出版社1994年版，第2970页。

第三章 山河带砺——经略河朔非真定也

解,安禄山烧杀抢掠,一天进军60里,郡守、县令纷纷开城投降,河朔之地似乎马上可以收入他的囊中了。

但是,中华文明不是那样轻易被践踏的,危难之中总有英雄挺身而出。善于研究历史的美国人亨利·基辛格,在1000多年后说,"中国总是被他们最勇敢的人保护得很好"。

这一次迎风而立的是,常山太守颜杲卿。

三

与强敌周旋需要有勇有谋。颜杲卿不是莽撞之夫,而是一个有智慧、有勇气之人。

颜杲卿与叛军的斗争,大体经历了三个阶段。

第一阶段,在叛军兵临城下之时,颜杲卿与他的副手、常山长史袁履谦明知敌众我寡,审时度势,采取了虚与周旋的策略。利用安禄山急于进攻长安的心理,假装归顺,取得了信任。安禄山当即赏给颜杲卿紫金袍,仍让他驻守常山,但颜杲卿也付出了代价,狡诈的安禄山将其儿子扣为人质。

第二阶段,与堂弟、平原太守颜真卿遥相呼应,联合作战。两人商定,由颜真卿截断叛军的退路;颜杲卿则专注于井陉与常山一带的战场。之后颜杲卿用计谋杀了一批叛军将领,先是以安禄山名义召见驻守土门关的叛将李钦凑,将他斩首并遣散了驻守的叛军;后又俘虏了路过常山的叛将高邈、何千年等。颜杲卿还传檄河北诸郡,"朝廷大军已攻克了井陉",动员各地反正,使得河北17个郡重新归附朝廷,一时间,河朔要地重现曙光。

第三阶段,惨烈的常山城保卫战。颜杲卿在河北首举义旗,极大地振奋了民心,扭转了战局,也解了长安之危。正在进攻潼关的安禄山，得知河北发生变故，返回洛阳，并派安史之乱的另一个祸首史思明率大军从平卢方向攻击常山。

此时的真定城，兵微将寡，多是临时组织起来的地方团练和民众，难以固守。颜杲卿求救于太原尹王承业，王唯恐抢夺杀贼之功（颜杲卿将李钦凑的首级送京城，被王冒充己功得赏）丑行暴露，拒不出兵。

内部孱弱、外无援兵，真定城凶多吉少。即便如此，颜杲卿仍然抱定了与城共存亡的信念，率守城官兵数千人浴血奋战，日夜杀敌，坚守六日之后，终因粮尽箭绝，真定城陷落。疯狂的叛军进城后，屠杀了一万多人，护城河的河水都被鲜血染红。

史思明以高官厚禄引诱颜杲卿投降，被严词拒绝。叛军将刀架在颜杲卿小儿子颜季明的颈项上，迫使他屈服，颜杲卿死不降贼。残忍的叛将遂将颜季明与正在常山的颜真卿的外甥卢逖一并杀害。

颜杲卿与袁履谦又被押到洛阳，二人坚贞不屈，大义凛然，慷慨赴死。

安禄山命令兵士把颜杲卿押到跟前，责问颜杲卿说，你本来只是个范阳小官，我把你提拔为太守，为什么反叛我？

颜杲卿怒气冲冲地骂着说，你是营州一个牧羊的奴才，国家让你做了三镇节度使，你受的恩宠无人可比，国家有哪点对不起你？我是唐朝的臣子，俸禄官爵都是朝廷给的，岂能随你反叛？为国讨伐逆贼，恨不得斩你的头，叫什么反叛？

安禄山恶狠狠地问，你不怕死？颜杲卿坦然地回答，我为国而死，名垂千古，你叛国作乱，遗臭万年。

安禄山恼羞成怒，要兵士把颜杲卿、袁履谦一同绑到一座桥边的柱子上凌迟处死。

第三章 山河带砺——经略河朔非真定也

凌迟,这是有史以来最为残酷的一种刑罚,刽子手们把死的刑罚变为一个展示屠夫技巧、可供细细咀嚼、慢慢品味的过程,不要说看到,就是听说也足以令人毛骨悚然。

所谓慷慨赴死易,从容就义难。在非人的折磨下,颜杲卿诠释了什么是信念如铁、意志如钢,什么是取义成仁、宁死不屈。只见他神色凛然,一面忍受着酷刑,一面仍旧痛骂安禄山不止。

执刑的叛军兵士都被骇到了,没有见过如此刚烈之人,战栗中用刀割下了颜杲卿的舌头,颜杲卿满口鲜血,仍然发出含糊不清的骂声。

一旁的袁履谦看到颜杲卿受刑的残酷情景,气得自己咬碎舌头,连血带舌喷在旁边一个叛将的脸上。

颜杲卿、袁履谦骂不绝口,直至气绝。其壮举惊天地泣鬼神,气贯长虹。

颜杲卿家族同时被酷刑处死的有30多人。呜呼,天下同悲!

四

后人评价,颜杲卿以身殉志的壮举,起到了扭转乾坤的作用。

颜杲卿从起兵到失败,虽然只有十几天,但是他在河北大地首举义旗,其誓死抵抗的精神,鼓舞了更多的人抗击叛军。

想想看,在华夏大地黑云压顶的至暗时刻,如此振聋发聩的振臂一呼,如此壮烈的我以我血荐轩辕,怎能不给腐朽没落的大唐王朝带来一股峻烈之风,怎能不给整个社会带来强烈的震撼?

颜杲卿的堂弟、时任平原太守的颜真卿,在悲愤中,挥笔写下了千古名篇《祭侄文稿》,以追祭从侄颜季明。文稿追叙了颜杲卿父子一门在安禄山叛乱时，挺身而出，坚决抵抗，以致"父陷子死，巢倾卵覆"、取义成仁之事。文稿共23行，234字。通篇用笔情如潮涌，气势磅礴，一气呵成。

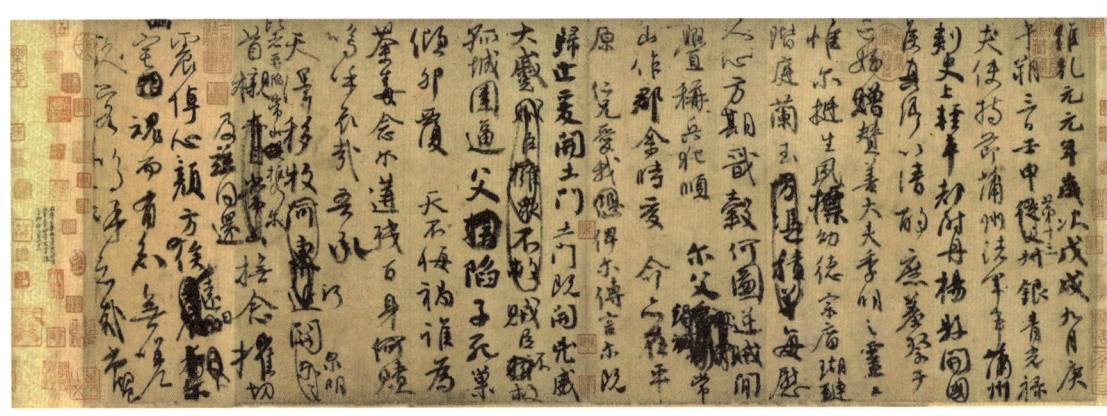

颜真卿《祭侄文稿》

后人多称颂《祭侄文稿》的艺术造诣，将它与东晋王羲之的《兰亭序》、北宋苏轼的行书《黄州寒食帖》并称为"天下三大行书"，亦被誉为"天下行书第二"。不可否认，文稿是在颜真卿极度悲愤情绪下的急就章，没有刻意雕琢，字随情绪起伏，家国恩仇、力透纸背，亲情至爱，笔笔传神，乃真挚感情与雄劲笔法浑然天成的传世之作。这在书法史上是不多见的，史料价值和艺术价值极高。

但我以为重要的是，作者透过祭侄文稿的书写，表达了对一门忠烈、颜杲卿父子可歌可泣不朽精神的敬意，并且自己也勇敢地践行了这种精神。

28年后，颜真卿奉旨诏叛，被叛将要挟，同样面临生死考验，他大声呵斥叛将，君等闻颜杲卿无？是吾兄也。禄山反，首举义兵，及被害，诟骂不绝于口。吾守吾兄之节，死而后已！遂慷慨就义。

历史可以沉寂，功名可以消磨，惟精神是不朽的。

正因如此，南宋政治家、文学家文天祥在那篇著名的《正气歌》里，将颜杲卿列入坚贞不屈的英烈谱中予以铭记。他蘸着浓墨写道：

> 时穷节乃见，一一垂丹青。
> 在齐太史简，在晋董狐笔。
> 在秦张良椎，在汉苏武节。
> 为严将军头，为嵇侍中血。
> 为张睢阳齿，为颜常山舌。

在文天祥看来，这些英雄身上，都包含着中华民族的浩然正气，凝聚着几千年中华优良传统的刚健气质，为中国人世代敬仰。

500多年后，文天祥面对残暴者的威逼利诱，以"人生自古谁无死，留取丹心照汗青"的大无畏气概，宁死不屈，从容就义，践行了自己人生的正气歌。

英烈们报国尽忠丹心一片，就义方式却各有不同。

严将军：严颜在刘璋手下做将军，镇守巴郡，被张飞捉住，要他投降，他回答说："我州但有断头将军，无降将军！"

嵇侍中：嵇绍，嵇康之子，晋惠帝时做侍中（官名）。晋惠帝永兴元年（公元304年），皇室内乱，惠帝的侍卫嵇绍用自己的身体遮住惠帝，被杀死，血溅到惠帝的衣服上。争斗结束后，有人要洗去惠帝衣服上的血，惠帝说："此嵇侍中血，勿去！"

张睢阳：张巡，唐中期名臣，安禄山叛乱，张巡固守睢阳（今河南省商丘市），每次上阵督战，大声呼喊，牙齿都咬碎了。

城破被俘，拒不投降，敌将问他："闻君每战，皆目裂，嚼齿皆碎，何至此耶？"张巡回答说："吾欲气吞逆贼，但力不遂耳。"敌将视其齿，存者不过三数。

与张巡同时抗击安禄山叛军的颜杲卿，是用自己的口舌尽忠的。他最后大骂叛贼安禄山，至死不绝口。历史学家范文澜先生赞曰："这一骂，振奋久被压抑的正气，挫折正在嚣张的邪风，出于忠义人口中的骂，是具有巨大威力的。"[①]

我以为，这个巨大的威力在于，为后人留下了在国家危难之际何去何从的样板，为所有中国人上了坚贞气节的生动一课，奏响了一曲震撼力极强的正气歌。

它包含着对国家、民族的大爱精神。五千年文明古国源远流长，养育了一代代华夏人，反对分裂、维护祖国的统一，是每一个中国人的底线，岂容山河破碎风飘絮？

它包含着充满阳刚之气的大无畏精神。不管倒行逆施的叛贼何等凶残，有我无敌，你死我活，决不屈膝投降，剩下一口气也要血战到底，岂不壮哉？

它包含着以身殉志、视死如归的伟烈精神。毛泽东曾经对视死如归一词有过解释。1950年，他率中国党政代表团访问苏联，谈到革命者"不畏艰险，视死如归"的精神。苏方翻译不明白"归"字的含义。毛泽东说，"归"字是"回到原来状态"的意思。这句话就是"藐视一切困难和痛苦，像看待自己回到原本状态一样看待死亡。"[②]为了国家、民族、黎民百姓，可以抛头颅洒热血，

---

① 范文澜等：《中国通史》第3册，人民出版社1994年版，第166页。
② 《毛泽东评点二十四史·人物精选》中卷，时事出版社1997年版，第1552页。

慷慨赴死，岂不伟哉？

而所有这些精神，恰恰又是现代社会缺少、需要强化恶补的。那些唯利是图、精致的利己主义者，那些装腔作势、毫无血性的"娘炮"，在这些英雄面前，是何等的猥琐不堪，苍白无力，令人不齿。

曾几何时，历史虚无主义者极力淡化历史上的民族英雄，抹杀正义与非正义的性质区别。

有信口雌黄者说什么，像苏武、岳飞、文天祥等人的爱国壮举，都是民族内部争斗的结果，企图否定中国历史上有什么民族英雄，也根本否定有什么爱国主义和民族精神，甚至一度成为所谓理论依据，在语文课本中去掉岳飞、文天祥等民族英雄的内容。

可是，历史从来不是任人揉捏的橡皮泥，拭去烟霾和灰尘，以身殉志的民族英雄依然彪炳史册。更何况，颜杲卿抗击的是唐王朝内部的一场暴乱，而不是什么所谓的民族之争，他们护卫的是国家的统一和人民的安定，抗击的是杀戮和抢掠，代表了社会的正义和进步。他们是一批上对得起国家、民族，下对得起黎民百姓的顶天立地的英雄。

五

一种精神的勃发，总有适合它的环境和土壤。

颜杲卿们之所以能在真定举起义旗，展开一场抗击叛乱的斗争，是与这片土地上长久以来的家国情怀、民族精神、优秀而深厚的文化积淀紧密相连的。

真定这片土地，民风淳朴，崇善好义，多慷慨悲歌之士，在国家、民族危难之际，每每总能挺身而出。颜杲卿义旗一举，当地马上聚集了数千名勇士，跟随他保家卫国。

颜杲卿不是孤立的，而是凝聚了一个抗击叛军的集体核心，让我们记住这些可尊敬的人：包括与他一起殉国的常山长史袁履谦，还有常山参军冯虔，真定县令贾深，藁城县尉崔安石，等等。

史书上还特别记载了一位名叫翟万德的郡人——有人说他是一位侠士，不仅参与了地方官员抗击叛军的谋划，而且还直接加入了抓捕高邈和何千军等叛将的行动。这很不寻常，一位普通的平民能载入史册，足以说明广泛参与抗争的民众，已经成为一股不可忽视的力量。

人格的魅力也不可小觑。颜杲卿虽然任职常山时间不长，但清廉的政风，亲民的举止，还是给老百姓留下了深刻印象。至于简朴的家风，更是从儿子颜泉明料理父亲及亲属后事中，让人真切地感受到。

南宋史学家袁枢带着感情叙述了这个过程，这对于一个冷峻的学者来说是不多见的：

颜泉明先是被安禄山扣为人质，后又被史思明俘虏，九死一生才脱险回到洛阳，寻找到父亲与袁履谦的尸首一同收殓安葬。

做完这一切，颜泉明已经身无分文，但还有流落在河北各地沦为家奴的亲属等待拯救，包括颜杲卿的姐姐、妹妹、女儿及颜泉明自己的儿女。无奈之中，颜泉明哭嚎着四处寻访，其哀情连行人都忍不住落泪。找到这些人后，又到处借钱为他们赎身。先赎姑姑，再赎姐妹，最后才赎自己的女儿。到后来，身上只有200缗钱，还有姑姑的女儿和自己的女儿待赎。犹豫中，还是先赎回了姑姑的女儿，等再重新筹到钱的时候，女儿已经找

第三章 山河带砺——经略河朔非真定也

不到了。①

一位郡守（相当于今天省辖市市长）的公子，连自己的女儿都不能庇佑，着实令人唏嘘。对比之下，那些吸吮民脂民膏的贪官们应该多么的无地自容。

好在，历史没有辜负颜杲卿们，他们以壮烈的就义，唤醒了千千万万民众。抗击叛军的星星之火从常山燎原于中原大地，逆历史而动的小丑注定逃脱不了失败的命运。

颜杲卿就义一月后，河东节度使李光弼率领步兵骑兵一万多人、太原弓箭手三千人东出土门关，收复常山。看到常山"战士死者蹛籍于潴池之上，公（李光弼）亲以衣袂拂去其上沙尘，因恸哭以祭之"。②虽然后来平叛还有反复，但"青山遮不住，毕竟东流去"，没有什么力量能够阻挡住国家统一的步伐。

广德元年（公元763年）正月，最后一部分叛军投降，历时近八年的安史之乱终于结束。

大河默默流逝，正气浩然永存。我耳边又响起了文天祥那首充满情感的诗作《颜杲卿》：

> 常山义旗奋，范阳哽喉咽。
> 胡雏一狼狈，六飞入西川。
> 哥舒降且拜，公舌膏戈鋋。
> 人世谁不死，公死千万年。③

---

① （南宋）袁枢撰，杨寄林主编：《通鉴纪事本末》3卷，花山文艺出版社1994年版，第2985页。
② 戴建兵、王锋编：《滹沱河史料集》二集，地质出版社2019年版，第24页。
③ 中共石家庄市委宣传部编：《千秋雅诵——古人咏石家庄诗集》上册，河北人民出版社2017年版，第279页。

遇宋兴，遇真定兴？

一

这是一个设问的开篇，或许还带有一点思辨的味道。要解开这个问题，还要从唐末纷乱的五代时期说起。当时真定处在后梁统治之下。

寒冬的一个大雪夜，一位相貌堂堂的壮汉，沿真定官道急匆匆由北向南走过。眼见得天色已晚，大道白茫茫一片，没有尽头，大汉下得道来，寻到真定城东一个叫临济的村庄，投宿于西南头的杜家大院。

无巧不成书。这一住，引来一段载入史书的姻缘。

先来说故事的男主角，这位壮汉不是别人，正是宋朝开国皇帝赵匡胤的父亲、后被追封为宣祖武昭皇帝的赵弘殷。

赵弘殷，涿郡人氏，父亲赵敬，历任后唐营、蓟、涿三州刺史。弘殷骁勇异常，擅长骑马、射箭，是一位武将。五代初期赵弘殷仕途多舛，失业待岗，落魄南行，因大雪被困于真定。由此，结下了他与真定的情缘。

而女主角则是杜家的千金。赵弘殷投宿的杜家庄院，是真定当地的豪门大户。杜家祖籍定州安喜（今新乐市）杜固村，后迁徙至真定，至五代时已居住数代。庄主杜爽、夫人范氏，生五子三女，其时大女儿尚在闺中。杜庄主在风雪夜收留了赵弘殷，见其高大威猛，一表人才，遂将其招赘在家，将大女儿许配于他。

第三章 山河带砺——经略河朔非真定也

这就是后来的宋太祖之母昭宪杜太后。

自此之后,赵弘殷的仕途走上了昌顺之路。经杜父举荐,赵弘殷先到真定赵王王镕麾下效力,后曾率五百骑兵援助后唐庄宗于河上,为建立后唐王朝立下赫赫战功。庄宗爱其英勇,任禁军统领,驻守洛阳,于是举家迁往洛阳定居。

三年后,庄宗的哥哥明宗李嗣源登上皇帝宝座,赵弘殷任驻京都骑兵飞捷指挥使。

公元927年3月21日三更时分,杜夫人在洛阳夹马营分娩,生下一子,即后来宋朝的开国皇帝太祖赵匡胤,其后又诞一子,即后来的宋太宗赵光义。

一母生俩天子,为天下之母,乃祥贵之事。不夸张地说,大宋王朝孕育于真定。

不仅如此,杜太后还是一位讲政治的人。建隆元年(公元960年)二月初五,宋太祖尊母亲为皇太后,在朝堂上礼拜杜氏。大臣们都向杜氏表示恭贺,杜氏却郁郁不乐,遂有一段对话:

有文臣劝她说,臣听说过"母以子贵",您的儿子做了皇帝,

宋太祖赵匡胤

您为什么不高兴呢？

杜氏说，我听说"为君难"，皇帝位在亿万兆民之上，如果治国有方，则皇位可尊；一旦国家失去驾驭，即使想当匹夫也不可能，这是我所忧虑的。

宋太祖再次向杜氏拜道，谨遵母后教导。杜太后"为君难"的感觉颇具忧患意识，有浅显的民为邦本的意味。

杜太后也一直挂念真定。因为杜太后其曾祖父杜蕴被追封为平原王，祖父杜琬被追封为西河王，二人去世后落叶归根，都埋葬于真定临济村的土地上。寻根溯源，这里还是杜家的根啊。

二

时间过得飞快。宋太祖以开国皇帝身份与姥姥家亲密接触，是他出生的42年后，即北宋开宝二年（公元969年）五月。

这一年，宋太祖亲率大军进攻北汉的太原城，久攻不下，正值暑热，遂班师回朝，在真定城停留休息。

此时，宋太祖登基初期，面临内忧外患，日子过得并不轻松。北宋江山还未一统，北汉、蜀、南汉、南唐割据尚未平复，北有契丹、西有西夏等外敌侵扰，稳固王朝任务繁重。因此即使回到姥姥家，宋太祖也一直在忙碌着，试图梳理一下治国理政的头绪。

由之，宋太祖在真定城做了两件事，与道、佛两家有关。先是登门看望名道士苏澄。

苏澄，生卒年不详，字栖真，真定人，五代及宋初著名道士，曾被后唐、后晋、契丹等帝王下诏入朝，苏均病辞而不至。其常驻真定隆兴观，得养生之术，年逾80不老，近百岁而卒。

寒暄之后，太祖说，大师年过八旬而容貌很年轻，有什么养生之术传给朕？苏澄答，臣下的养生之术，只不过是聚精会神地修炼气功罢了；帝王的养生之术，却与此不同。《老子》曰，"我无所作为而百姓自然归化，我无所欲望而百姓自然正直"。无为无欲，凝神固精，阴阳大合。昔日黄帝、唐尧享国长久，用的就是此道啊！太祖大悦。①

实际上，苏澄谈的并不是什么养生之术，而是治国理政之道，其中滋味，宋太祖应当听得出来。

从隆兴观出来，太祖又到真定城西礼拜大悲寺。大悲寺建于隋代，寺内供奉一尊高四丈九尺的铜菩萨，后因契丹入侵，遭遇火焚，自胸部以上熔为废铜。到了后周，周世宗柴荣崇奉道教而排斥佛教，竟于显德二年（公元955年）下令毁佛铸钱，铜像彻底消失了。

宋太祖来到大悲寺礼佛，作出了一个影响后世的举动——敕建龙兴寺。历代《真定县志》均记载着这件事，其中颇有戏剧性。

不知什么原因，与宋太祖对话的，并不是大悲寺的住持，而是一位名叫可俦的和尚，或许他是一个类似今天导游兼讲解员的角色。可俦和尚脑子活络，意识到今天可能是个重大机遇，于是灵机一动，给皇帝讲了一个神奇的故事。他说在当年毁铜佛时，在莲花座上发现有"遇显即毁，遇宋则兴"八个字。"显"是指后周的年号"显德"，"宋"当然就是指大宋朝了。

一番说辞，赵匡胤龙颜大悦——真是有缘之地，遂下旨在城东龙兴寺（今隆兴寺）内重铸铜佛，并建大悲阁为铜佛遮蔽风雨。

不仅如此，宋太祖对这次铸佛亲力亲为，可以称为"一把

---

① 沈志华主编：《文白对照全译〈续资治通鉴〉》（修订本）（一），改革出版社1995年版，第102页。

手"工程、精品工程。赵匡胤曾三次审阅大菩萨像的图纸，并要求按照自己身高容貌十倍制作，对造像的工艺要求很高。工匠们自然不敢掉以轻心，仅准备工作就整整用了两年。开工后，朝廷派三千兵役修铸大悲菩萨铜像，又令军器库使、卫州刺史兵马钤辖等官员分别负责监造大悲菩萨及大悲阁。

公元971年，工程开工。公元975年，21.3米高的铜铸大佛及大悲阁正式落成，宋太祖御笔"敕建龙兴寺"匾额悬挂寺门。此时距离宋太祖莅临大悲寺、听可俦和尚讲故事已经六年之久了。

敕建龙兴寺在真定历史上称得上是一件大事，龙兴寺一跃成为北方带有皇家色彩的最大寺院，为后世留下一笔珍贵的文化遗产，开启了它又一段历史的辉煌。

自此，龙兴寺大悲阁内一直挂着宋太祖的画像，以纪念这位铜佛的总设计师，也是敕建的标志。明代人陆深写的《圣驾南巡日录》载，嘉靖十八年（公元1539年），嘉靖帝南巡经真定，"过大佛寺登高阁，观宋太祖书像，与一老僧相对若问道状，在西阁之东壁，壁已颓圮"。说明宋太祖画像至少已经挂了500多年，虽然壁已残破。

我以为，如果有机会恢复宋太祖画像的话，也应该挂上可俦和尚的画像，毕竟他是真定最成功的公关家，造福乡梓，为真定的佛教、为真定的形象带来了巨大的荣耀。

如果再现可俦与宋太祖对话的场景，那就更有年代感了。

三

这样说来，真定是这次御驾活动最大的受益者：成功地说服了宋太祖，重铸了高大的铜佛，寺庙规制大大提升，真定的地位

第三章 山河带砺——经略河朔非真定也

凸显,真的是一举多得啊。

可是,问题并不是这样简单。不要忘记,作为一位政治家,宋太祖的所作所为,不可能完全凭个人好恶,譬如对佛教的好感、对姥姥家的眷顾等而脱离所处的年代,如此大阵仗,一定是与治国理政有关系。

以此角度解读,我们会发现,宋太祖敕建的龙兴寺有着多重含义。

从宗教的兴衰与国家的关系来说,五代时期的灭佛,是佛教自传入中国以来,遭受到的又一次打击。后周世宗柴荣发动的灭佛运动,拆毁了三万多家寺观,数百万僧侣、尼姑被迫还俗,对佛教来说几乎是灭顶之灾。真定一带,由于藩镇割据,历代节度使笃信佛教,寺庙得以幸免拆毁,饶如此,不少寺庙还是遭到破坏,大悲寺的遭遇就是一例。

至于佛教在国家的地位,更是一落千丈。汉唐年代某些时期,处理国家大事的帝王问政于佛道的场面,成为明日黄花。佛教连生存都成问题,还有什么作为?

这样一个涉及广大地域、影响广泛的灭佛运动,以及带来的严重后果,宋太祖不可能不注意到。因为,佛教从进入中华大地那天起,就与统治阶级有着千丝万缕的联系。许多年代,佛教倡导的劝人向善、追求来世的信仰,实际上在民间起着缓和阶级矛盾的作用,也成为统治阶级管理社会的一个辅助工具。

北宋初期,既有内忧又有外患,如何最大限度地凝聚人心、安定社会,应当是赵匡胤首先考虑的问题。

登基伊始,赵匡胤已觉察到当时佛教在民众中的影响,即着手纠正周世宗灭佛的过激政策。宋太祖初见周朝毁像,伤心地说,朝廷下令毁佛,绝不是社稷之福。又对左右说,吾杀人多矣，不借助佛力，何以解怨？①表达了欲借助佛教以换得民心的意愿。为此，他登基以后，连续推出一些"隆佛政策"，例如下令停止毁坏寺院，派人去西天竺求法，监雕大藏经版，等等。

当然，毁佛已经是一场运动，要制止并扭转这个势头，须渐进地平稳进行。好似大船掉头，要选合适的地点、合适的时间，关键是天子要顺其自然。真定姥姥家大悲寺一行，宋太祖遇到可傅，可以说是巧遇良机。此时敕建龙兴寺铜佛，显得既合情合理又顺乎民意。宋太祖在一片赞扬声中，完成了一次上层建筑对生产关系的调整。

这次调整方式——重铸铜佛，是一次历史性的事件，我以为，主要有两重意义。

一重是，它拨乱反正，标志着系统性灭佛运动的结束。政治和佛教重新握手，佛教重回社会，民间有了一种信奉的思想寄托，有利于整个社会的安定，有利于王朝对庶民的统治。

另一重是，它重新界定了佛教在封建王朝中的地位，有利于牢牢掌握在统治阶级手上，而不偏离王道。经过灭佛运动，佛教褪去神秘的外衣，渐渐归于世俗，是宋太祖让其止颓势并回归社会，佛教再也不可能是高高在上的政治导师，而是依附于王朝而存在、沦为巩固皇权统治的民间侍者。

纵观宋以后的佛教，已经从封建王朝的神坛上跌落下来，很多时候像一个规规矩矩的小学生，随朝廷意愿照本宣科，再没有什么像样的经学创新了，也很难在政坛施加什么影响，远不如天主教对西方政治的影响，也不如东正教对俄罗斯的存在意义。

---

① （宋）志磐撰，释道法校注：《佛祖统纪校注》第四十四卷，上海古籍出版社2012年版。

第三章 山河带砺——经略河朔非真定也

从国家的对外安全来说，还有一种说法，宋太祖借助佛教威慑外敌。当时契丹已经占据山西与河北北部，随时有进攻宋朝的可能，宋太祖敕令建造这尊巨大的观音像，期望对信奉佛教的契丹骑兵有所震慑，不战而屈人之兵。

说法不同，但有一个共同点，那就是借助佛教辅助政治，来实现稳固江山的目的。事实上，正是宋太祖审时度势采取的佛教政策，在一定程度上，夯实了仓促登场的大宋政权的根基，促进了王朝的稳定与发展。

这样说来，我们要重新评价宋太祖敕建龙兴寺的性质和意义，结果出现了反转：

表面上真定与佛教影响发扬光大，受益多多，实质上都是在为赵宋王朝作嫁衣裳，为稳定江山社稷增添砝码。宋太祖才是真正的赢家，他在不经意中下出了借势而为、化腐朽为神奇的大棋。

四

宋太祖在真定还远不止这一步大棋，他要利用姥姥家这片神奇的土地，继续把文章做足。

当时，北宋政权的另一大隐患，就是唐代以来藩镇尾大不掉的弊端。

唐安史之乱后，国家回归了统一，但朝廷无力追究安史叛将。为了笼络河北安史旧部，唐王朝任命田承嗣为魏博（今河北南部、河南北部）节度使，李怀仙为幽州（今河北北部）节度使，李宝臣为成德（今河北中部）节度使，史称"河朔三镇"。此后唐朝形成藩镇割据的局面，藩镇的节度使世代承袭，不受上制，自理人财事务，俨然成为独立王国。

正如陈寅恪在《唐代政治史述论稿》中指出的，唐代自安史之乱后，"虽号称一朝，实成为二国"，除拥护李氏皇室之区域，即以东南财富及汉化文化维持长安为中心之集团外，尚别有一河北藩镇独立之团体，其政治、军事、财政等与长安中央政府实际上固无隶属之关系……

显然，由唐而来的藩镇割据是新生的汴京政权的大隐患，必须解除之。为此宋太祖打出了一套组合拳。

收兵权。采用轮换的办法，将地方精兵调入京城，补充禁军的缺额，因此精兵强将都归属中央；又遣禁军戍守边镇，自此，地方将领不得有专属的军队。

任文官。藩镇割据时期，节度使都是党政军一把抓，宋太祖用知州的文官治理一方，只能文不能武，把知州的权限限制在地方内部事务上，取代了藩镇节度使制度。

集财力。藩镇割据时，地方税赋大多收入囊中，很少上缴中央，称为"留使""留州"。宋太祖革除弊端，诏令各地除规定开支的经费（所谓养人吃饭的钱）之外，所有地方收入，全部送往京城，不得擅自扣留。

三措并举，中央集权大大加强，地方的权力大大削弱，从制度上消除了割据的隐患。

这些措施无疑是面向全国的，但宋太祖把这些改革的起始点放在了河朔重镇、自己信任的姥姥家，还因为，居于真定一带的成德军，是河北藩镇最稳定的一个，传续长达150多年，也是最为难"剃"的一个头。宋太祖要在这里重点突破，成功后推向他地。

削弱地方兵权从镇州始。建隆二年（公元961年），宋太祖将手握重兵，驻扎镇州、定州两处的大将慕容延钊调离，又命其部将韩令坤率兵巡边,以防内患。

推行文官治理地方从镇州始。建隆元年,宋太祖任用文臣昝居润为河朔重地镇州知州,开了文官取代方镇节度使的先河。之后设河北路,升镇州为真定府,将河朔以北包括镇州一带直隶中央管辖。

集中财力于中央,镇州乃重中之重。宋朝先后在此设置河北路、河北西路都转运使、察访使、安抚使等职,监管落实财政改革等事宜。大名鼎鼎的北宋重臣包拯、欧阳修、沈括、刘庠、韩琦、吕颐浩等人,都在这些岗位上任过职,且业绩良好。

后来的实践证明,姥姥家的改革试点大获成功。随着一连串改革效应的显现,赵宋王朝已经将河朔重地牢牢控制在中央集权之下,北宋安内的战略任务一步步实现,迎来了一个相对稳定的发展期。

五

在宋王朝这场政权巩固战中,真定不仅慷慨地提供了试验田,而且还贡献了许多德才兼备的文臣武将。有两位焦点人物是要特别介绍的。

一位是北宋开国大臣,辅佐宋太祖、宋太宗两朝君王前后30年的丞相赵普,为天子的股肱之臣。不夸张地说,在北宋政权前期许多重大决策中,都有赵普的影子。

赵普(公元922—992年),祖籍幽州蓟县(今天津市蓟州区),父亲赵迥,五代时任相州(今河南省安阳市)司马。后唐时期,避战乱举族迁居常山。赵普在镇州长大,为人淳厚,沉密寡言。

赵普于赵宋政权最大的贡献有三：一是参与陈桥兵变，为赵匡胤登上大位立下汗马功劳。后周宰相范质派赵匡胤率军北征，兵行至开封陈桥驿时，赵普等人为赵匡胤谋策，托故不行，发动陈桥兵变，赵匡胤得以杏黄龙袍加身，建立宋朝，是为宋太祖。

二是出谋划策，协助宋太祖"杯酒释兵权"。开国之初，为防止重蹈开国功臣拥兵自重、威胁朝廷的覆辙，宋太祖听从赵普计策，设宴召集有功的将臣，威逼利诱，使这些人自动解除兵权，告老还乡，颐养天年。用和平的手段，兵不血刃地解决了新老交接的"老大难"问题，消除了政权的潜在危机，实为高明之策。

三是协助宋太祖强化中央集权，消除分裂隐患。宋太祖与赵普有一段对话，帝问：为什么从唐末以来，数十年间帝王换了八姓十二君，争战无休无止？我要从此熄灭天下之兵，建国家长久之计，有什么好办法吗？

赵普回答说，问题的症结，就在于藩镇权力太重、君弱臣强，治理的办法也没有奇巧可施，只要削夺其权，制其钱谷，收其精兵，天下自然就安定了。

于是，一个加强中央集权的计划付诸实施了。接下来，就是收兵权、任文官、集财力等一系列措施的落地，大宋王朝的政权得到了极大的巩固，赵普功不可没。

与文臣的鼎力相助对应，在军事上作出重大贡献的是曹彬。如果说，赵普是文臣里面的精英，那么，曹彬则是武将中的翘楚。

曹彬（公元931—999年），字国华，真定灵寿人。幼小随父迁居真定，先后任成德军牙将、潼关监军，宋太祖任为左神武将军。

在北宋平定内乱、一统江山的征战中，曹彬立下了汗马功劳，在击退契丹、伐后蜀、平南唐中屡立战功。虽是武将，但常怀仁慈之心，每每攻城破敌之后，禁止杀戮，颇受赞许。

不仅如此，曹彬的武德很好，智商和情商都很高。为人清廉，务实低调，君臣、臣臣之间的关系融洽。《宋史》评价曹彬："仁恕清慎，能保功名，守法度，唯彬为宋良将第一。"

顺带说一下，曹彬的孙女曹皇后，也为宋代江山作出过贡献。她历经三朝，先后被宋仁宗册封为皇后，被英宗尊为皇太后，神宗继位后又被尊为太皇太后。她在帝王传承中，为三位皇帝助力，承上启下，稳定江山。大文豪苏轼因诗问罪，曹皇后力劝神宗赦免，为朝廷留下一位政治家，也促进了宋朝知识分子政策的调整。

可以说，赵普、曹彬这一文一武两位重臣，以及曹皇后，为北宋王朝的江山立下了汗马功劳，也得到朝廷的器重。

真定姥姥极为推崇赵普。杜太后每次参与政事，都尊称赵普为书记——古代执掌文书史料的官，曾慰劳赵普说，我儿经历的事情不多，有劳赵书记尽心竭力啊！杜太后病危交代后事，也把赵普叫到身旁，由赵普记录，定下赵匡胤传位于亲弟赵光义的金匮之盟。

太后将江山社稷大事托付于赵普，赵普也信心满满。宋太宗继位后，赵普说，臣有《论语》一部，以半部辅佐太祖定天下，以半部辅佐陛下致太平。

现在到了解开文章开头问题的时候了：究竟是真定遇到宋王朝则兴旺，还是宋王朝遇到了真定则兴旺起来？

我以为，答案已经很清楚了。从狭义的角度说，真定确实沾了"姥姥家"的光。譬如铸铜佛、兴寺宇，譬如提升城市地位，设河北西路、河北路治所于真定。但从治国理政的广义来看，宋王朝则是在真定找到了社会的重大解困之法，譬如让佛教重回社会，以安定民心，譬如消除藩镇割据，集权于中央，解除国弱郡强的隐患，对全国起了实验和示范效应，等等。

归根结底，这是一个双赢的局面。赵匡胤以这样的方式，回馈了真定的荫庇，在此完成了巩固王朝的大业，同时也给了姥姥家一个机遇；而真定这片土地也没有让他失望，率先完成了对赵宋王朝的臣服和支持，也提高了自身的地位和影响力。完美的互动，圆满的结果，令人赞叹。"遇宋兴、还是遇真定兴"的问题已经不重要了。

还有另外一个收获：宋太祖在真定尽心竭力，回答了杜太后那个"为君难"的历史课题，交出了应当让老人家还算满意的阶段性答卷。虽然他知道，未来的执政路还很遥远，更大的考验还在后头。

在完成这一切后，宋太祖曾到安喜杜固村——杜太后祖籍地祭祖，并借用他崇拜的汉高祖的口吻，作《仿大风歌》，取其意，押其韵，缅怀太后恩德：

　　薰风起兮麦浪漾，
　　感母高教兮省母乡，
　　安得良将兮靖四方！①

---

① 中共石家庄市委宣传部编：《千秋雅诵——古人咏石家庄诗集》上册，河北人民出版社2017年版，第87页。

以诗的意境推测,祭祖时间应在芒种节气前后,正是小麦成熟时节。真定平原上千里沃野,麦浪翻滚,好一派丰收福兆,触景生情,不由得不让宋太祖诗兴大发。尽管是仿旧君之作,平铺直白,但也真切表达了一代君王思亲念国的情怀。

祭祖后的官方活动没有记载。我相信,宋太祖一定会前往不远的真定城龙兴寺,礼拜敕建的铜佛。想来,僧人们(其中或许还有可俦和尚)会敲响木鱼、吟诵经文;一行人在宋太祖的率领下,献上三炷香,在青烟缭绕中,祈祷来年风调雨顺,国泰民安,大宋江山永固。

赳赳者君子风

一

朋友知道我在品读正定历史，都提醒我要写一写王士珍。

王士珍何许人也？《中华民国史》记载，王士珍，字聘卿，号冠乔，别号冠儒。直隶正定县牛家庄人。生于1861年7月14日。王士珍九岁入塾读书，十六岁习弓马。曾先后任清政府陆军部右侍郎、陆军大臣、中华民国陆军总长、参谋部总长、中华民国北洋政府国务总理，后从事和平运动，维持京师安定。1930年7月1日患肠癌去世，享年70岁。

《正定县志》记载，王士珍是"北洋三杰"之首、中国近代史上著名的正定人。

民间也有一说，"北洋三杰"号称"龙、虎、狗，"称龙的是王士珍，称虎的是段祺瑞，称狗的是冯国璋。这三人都大名鼎鼎，王士珍的民间声望更高。

这使我十分踌躇。论名气、论历史地位，王士珍都没得说，品读正定如果忽略此人，似乎也说不过去。但我总感觉没有写的冲动，仔细想，是畏难的情绪使我难

王士珍

第三章　山河带砺——经略河朔非真定也

以下笔。

王士珍一生跌宕起伏。时值清末民初年代，风云激荡，北洋崛起、新军编成、改朝换代，政坛翻云覆雨、城头变幻大王旗，许多重大事件都有他的影子。可他常常又是若隐若现，举止出乎意料，进退莫如，让人循不着一条主线，不知怎么解释和品读。还真像人们说的，王士珍是"北洋三杰"之龙，神龙见首不见尾，易见一斑而难窥全豹。

譬如，王士珍是北洋系军队的高级将领，完全可以在乱世中割据一方，称王称霸，可王士珍早早放弃了手中的兵权，而游走于政坛，成为似乎无足轻重可谁又离不开的"润滑剂"。故民国史按照军阀的特质，毫不犹豫地将他从军阀名单中删去，而"北洋三杰"的另两位——冯国璋、段祺瑞都当仁不让地位列其中。

譬如，他是保皇派，忠于帝制，对清帝退位痛心疾首，张勋复辟帝制时也曾被裹挟参与，但对袁世凯称帝却极力反对，被迫代理国务卿，也是消极怠工，敷衍了事。袁世凯大公子袁克定图谋立为太子，王士珍更是嗤之以鼻，直言劝退，被袁克定嫉恨险遭其所害。

还譬如，他身在政坛圈中，却没什么权力欲，淡泊名利，不争不抢，明明多次有机会做民国总理，甚至当大总统，可他却避之不及，多次推辞不就，并说如与人有仇，即可请其做总统。

还有一难，王士珍为人低调，不事张扬，清末民初虽年代不远，但他的史料留下相对较少，分析、比较有难度，得其真性情，从容概括结论更属不易。况且，学者也认识有异，褒贬不一。

真是"神龙"，有时见首不见尾，有时见尾不见首，有时首尾均不见，矛矛盾盾，朦朦胧胧，这是品读正定中最难写的人。

可是，我也觉得，既是一位历史名人，总有其不同寻常之处。反复翻阅史料，纵览王公一生，猛然发现，我们初识他时可能走入误区，就是往往以历史结果来论定，而忽视了他始终持守的某些人生理念和处世哲学；而历史结果往往不是个人说了算的。

如果试着用传统文化价值观来解题的话，王士珍看似矛盾的人生举止，难以言传的若隐若现，退避三舍的为官之道，似乎都能说得通、解得透，并且我们发现始终有一条主线贯穿其中。

我以为，这条主线就是儒家道德君子风。作为赳赳者，"君子怀德，小人怀土""君子喻于义，小人喻于利""君子群而不党，小人党而不群""君子和而不同，小人同而不和""君子坦荡荡，小人长戚戚"等，这些儒家区分君子与小人的标准，一直影响着王士珍。总的来看，王士珍一生都在追求前者，尽管有的时候表现得并不完美。

二

中国古代伟大的思想家、教育家孔子，在2500多年前的春秋时期，就开创了儒家学派，其政治主张是以德治国。为此，他从为人处世到个人衣食住行，都提出了一整套价值理念和行为修养规范，主要倡导的是修身养性，克己复礼，要做君子而远小人。

而君子风范的养成，则是需要一定的社会和家庭熏陶。王士珍也概莫能外。

必须要交代一下历史背景了。王士珍所处的年代，是一个风云变幻、改朝换代的时期。大清帝国在立国200多年后，已经垂垂老矣。1840年甲午战争之后，西方列强纷纷将魔爪伸向中国，

第三章 山河带砺——经略河朔非真定也

挖空心思掠夺殖民中国，一个统一的国家已经千疮百孔。

王士珍就出生在动荡的清咸丰十一年（公元1861年）。史载，王家祖上是从山西移居到正定的，也曾是书香门第。曾祖父精通医术，长于书法，祖父是个秀才，工医之外，擅长武术，有戎马书生之称。但父辈家道中落，生活拮据，王士珍是靠养母变卖嫁妆、生母做针线活和族人的帮衬，才上私塾读书的，因而他也早早走上戎马生涯。当然，还有正定这片传统文化的热土，给予他的滋养。

国家风雨飘摇，家庭动荡变故，给少小的王士珍留下深刻印象，使他较早有了忧国忧民的意识，以及报效国家、护佑黎民等人生追求。

为了报效国家，他可以冲锋陷阵，置生死于不顾。1894年，甲午中日战争爆发，王士珍随直隶提督叶志超（原任正定镇总兵），率正定练军（以正定、定州等地兵员为主）四个营入朝作战。彼时，朝鲜东学党起事，朝鲜国王向中国求援，清廷出兵助朝鲜平息事态，日本军队随后也进入朝鲜，中日双方激战于平壤。王士珍率炮队与日军鏖战，奋不顾身，亲手操炮，轰击日军，左手无名指被炸掉，额头也被弹片击伤，险遭不测，后在炮队官兵护卫下得以突围回国。100多年前，正定人的鲜血已经洒在平壤城头。

为了报效国家，他积极协助袁世凯，献策"先行劝解，继威以兵，如仍不从，再捕捉首犯，解散胁从"，顺利剿灭山东义和团；后又呕心沥血，协助袁世凯编练新军，受到清廷赞赏，慈禧太后、光绪帝都曾当面封赏。袁世凯称他为"北洋第一军事人才"。

必须指出，王士珍此时报效的国家，在他心里就是大清朝廷，尽管反对封建帝制、追求民主共和的斗争风起云涌，但他仍然心有清室，维护帝制，立场颇为坚定。后来北洋派诸人逼迫清帝退位时，王士珍极为不满。他说，"国家养兵，用在一时；国民造反，不发兵征讨，还要议和，真乃旷古未有之奇闻！"①溥仪退位后，王士珍决定辞职，表示"身任陆军大臣，决不愿署名于皇帝退位诏后"，并拂袖而去，回到正定不再问政。

王士珍回到家乡仍以大清子民自居，仍着清朝服装，逢年过节，也是先拜中堂上贴有光绪帝手书的"福"字。直到1914年，王士珍垂在脑后50年的辫子才剪去，喻为清廷守制三年之意。

可以说，王士珍对封建帝制的维护和留恋，是清廷遗老遗少中比较强烈的一位，甚至过于某些满族重臣。我们必须说，这是一种"愚忠"，没有跟上历史的步伐。可从另一个角度来看，也显示了他忠于故主、守信践诺的道德持守，比起那些见风使舵的野心家，如袁世凯之流，受清廷恩宠多年，朝势颓废，即砸锅毁家、谋取私利、窃取高位的人来说，个人操守要强得多。

王士珍正定故居

因此，王士珍是知名的保皇派。如果说王士珍在其他问题上

---

① 彭秀良：《王士珍传》，中华书局2013年版，第77页。

表现得不甚清晰的话,在帝制的问题上,则是鲜明得多。后来出现的复辟与反复辟的事变中,王士珍或多或少都有参与。

三

国体的确定是社稷大事,推翻封建帝制,推行共和体制,经过激烈斗争,甚至多次反复。作为一位政治家,王士珍对帝制的认识也在变化。除了清廷退位那次之外,对袁世凯称帝和张勋复辟,他都有一定程度的保留。

第一幕复辟丑剧发生在1915年12月12日,窃国大盗袁世凯发布命令,宣布即帝位,改国号为"中华帝国",帝号洪宪,并决定在1916年元旦登基。

袁世凯的倒行逆施,理所当然受到全国人民的声讨。南方将领唐继尧、蔡锷、李烈钧等率先在云南宣布独立,发动护国战争出兵讨袁,南方其他各省亦纷纷宣布独立。

焦头烂额的袁世凯被迫于1916年3月22日宣布取消帝制,恢复"中华民国"年号。袁世凯只当了83天皇帝,就在一片声讨声中一命呜呼。

与清帝退位前的激烈反应相比,王士珍在这场闹剧中,已经表现得很平静了。"帝制议起,劝进者疯狂,公迄不签署。筹安会员王天纵恚甚,屡以危词恫吓,公迄不为动,卒潜移默运感悟袁公。"[①]王士珍一直没有签署劝进书,保留了自己的独立思考。袁称帝后,虽然王士珍也代理过国务卿,但也只是做做样子,并无实质运作。表面上看,是王士珍感念袁世凯的提携之恩,对袁

---

① 彭秀良:《王士珍传》,中华书局2013年版,第99页。

一向唯命是从，很难违逆，这是王士珍重情感恩的传统理念使然。内心里，王士珍对袁世凯称帝不以为然，未必是多么喜欢共和制，也许他认定的正统帝制，还是那个大清朝廷，别人是不好代替的。

封建势力不肯轻易退出历史舞台。第二场复辟闹剧发生在1917年6月，安徽督军张勋借调停黎元洪与段祺瑞的所谓"府院之争"为名，率五千辫子军进京，随即把12岁的溥仪抬出来宣布复辟，改年号"宣统九年"，通电全国改挂龙旗。

张勋"辫子军"进北京

复辟消息传出后，立即遭到全国人民的反对。孙中山在上海发表《讨逆宣言》，讨逆军势如破竹，防守的辫子军一触即溃，张勋逃入荷兰使馆。复辟丑剧仅仅上演了12天，就在万人唾骂声中收场了。

在这场转瞬即逝的复辟风波中，王士珍扮演的角色也引人注目。对此，学者研究有两种看法。

一说是他主动参与。理由是王士珍在张勋伪内阁中，任议政大臣兼参谋部大臣，着清朝官衣进故宫朝见溥仪，并且连发一系

第三章 山河带砺——经略河朔非真定也

列伪谕，王士珍的署名均位列第二，排在张勋之后。

一说是被动裹挟参与。证据之一是在辫子军进入北京时，他自动搬入黎元洪府中，先表示与总统共生死的决心；随即又准备逃出北京躲避，被黎元洪劝阻，无法脱身。在张勋军入城之际，王士珍等人曾聚步军统领江朝宗处商议应对之策，未果，张勋的辫子军已经重兵围府。使者称"大帅请诸公前往帅府议事。众不得已偕行，至则兵卫森严，露刃实弹，列于左右。"①此时，王士珍即使想反对，也不敢开口了。

证据之二是张勋下的伪谕，都是其一手编撰，事先并未告知并征得王士珍同意。

证据之三是讨伐张勋的段祺瑞致电王士珍、江朝宗等，嘱其维持京中秩序，保护外人。辫子军大败后，张勋不得已请王士珍收拾残局，而张勋寄希望的调解人徐世昌则电告他，"即日将在京军队交由王聘卿（士珍），督同江宇澄（朝宗）、吴镜潭（炳湘），一律解除武装移驻城外。"②

显然，复辟与反复辟两方，都没有把王士珍看成事变的组织者，讨逆方丝毫没有追究王士珍的意思。从逻辑上推论，王士珍是被裹挟参与的结论是成立的。

尽管如此，王士珍还是心有愧意，自觉无颜见人，准备回正定老家隐居。被冯国璋坚决挽留，继续担任参谋总长。由此看出，王士珍与张勋、康有为等真正的复辟派是有区别的。

毋庸讳言，裹挟参与也是参与，这也是王士珍为政生涯的一

---

① 《复辟真相始末记》，国家图书馆藏，第9—10页。
② 张霁人：《张勋复辟的见闻实录》，全国政协文史资料委员会编，中国文史出版社2006年版，第136页。

个污点。究其原因，也许那个忠于旧主的理念，还没有彻底从他内心剪除，一有机会又复燃起来。如果说，清帝退位时局剧变，王士珍不能适应，是历史局限性的话，那么张勋复辟，主人公仍然参与其中，不能不说他的思想观念没有与时俱进，对历史和本人来说，都是令人遗憾的。

忠君的观念成全了他，也害了他。

四

"为贤豪领袖，入政垣而不党，入军界而不争，方晚岁优悠，胡遽丧七旬元老；具忠孝性情，事节母而尽欢，事旧君则尽礼，树群伦师表，信无惭一代完人。"这是清代学者朱寿彭给王士珍撰写的一副挽联。

作者出于对故人的怀念，多少有些溢美之言，比如"一代完人"，事实上是没有的。但"入政垣而不党，入军界而不争"，则是比较准确的。一位南征北战、军政两界翘楚的元老，能够"晚岁优悠"，与王士珍一生持守的这些传统道德理念密切相关。

中国儒家传统价值观以"让"为德，以"退"为上。道家鼻祖老子也倡导抱朴守一，以退为进。"不争"很重要。在《道德经》中，老子九次讲到"不争"，如"圣人之道，为而不争""夫唯不争，故无尤"，这里的"不争"，就是退让。王士珍的处世哲学恰恰是不把功名利禄看得很重，一生淡泊宁静，低调行事，与人不争，适时退让，尤其是在民国年代。

与官场上他人的追求不同，王士珍的从政经历中，"让"的事例比比皆是，同时也写满了"退"字。譬如不做军阀、不做总统、不做北洋首领，甚至有时连官也不想做。而这些诱人的目标都是他可以争到的。

看看王士珍是如何被"骗"进京的,就很能说明问题。

清帝退位后,王士珍辞职回乡隐居,不问政事。三年后,老上司袁世凯没有忘记他,三番五次请他出山。先是数次派大公子袁克定来正定恭请,声称请不到老前辈决不回京。王士珍仍然不为所动。忽一日报段祺瑞从南方回京,乘火车路过正定,王士珍穿戴整齐去见老友,殊不知,王士珍刚刚上车寒暄,火车已然开动。王士珍迫不得已再次回京。

作为"北洋三杰"之首,王士珍的军事才能是公认的,在平壤战役、编练新军、彰德秋操等重大事件中,王士珍的杰出才干表现得淋漓尽致。而王士珍首任统制官的北洋第六镇,实际上是甲午战争后中国最早训练、装备精良的新式军队。第六镇满员时12593人,配备先进的法式路炮36门,日式山炮18门,四倍千里镜284个、八倍千里镜180个,侧视镜219个。

手中握有精兵、又受朝廷的器重,王士珍完全可以做得更大,甚至成为军队派系的绝对领袖。可王士珍没有恋栈、向前再走一步。一年零三个月之后,王士珍就将第六镇统领一职让给了段祺瑞。至此,王士珍再没有直接统领过军队,也早早失去了当军阀、割据一方的资本。

相比之下,与冯国璋和段祺瑞反差强烈。冯国璋虽然做过大总统,但始终没有放弃军队。直系军队第15师一直是冯国璋掌管的禁军,由冯国璋单独节制发饷。冯国璋去世后,15师官兵失去依托,酝酿事端,是王士珍多方拆解才予以平息。

段祺瑞也丝毫不亚于冯国璋。在对待西南军阀及广东护法军政府的政策上,段祺瑞之所以坚持"武力统一",是因为由其嫡系组成的参战军队有三个师、四个混成旅的兵力,段祺瑞重兵在握,可谓不可一世。

不仅对掌管军队、做军阀不感兴趣,总统、总理这些国家顶层职务,对王士珍同样没有吸引力。

王士珍是有机会做民国总统的。1926年3月,奉系军阀张作霖到秦皇岛召集会议,主张推举王士珍为总统、靳云鹏为内阁总理。同年6月,直系军阀吴佩孚从洛阳北上,也主张推王士珍当总统。据当时报载,"吴氏之意,总统人选以非现役军人为最适当。若论物望,吴极推崇王士珍,以王夙为北京领袖,其为人又不偏不倚。"[①]

两大派系军阀力荐,总统职务唾手可得,但王士珍坚辞不就。当有人转达吴佩孚之意时,王士珍回答,"子玉(佩孚)与我无仇,望勿与我开玩笑。"

相同的话,王士珍曾在曹锟贿选总统后也说过。面对四分五裂、各自为政的政局,捉襟见肘的财政,曹锟政令难出总统府的尴尬情景,王士珍深有感触地说,"如果要害人,最好请他当总统。"他知道,被人架起来放在火上烤的滋味是不好受的。从这一点上说,王士珍对虚名不感兴趣,也有其清醒的政治判断。

至于王士珍出任国务总理,也是冯国璋多次劝说的,冯国璋甚至说出了"不能看我笑话"的重话,对朋友讲信义的他,也只能勉为其难了。不过,从1917年11月起到1918年2月,王士珍组阁满打满算三个多月,其间各方掣肘,寸步难行,任何抱负难以施展,王士珍的总理也就是走了个过场,很快就让给了别人。

这就是某些人称为最民主自由的民国时期,短短的16年里,共有29位总理,有的仅仅代理了几天。军阀政客像走马灯一

---

① 天津《益世报》,1926年6月11日。

样，翻云覆雨，你争我斗，上台下野，国家哪有安宁，百姓哪有福祉？

如此说来，王士珍没有高位又没有实权，又怎么得到许多人认可？答案又回到了本节开头的挽联上。

不知是否有意为之，王士珍的一生恪守了"君子群而不党"的古训。他在军政两界有许多朋友，如冯国璋、段祺瑞、徐世昌、黎元洪等人；也提携成全了许多弟子，如吴佩孚、鲍贵卿、卢永祥、周峋芝等人。吴佩孚自不用说，鲍贵卿后任民国政府陆军总长，卢永祥成为皖系军阀的主要将领，而周峋芝是共和国总理周恩来的堂伯父，前清举人，文采横溢，王士珍任江北提督时极力保荐，得以入朝为政。但王士珍与他们都是君子之交，没有结党营私，没有为一己之私而黑白颠倒，丧心病狂。在那个风云变幻、难以自保的时代，能够如此独善其身，已经相当不容易了。

而恰恰是这一点，使得各派军阀都感到王士珍是一个没有威胁、可以接受的元老，进而争着抢着利用他的政治资源。

王士珍在辞任总理后，渐渐退出了政坛。难能可贵的是，他实现了一个大的转变，即由"以战为始"到"以和为终"。晚年，他积极参与调停政争、维持京城和平治安的活动。在直皖战争、直奉战争爆发，战火烧临京城时，王士珍多方奔走，使京城和百姓避免了更大的损失。

此时的王士珍已经是一个和平人士了，告别了曾经的喧闹，回归了人生的起点。

五

应当接着说说挽联的下半联了。朱寿彭评价王士珍"具忠孝性情，事节母而尽欢，事旧君则尽礼，树群伦师表"，其实都包含着"仁义礼智信"这些儒家的核心理念。应当说，王士珍都实践得相当不错。

如今正定城西门里，有一处开阔整齐的四合院，院中央矗立着一座贞节牌坊。牌坊建于民国九年（1920年），为青石质，高大挺拔。正中匾额镌刻着"诰命一品夫人王母刘太夫人丁太夫人节孝之坊"，立坊人即是王士珍。立牌坊时，许多军政名人如黎元洪、徐世昌、吴佩孚等人都送了匾额，盛况空前。这是王士珍在故里少有的一次张扬。

熟悉王家的人都知道，王士珍因伯父早亡无后，从小过继给守寡的嗣母刘氏。谁知亲生父亲也丧，生母丁氏也是23岁守寡，妯娌二人拉扯王士珍一个孩子相依为命。时家道中落，生活窘迫，刘太夫人为供王士珍读书，变卖嫁妆充作学费，丁太夫人也不辞辛劳，靠针线活补贴家用。妯娌感情颇为和睦，与乡邻相处贤德，于是有了"双节"的美誉。王士珍后来说，"士珍之稍有成就，不为当世君子所抛弃，实母教之启其始也。"[①]

功成名就的王士珍，对两位母亲感恩之情笃深，从驻军山海关开始，一直侍奉身边，时时问安，无微不至。刘太夫人也深明大义。王士珍率部赴朝鲜参战，留营家属不安。刘太夫人激励众人：食国之禄，忠国之事，分内事也。并誓曰，倘吾子战有不测，则我也会随他而去。

为两位母亲立"双节坊"，算是了了王士珍的夙愿，也尽了孝悌之道。故里人皆为赞扬。

赞颂王士珍品德的不止这些。为官清廉，洁身自好，是众人

---

① 王士珍：《清诰命一品夫人先妣刘太夫人事略》，《正定王氏双节永慕录》。

第三章 山河带砺——经略河朔非真定也

的又一个评价。好友尚秉和说,王士珍"品洁行廉,非义不取。统兵数十年,出将入相,家只余薄田九顷;布衣蔬食与寒素无异,凡饮酒、博弈、游戏之事,无一好"。①

当然,作为封建时期的官员,王士珍还是有些财产的。按目前查到的资料,王士珍的财产主要有房产、投资实业和土地。房产仅有两处,一处是正定西门里王家大院,一处是北京堂子胡同的住宅,据说还是学生鲍贵卿、卢永祥等人买给他的。实业投资,王士珍用任江北提督时积累的资金,先后参与井陉正丰煤矿、北京电车公司、启新洋灰公司、京师华商电灯公司的投资;但究竟投入多少、收入多少,没有准确记载。再就是在正定的900亩地了。

有学者认为,王士珍不善经商,随大流投资,身无后人(没有子嗣)且无人打理,可能并没有丰厚的收入。证据之一是王士珍去世后,家中拮据,丧事是由张学良出资二万大洋才完成的。

看一下当时某些权贵的情况。"辫帅"张勋政治失意,却大发横财。在天津做寓公时,投资70多家企业、钱庄,总资产达到6000多万元。另一位"贿选总统"曹锟的财产,不算房产和实业投资,在天津附近仅良田就有1700多顷,还有大量果园、苇地、房基地等财产。不能不说,在当时的官员里,王士珍算比较清廉的一位。

1966年年底,王士珍的墓被挖开,躺在棺材里的王士珍,左手握着一个银元宝,已有锈迹,说明纯度不高,右手拿着一根手杖,头前一套细瓷壶碗,几乎没有其他随葬品,这也佐证了王士珍比较清廉的说法。

---

① 彭秀良:《王士珍传》,中华书局2013年版,第186页。

只是王士珍极不情愿地给村人们留下一点物质遗产。王氏家族曾孙辈的王恒华说，"读书七载，所用课桌，……是用先祖之棺木拆制而成，且不时散发着浓重的楠木醇香。"①这是历史性的悲剧。

的确，王士珍是一个特立独行的人，他不尚奢华，不喜修饰，从外表、言谈举止上看，不像一个职业军人或曾居高位之人，更像是一个私塾里的老先生，在孜孜不倦地教人如何仁爱、信义，还言传身教，实践于故里。当年正定还流传着王士珍护佑正定城墙、帮助乡民找回耕牛的故事。

王士珍闲居西门里时，常到正定城墙边走走。偶一日忽然发现一些士兵正在拆城墙，王士珍即上前询问并制止，但士兵们不仅不听劝阻，还动手打了他一耳光。王士珍隐忍没有发作，回到家中即与驻军上司联系，陈明城墙在防洪与军事上的重要性，要求马上制止破坏城墙的行为。结果拆城墙的士兵被调走，古城墙得到了保护。

帮助乡民寻牛，则是王士珍爱护百姓的一个例证。牛家庄农民杜焕成靠几亩薄地和为邮局送物品谋生，一次进城拉货，不注意牛被人牵走了。这可是相当于主人的半个"家当"。焦急万分的杜焕成，到处寻找，不见踪迹，只得跑到王士珍的寓所恳求帮忙。王士珍马上派人到警察局联系，警察局不敢怠慢，立即封锁城门不许黄牛出城，又派人到城内杀锅（屠宰牲畜的作坊）上，令其不得私宰耕牛。偷盗者走投无路，只好将牛放了。寻回了半个"家当"的杜焕成，千恩万谢，逢人便讲王士珍如何爱民。

当年的老人回忆，回到故里的王士珍和蔼可亲，尊老敬贤，

---

① 彭秀良：《王士珍传》，中华书局2013年版，第2页。

讲究礼数，毫无跋扈之气，颇有君子之风。

王士珍跌宕起伏的一生留下了什么？如果盖棺论定的话，我以为值得称道的是中华传统文化中某些道德操守：为国尽忠，为家尽孝，为人贤德，为民仁爱，为官无争，为事求和。

由此可以结论，王士珍看似矛盾的一生，是现实的又是传统的，是退让的又是持守的，是圆润的又是坚韧的。一言以蔽之，从一赳赳者身上，我们看到了让人敬慕的君子之风。

西门里尚存的王家大院，月光如水，夜色阑珊，我们仿佛看到一位老者还在踟蹰地前行，身影是模糊的，但人格气质的印迹却越来越清晰……

高平之歌

一

高平，乃高平村也，位于正定县城西北 15 公里的平原上。因地势高而平坦，故取名高平。

村子很普通，却历史悠久，底蕴深厚。2001 年，香港佳士得秋季拍卖会上，一尊北魏正始元年（公元 504 年）的持莲观世音铜像，底座四足方床上刻有铭文"高平村"的字样。据专家考证，这个"高平村"就是正定县高平村。如此，高平村至少已有 1500 多年的历史。

这个普通村落，诞生过一位名人，即北宋著名的政治家、军事家和文学家范仲淹。

关于范仲淹的出生地，历史上曾有"苏州说"和"徐州说"，但也仅是推断。近年来，随着史料的挖掘，范仲淹的出生地在正定县高平村，已经被史学界公认。四川大学出版社出版的《范仲淹全集》记载，"范仲淹……诞生在真定府，其父范墉为北道重镇成德军节度掌书记。"

宋代的节度掌书记，是一路军政机关的僚属，负责章、表、书记、文檄等。另有史料记载，范墉娶高平村谢氏为妻，生子范仲淹。

范仲淹也曾自报家门。曾与范仲淹共同抗击西夏的重臣韩琦，后调任河北安抚使来到真定。范仲淹致信韩琦，"真定名藩，

第三章 山河带砺——经略河朔非真定也

生身在彼,自识别以来,谅多胜赏也。"语气中颇带感情。

至于范仲淹何时离开真定,去到何方,不是本书所探讨的,那要写一篇大文章才说得清楚。但我们应当记得他"先天下之忧而忧,后天下之乐而乐"的名句,那个影响中国千百年来仁人志士的座右铭,并且努力实践之就可以了。

范仲淹

当然有此名人,也是高平人引以为豪的事情。

但是,真正让高平名扬四方、载入史册的,不是古代名人,而是当代中国亿万人都耳熟能详、家喻户晓的地道战。奉献地道战这一经典战例的,发源地之一就是高平村。

在艰苦卓绝的抗日战争中,在敌我实力悬殊、无险可守的平原环境里,高平人在中国共产党的领导下,创造性地发扬光大了地道战这一"保存自己,消灭敌人"的有效斗争方式。日寇占领正定八年,视这里为眼中钉、肉中刺,用尽九牛二虎之力,多次围剿,始终没有让高平村屈服,相反却在这里损兵折将,消耗了不少有生力量,使日寇闻风丧胆。高平人奏响了一曲高亢雄壮的抗战之歌,也为红色基因的赓续留下鲜活的实例。为此,习近平同志在正定工作期间,亲自命名了一批革命遗址,高平地道战遗址和高平烈士纪念塔是其中的两处。

反映这段战争史上奇观的电影《地道战》,于20世纪60年代由八一电影制片厂拍摄。主创人员在高平村感受到当年地道战的震撼场面,为影片的创作成功,提供了大量鲜活的素材。

2004 年,影片导演任旭东重访高平村。他回忆说,为拍好影片,前期曾经到过河北若干村庄采访,但高平村老民兵向剧组提供的史料丰富、翔实,令人印象深刻。在拟定剧本大纲和框架结构时,选定以高平村地道战为基本素材。影片中的高家庄、高老忠和高传宝,都是以高平村的地点、人物原型为基础的。遗憾的是,由于 1963 年的洪水冲塌了高平村大部分地道,影片的外景未能在地道战的主要发源地拍摄。

但生动感人的故事保证了作品的质量。《地道战》自问世以来,引发的观看热潮持续不断。亿万中国人以及众多的外国朋友在银幕下,无数次看到了高平人对敌斗争的场景,无数次听到"地道战,地道战,埋伏下神兵千百万"的动人歌曲,甚至连主人公的台词人们也熟记心中,可以脱口而出。

据统计,截至 2005 年,《地道战》累计发行拷贝 8420 部,包括亚非拉各国,观众达 28 亿人次,成为世界上印制拷贝最多的黑白电影、观众人数最多的影片。2015 年,在抗日战争胜利 70 周年之际,有媒体调查观众"心目中的抗战经典剧",结果还是《地道战》名列前茅。一部电影风靡全世界,跨越时

电影《地道战》海报

空，一次次刷新放映纪录，实在是前无古人的。

我以为，能够深深吸引并感动大众的，不仅仅是一个个生动的故事和画面，更是高平人表现出来的强烈的爱国主义精神，是毛泽东所说的"同敌人血战到底""压倒一切敌人而不被敌人所屈服的"大无畏革命气概。它是正定人民革命斗争精神的缩影，也是中华民族生生不息、砥砺前进的不竭动力和源泉。

二

时间回到 70 多年前。"七七事变"的枪声震动了整个华北。正定处在京汉铁路两侧，又是冀中平原和太行山区的接合部，是日寇魔爪摧残的重点地区。

日寇为了实现长期霸占的野心，在这一地区实行了残酷的法西斯统治。从 1940 年起，日寇连续在华北地区开展了所谓强化治安活动。特别是 1942 年"五一大扫荡"后，正定党组织遭到严重破坏，干部付出极大牺牲，抗日斗争环境更加残酷。那一时期的正定，如同《地道战》中解说的那样，是"出门跨壕沟，抬头见岗楼，无村不戴孝，到处见狼烟"的恐怖世界。

高平村处在日寇高压统治区内，环境尤为恶劣。高平村距敌人重兵盘踞、有公路相连的正定城 15 公里、灵寿城 8 公里，有机械化装备的日军可随时出动。同时，日寇在这一带建据点，修炮楼，挖封锁沟，高平村四周岗楼密布，最近的敌人据点只有 2 里地。夜深人静时，岗楼上的吆喝声都清晰可闻。

环顾四周，皆是虎狼，自然环境也无险可守。村子一马平川，既无高山阻挡，又无大河盘亘，没有周旋余地。在如此残酷的环境下，是生存还是死亡，是一个严重的问题。还能不能坚持

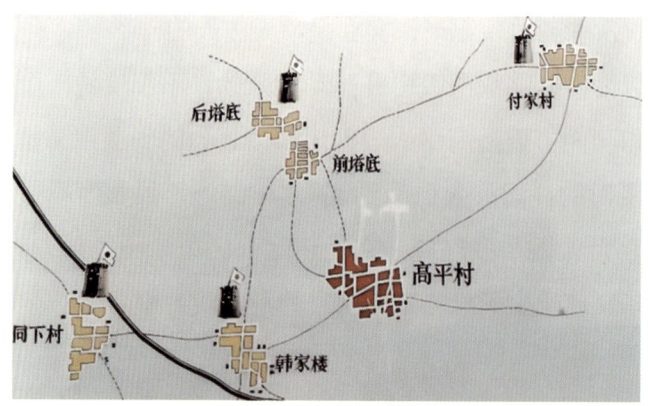

高平村抗战斗争形势图

抗战,能不能有效地保护自己、消灭敌人,高平人面临着严峻的考验。

不自由,毋宁死。高平人民具有光荣的革命传统。

大革命时期,蒋介石叛变革命,正定的党组织遭到严重破坏,一些坚强的共产党员不甘失败,在高平村召开会议,研究了党团组织恢复工作,也在高平村播下了红色的种子。这就是正定党史上有名的"高平会议"。

抗日战争爆发后,党组织又派在外地教书的中共党员褚凤阁回村,建立党组织,宣传抗日救国主张,号召人民群众起来斗争,点燃了熊熊的抗战烽火。

接着,八路军115师派出副团长刘文信来高平指导抗战。他领导群众推翻封建土地制度,贯彻执行减租减息政策,极大地激发了群众的抗日热情。

村子有了主心骨,老百姓吃了定心丸。组织起来的群众蕴藏着无穷的智慧和力量,面对空前的残酷局面,他们没有灰心丧气,没有怨天尤人,而是挺立起来,千方百计与敌人周旋斗争。

第三章 山河带砺——经略河朔非真定也

在战争中学习战争。在无险可守的平原村庄,在敌强我弱的情况下,与敌人直接死拼势必得不偿失,也不可能坚持持久,必须找到一种保护自己、消灭敌人的有效办法。一群从没有拿过枪杆的庄稼汉琢磨,地上不行,地下怎么样?能不能建立一道地下长城,隐蔽自己,保存实力,找机会消灭敌人?

说干就干,目光转向地下,地道战开始进入人们的视野和实践。

三

其实,作为一种战术,地道战古已有之。最早可以追溯到春秋战国时期,诸侯国在攻城守邑中,已经开始采用地道战。

《左传·襄公二十五年》记载,"郑子展、子产帅车七百乘伐陈,宵突陈城,遂入之。"意思是说,通过挖地道的战术进入城内的。《墨子》一书中有《备穴》篇,总结出两种对付地道战的防御办法,即挖掘堑壕阻断和"瓮听"探查。后者是沿城墙根下间隔挖井,井内放大陶罂,以皮革扎口,"使聪耳者伏罂听之",发现隐患提早防备。老祖宗真是聪明,地道战的一攻一守、矛与盾,都交代得清清楚楚。

地道战常常用于攻坚。唐平叛安史之乱,名将李光弼收复怀州(今河南沁阳),攻城月余不得,遂改变战术,命部下挖地道进入,出其不意,攻其不备,一举得胜。

现代战争也有许多地道战的范例。1944年8月,中国远征军在滇西发起松山攻坚战。日军做垂死挣扎,在松山构筑了永久工事,开挖暗道与各据点相通,坦克可以在地道内出入。中国军队久攻不下,遂改用工兵开挖地道,直达山峰的四座连环大型主碉堡地下，点燃 3 吨炸药和整桶的汽油，刹那间地动山摇，敌四座巨大碉堡被炸毁，700 多名日军被歼灭。

在这场战役中，交战双方都使用了地道，但失道寡助的日寇挽救不了灭亡的命运，胜利终归属于正义的中国军队。

当然，与历史上的地道战相比，高平地道战有着许多特殊之处。

首先，它不是一次战役，而是贯穿整个抗战过程的持久战；使用的不是冷兵器，而是杀伤力更强的钢枪铁炮，因而持续时间之长，战斗之烈，都是前所未有的。

其次，是地道战战术在不断发展完善。"道高一尺，魔高一丈"，高平村地道由单纯的防御，逐渐到防御与进攻的结合，由防御战过渡到游击战、运动战的结合，功能和战术日趋成熟完善，不断迈进对敌斗争的新阶段。

最后，也是最重要的，这场战役的正义方是组织起来、武装起来的老百姓。他们是带着强烈的民族仇恨、置之死地而后生的，因而也是一群大智大勇的战士。庄稼汉的力量，足可以"陷敌于人民战争的汪洋大海"，没有任何对手可以战而胜之。

高平村是从 1942 年开始挖地道的。冀中平原最早的地道，俗称"蛤蟆蹲"，顾名思义，仅仅是个藏身洞。地方狭小且封闭、没有回旋余地，一旦被敌人发现，后果不堪设想。1942 年 5 月，日寇在定县（今河北省定州市）北疃村发现钻入地道的军民，以灭绝人性的手段，向内灌水、释放毒气，造成 800 多人惨死。

血的教训告诉人们，只躲藏不是办法，只有消灭敌人，才能真正地保护自己。高平人开动脑筋，率先开始探索修建能防、能打、能转移的地道。

就这样，高平村全民皆兵，男女老幼齐上阵，奋战一个冬春，使原来只能躲藏、防御的地道，逐步成为功能完善、进退自如的战斗地道。到1943年，初步形成了四通八达的地下长城。

人民群众的力量有多大，可以从高平地道的一组数字和众多功能证明。

体系：高平地道形成了"村内三纵、三横主干线，村外四条主干线"纵横交错的格局。各个街道和巷子与主干道相连，地道出入口达200多个。

长度与宽度：共挖土10万多立方米，总长度100多里，地道大多离地面深5米、洞内高1.5米、宽1米以上。

实战功能：满足机动灵活、可防、可打、可进可退的战术要求，设置了隐蔽的、可以开关的地道口、通气孔，便于歼敌的射击孔、瞭望孔，防毒气、防水淹的地道卡墙与卡板，地道陷阱与翻板，以及必要时的突围口。

为了解决武器弹药短缺的问题，高平村在地道内建立了地下兵工厂，因地制宜，用土办法造出地雷、手榴弹、掷弹筒、子弹，甚至还有6门土炮。

抗战地道遗址

地上与地下的联动：为有效打击敌人，高平村在地面建立封堵墙、垒夹壁墙，打造联防工事。实战开始，民兵忽而地下，忽而地上，随心所欲，主动出击，而敌人则丈二和尚摸不着头脑，处处受制，寸步难行。

高平村已经布下了纵横交错的天罗地网，等待来犯之敌的将是一场场迎头痛击。

四

当年，驻正定的日寇指挥官最挠头、最郁闷的是，在他眼皮底下，居然有个宁死不屈的村庄，而且经常遭受其打击，每每如鲠在喉，必欲除之而后快。

日寇想尽办法，三天一扫荡，五天一骚扰，始终没有放松过对高平村的围剿。1943年以后，在不到两年的时间里，更是发动了规模不等的五次围剿。最多的一次，日寇纠集了石家庄、正定、灵寿、新乐、行唐等地日伪军3000多人，携带重武器，准备血洗高平村。

面对极端严峻的形势，高平人民不屈不挠，临危不乱，以惊人的毅力和顽强的斗志，粉碎了敌人的一次次图谋。

当年战斗的激烈场面，过了几十年，人们还记忆犹新。1966年1月，《地道战》的导演任旭东以"江舟"为笔名，在《工人日报》发表文章，介绍了高平村当年地道战的实况，题目是"漂亮的一仗"。

"最漂亮的一仗，是在一九四五年五月四日，侵略者对高平村发动了第四次大围剿，三千多日伪军，携带轻重机枪一百二十多挺，山炮、小钢炮十多门和大批毒气，于夜晚包围村庄，企图

第三章 山河带砺——经略河朔非真定也

一举捣毁地道，制服高平村。

"这一天，日本鬼子刚刚爬到村边，就被警惕的民兵岗哨发现，全村两千多口子，不慌不忙地钻进地道。民兵立刻投入战斗准备，等着日本鬼子进来。天刚蒙蒙亮，狡猾的敌人发现各街口、村边遍地插着木牌和小旗子，上面写着'小心地雷''此处有地雷''此处可通行'，敌人弄不清哪是真哪是假，不敢轻易进村，就用炮兵火力朝村里轰击。民兵孙寿同志发现有几十个鬼子钻到村西的老母庙里去了，他一拉地雷线绳，二十多个鬼子立即丧命。这一炸，可把鬼子气坏了，顿时整个村庄都弥漫在敌人炮火爆炸烟火之中……民兵队长刘傻子当机立断，决定以战斗小组为单位，各自为战，利用房上房下、地上地下的战斗设施和四通八达的地道网打击敌人。

"有二百多个日伪军由村东突进大街，进入火力网点，地雷、手榴弹、冷枪便在敌群怒吼，把鬼子打得屁滚尿流，寸步难行。

"到中午的时候，民兵们为了有效地打击敌人，假装撤退，把敌人引诱到南街的地雷阵上，炸死敌人一大片。随后，机智的民兵又把专门用来消灭敌人的迷惑地道口，暴露在外，日本鬼子并不敢下去，就逼着伪军钻，伪军也不敢下去，便把毒气弹投到地道里。可是，地道里早已有了防火、防水、防毒、防钻、防挖的五防设备。毒气不往地道里走，又从地道口冒出来，反而害了他们自己，毒烟到处弥漫，街上的鬼子只得四处逃窜。

"战斗到下午五点多钟……民兵队长一声令下，民兵们赶快从地道里跑到野外埋伏起来，撤退的敌人进入野外地雷阵，民兵一齐动手，拉响地雷，地雷爆炸，火光闪闪，烟团滚滚，平原上开了花，硝烟吞没了大地，炸得敌人鬼哭狼嚎，抱头鼠窜。

"和往常一样，这次战斗又以敌人失败，我们胜利而告终。"[①]

一次次战役，使敌人对高平又恨又怕，高平村成了抗战的铜墙铁壁，成了敌人去送死的代名词。日伪军一提高平就头疼，再也不敢轻易进犯高平村。甚至敌人相互发生矛盾时，也会说，你别发横，有种到高平去！

就这样，号称战争魔兽的日寇，一次次在一个普通村庄面前束手无策，没有占领过这个村庄一天，相反，屡战屡败，被毙伤1000多人，尝尽了苦头。高平村像一面鲜红的旗帜，始终屹立不倒，创造了以少胜多、以弱胜强的战争奇观，在华北平原抗战史上书写了可歌可泣的壮丽篇章。

高平地道战为整个晋察冀边区树立了榜样。1944年，晋察冀边区政府和晋察冀军区授予高平村"晋察冀边区模范战斗村"的光荣称号。《晋察冀日报》多次介绍高平地道战，向全区推广了地道战的经验。一股深挖地道、保护自己、打击敌人的热潮迅速兴起，正定乃至整个平原抗战由此进入了一个新阶段。

五

如此奇观是怎么创造的？日本法西斯不可能想得到，而远在延安的毛泽东却已经给出了答案。

1937年，毛泽东在著名的《论持久战》中指出，"战争的伟力之最深厚的根源，存在于民众之中"，"动员了全国的老百姓，就造成了陷敌于灭顶之灾的汪洋大海，造成了弥补武器等等缺陷

[①] 正定县政协文史委：《高平地道战》，人民日报出版社2017年版，第148—150页。

第三章 山河带砺——经略河朔非真定也

的补救条件,造成了克服一切战争困难的前提。"[1]他真切地告诉我们,人民群众才是真正的铜墙铁壁,人民战争是克敌制胜的法宝。

是的,高平地道战,是人民战争的生动写照。昨天还是握着锄头的农民,一盘散沙,任人宰割,在民族危亡之际,共产党把他们组织起来,粗大的手攥起了枪杆,迸发出了无穷的力量和智慧,就如同秋天绿透田野的青纱帐,挺拔向上、密不透风,这是血肉组成的铜墙铁壁。

铜墙铁壁是由一块块基石组成的。高平村有一个在党组织领导下的战斗集体。

刘傻子无疑是他们当中最具代表性的人物。刘傻子,1916年9月生。傻子其实不傻,因为正定人家有起"孬名好养活"的习俗,而得其名。他自幼家贫,无钱读书,从小跟着父亲下地劳动,是一个好庄稼把式。如果没有战争,他可能同父辈一样,终日劳作,娶妻生子,过着平淡的生活。

日寇的枪炮声震惊了中国的老百姓,也打乱了庄稼汉刘傻子的平静生活。外敌入侵、家园涂炭的现实,激发了他骨子里的爱国血性和大智大勇。在党组织的教育培养下,刘傻子

刘傻子

---

[1] 《毛泽东选集》第2卷,人民出版社1991年版,第480、511页。

迅速完成了由一个庄稼汉到抗日战士的转变，后来成为地道战中著名的战斗英雄。看看他的主要事迹：

他是高平村第一任民兵游击组长、游击中队长；

他设计发明了连通的能防、能打、能出击的新式地道；

他带人用土办法制造枪弹，建立了地道兵工厂；

他多次带领民兵袭扰敌人，割电线、挖公路、扒铁轨，沉重打击了敌人的交通线；

他带领民兵在多次战斗中，毙伤日伪军上百人，缴获大量武器弹药和大车。

机智勇敢、战功卓著的刘傻子，先后荣获冀中四分区特等战斗英雄、正定县民兵战斗英雄。1944年12月，晋察冀边区召开第二届群英大会，授予刘傻子边区"特等战斗英雄"称号，还为他专门编写了《刘傻子》传记。

1945年5月，刘傻子在战斗中不幸负伤，经抢救无效英勇牺牲。晋察冀边区冀晋行政公署杨秀峰主任饬令，表扬战斗英雄刘傻子并照章优待抚恤烈士家属，号召大家为死者复仇，详尽收集烈士英雄事迹，广为流传表扬。

同样应当怀念的，是英雄母亲雪城娘。听称呼就知道，这是一位连名字也没有的农家妇女，大字不识几个，但她有爱憎分明的民族大义，在敌人面前毫不退缩。

除了支持儿子雪城当民兵之外，50多岁的她还积极参加挖地道、埋地雷的活动，哪里有地雷、哪是真的，哪是假的，她全清楚。

1945年3月23日这天，敌人来袭，雪城娘和一些老百姓，没有来得及进入地道，被敌人抓住。敌人逼着群众带路找地道。为了保护其他群众，雪城娘挺身而出，假装带敌人指认地道口。

敌人十分高兴。她将敌人带到一个好似没有隐蔽好的地道口,敌人如获至宝,命人去挖,"轰"的一声,地雷爆炸,炸死不少日伪军。敌人恼羞成怒,将雪城娘双脚剁下,扔进山药窖里,点燃柴草扔进去,将她活活烧死。

一位母亲在危难中尽忠报国,诠释了什么叫大义凛然。

在高平村的抗日英雄谱上,还有一系列光荣的名字,抗日老村长周保全、爆破组长刘双恩、高平地道兵工厂创始人之一陈桃乐、革命烈士周老体、周老好,还有妇救会的姐妹们……

一个个名字如一座座丰碑,令人肃穆。当然,他们背后,还有千百位积极参军参战的普通老百姓,全民皆兵,全民参战,用血肉筑成了一道坚不可摧的铜墙铁壁。

记得我在正定工作的时候,曾经到过高平村,瞻仰过烈士纪念塔和地道遗址,留下深刻的印象。由此我知道了,正定不仅有厚重的历史文化,而且是一块红色的热土,值得骄傲而自豪。

离开正定、在石家庄工作的时候,正定县委宣传部和高平村的同志,曾找到我汇报修建高平抗敌斗争纪念馆的事情。作为爱国主义教育基地的主管部门,我们列入了基地建设的目录,给予力所能及的资金支持。

2022年夏天,有机会重回故地,亲眼看到有历史感的烈士纪念塔,抗敌斗争纪念馆和地道战遗址也修葺一新。看到烈士纪念塔前正在宣誓的孩子们,看到纪念馆里先烈们的一张张图片、读到一篇篇感人的英雄事迹,使我心灵上受到震撼。

70多年前,这些没有什么文化的庄稼汉,在中华民族到了

高平革命烈士纪念塔

最危险的时刻,凭着朴素的爱国情怀,凭着独特的聪明才智,凭着坚韧的苦斗,创造了感天动地的战争奇观,与千百万中国人一起,撑起了民族救亡的大业。他们留下的,不仅仅是英勇的抗战事迹,而且是正定人民不屈不挠、英勇奋斗的革命精神,作为正定历史文化的宝贵精神财富,将永远载入史册。

时过境迁,历史的车轮走到新世纪的今天,然而,英雄们的精神并没有过时,依然熠熠生辉,还在激励我们去拼搏、去奋斗。特别是在国际形势错综复杂、面临百年未有之大变局的新形势下,西方反华势力亡我之心不死,人民战争的伟大思想,敢于斗争的精神,压倒一切敌人而不被敌人所屈服的气概,是多么的难能可贵!

高平地道战给了我们许多启示,其中最重要的是树立正确的战争观。毛泽东说过,武器是战争的重要因素,但不是决定的因素,决定的因素是人而不是物。高平民兵的武器不能与敌人同日而语,但却能战胜敌人,靠的不是先进的武器,而是坚强的意志和不屈的精神。说明人的主观能动性至关重要,在一定条件下,精神可以转化为力量,劣势可以转化为优势,可以以少胜多、以弱胜强,最终战胜敌人。

认识到这一点,对于我们直面当今世界格局的现实,树立面对强敌、敢打必胜的信心,意义十分重大。敢打必胜,首先要有强大的精神力量,敢于在战略上藐视敌人,要在气势上压倒敌人,当然还要在战术上重视敌人,有正确灵活的战略战术。相反,被敌人的先进武器所吓倒,失去了信心,那就是先在精神上缴了械,自己先"跪"了,还何谈斗争呢?

军事斗争是如此,政治、经济、科技等领域的斗争同样如此。无数事实证明,唯有发扬光大敢于斗争的精神,才会攻坚克难,最终走向胜利。高平地道战不是一个很好的范例吗?

人生易老天难老,岁岁重阳。今又重阳,战地黄花分外香。高平之歌,隽永深长,警示后人。让我们满怀着崇敬之情,向先辈致敬!

第四章

经世济民——穷边无处见春荣

悠长的丝带

一

正定城南滹沱河边,有一个名叫南杨庄的村子,这是个有故事的地方。

有学者研究,南杨庄是一个明代南方移民的村落。燕王朱棣发动"靖难之役"后,真定一带人口骤减,田地荒芜,不得不从各地移民于此。除了人们熟悉的山西移民之外,还有"江南迁大姓实畿辅"①的记载,相信南杨庄是其中的一支。

当然,朱棣迁南直隶人来此,并不是单纯的恢复经济,将南方士族大姓安置在京畿一带,还可以强化管理和促进社会稳定。战略位置重要、经济条件比较好的真定,成为移民的首选之地。

数百年来,有着江南血统的村民,一直在这块土地上劳作生息,也一直为在这里开埠繁衍而自豪,直到20世纪80年代一次考古活动,才使他们有机会重新认识脚下这片土地。

考古队员的目光聚焦在村西北一片凸起的土丘——"卧龙岗"上。在这里,"洛阳铲"引导考古队员发现了房址、陶窑、墓葬、灰坑等遗存,出土了大量的石器、陶器、骨器、蚌器等文物,共计1700多件。

最重要的发现之一,是出土了两枚陶制的蚕蛹。每枚长2厘

---

① 孟繁清主编:《河北经济史》第2卷,人民出版社2003年版,第327页。

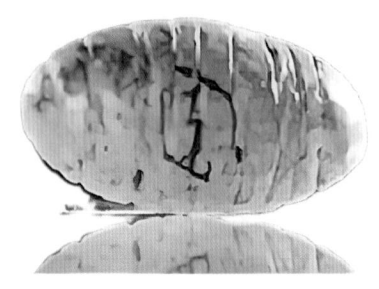

南杨庄遗址出土的陶蚕蛹

米，宽 0.8 厘米，色泽为近黄灰色。同时，还出土了骨匕、陶纺轮等文物。专家鉴定，这是史前仰韶文化时期的先民参照真实蚕蛹而制作的，而后两者则是从事丝纺织"加捻牵伸，以及理丝打纬"的实用工具，距今 5400 年左右。

这个重大发现，震动了考古界，也使南杨庄一夜成名，村民们恍然大悟，原来这片土地在 5000 多年前，就开始进入文明生活时期。

专家指出，在正定南杨庄仰韶文化遗址出土的陶蚕蛹，是目前世界上发现的人类饲养家蚕最古老的文物证据，出土的丝纺织使用的骨匕和陶纺轮等物品，是目前世界上发现的人类从事丝纺织最古老的文物证据。由此证明，滹沱河流域早在 5400 多年前就有了从事育蚕丝织的生产，这也是我国目前见诸考古发现的最早的养蚕丝织业。

更重要的是，由此发现，一条丝带从新石器时期就开始在正定编织。

如同中华文明史始终没有中断一样，随着年代的推移，这条丝带也没有中断，而是不断地延长、加宽、加密，且形成了一条延续数千年的经济血脉，为社会发展提供着生命养分，滋养着这里的芸芸众生。

如果说，南杨庄是这条丝带的源头的话，那么，离正定城不远的藁城台西商代遗址，则为这条丝带提供了实物佐证。

20 世纪 70 年代出土的台西商代遗址，距今有 3400 多年的

第四章　经世济民——穷边无处见春荣

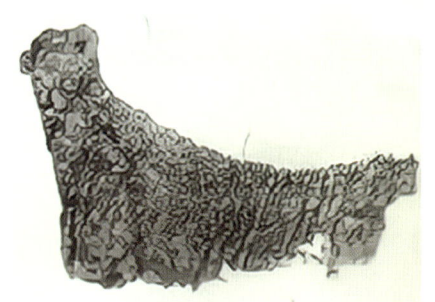

台西遗址出土的"縠"残片

历史。它的重大贡献之一，是发现了中国最古老的一块丝织品——蚕丝织品，据鉴定为丝织物"縠"（hu），是我国目前已知最早的縠的实物。

縠，即以细纱为原料的有皱纹的丝织物，以轻薄著称。《周礼》解释，"轻者为纱，绉者为縠"。唐代大诗人白居易有诗曰："袖软异文绫，裾轻单丝縠。"

商代的劳动者已经知道，如何将蚕丝纺纱加捻，使之成为有皱纹的轻薄而靓丽的丝织品，其技术水准之高，令人咋舌。

文物是最好的教科书，它无言地证明，从新石器时期的南杨庄到商代的台西，跨越2000年的时空后，正定一带的丝织品生产，又上了一个大台阶。

二

时间又过了1000多年，中华民族大家庭经过夏商周、秦汉朝代，进入了伟大的盛唐时期，这是中华文明高度发达的时期之一，丝织业得到了新的发展。

人们关心的正定那条丝带怎么样呢？它没有辜负社会的期待，进入了不断编织繁盛的时期。

现代人的印象，丝绸自古以来似乎是江南的特产，绝大多数在苏杭一带出品。事实上，盛唐时期的河北道南部，包括当时的恒（镇）州（今正定）、定州等地，是全国丝纺织业技术最发达、丝纺织品产量最多的地区，丝纺织技术和产量都远远超过江南。

唐天宝元年（公元742年），全国划分为十道共318郡。其中常贡丝织品的63郡，总计贡赋丝织品3464匹，而河北道有18郡、常贡丝织品数量1765匹，占全国总量的50.9%，居全国之首，天下第一。

真定丝带不仅以数量大、品种多取胜，而且以工艺技术高超而著称，朝廷对外交往的国家礼品和皇帝御赐下属的珍品，许多出自真定，有多达12个特种丝织品。

据《元和郡县图志》记载，唐开元年间，恒州贡罗、赋棉和绢，赵州贡丝、赋棉和绢……恒州的孔雀罗、瓜子罗、春罗等，都是当时闻名全国的高级丝织品，受到朝廷的青睐和民间的追捧。

安史之乱后，真定丝织业曾经一度受到影响，但政局稍稳后又迅速恢复。敦煌写本《诸山圣迹志》以一位行脚僧的视角，记载了当时正定丝织业的盛景：镇州"绫罗匹帛，故不外求。物产肥浓，田畴沃壤"。又言，"桑麻（摭）日，柳槐交阳，原野膏腴，关闹好邑。"[①]须知，这是经过近八年安史之乱后的情景，可见丝带顽强的生命力。

之所以这样顽强，是来自社会发展的刚性需求，穿衣吃饭乃生存的基本条件；也来自当政者维持统治的需要，丝织业可贡献税赋、强壮国力；更来自丝织业的韧性，天赐地予，生生不息，使得它能够在战争的废墟上，"野火烧不尽，春风吹又生"，一再地延续下去。

---

① 梁勇、石丽娟：《京津冀挽起一带一路》第1册，河北美术出版社2016年版，第173页。

第四章　经世济民——穷边无处见春荣

"原野膏腴，关闹好邑"的场景，再现于北宋蒙元时期。之所以将这两个时期合并在一起写，实在是因为在长达三四百年间，虽时常发生动乱，但真定丝带仍然在百折不挠地编织着，并且又有了长足的发展。

北宋时期的河北，几乎各州府军都在植桑、养蚕、缫丝、织绢，是北方丝织业最为发达、品质最高的中心，被誉为"河北衣被天下"。

庞大的产业需要相应的管理。与之相适应，北宋时期中国最早的纺织管理机构在真定等地诞生。除有织染局、绣女局等政府衙门外，还设立过真定路织染提举司、真定路纱罗兼杂造局等机构。纳新在《河朔访古记》中佐证，"秀女局旧址在开元寺东"。

品质又有新的提升。作为河北西路治所的真定府，出产的锦、绮、鹿胎、透背等贡绢，被称为"纤丽之物"，乃不可多得的珍品。

鹿胎，又称鹿胎缬，唐时的丝织品。鹿胎原系花名，其多叶，紫花有白点，如鹿胎之纹，以鹿胎纹缬图案的丝织品，简称鹿胎。透背，指正反两面都有花纹的丝织品。

光是听这两个美丽的名字，我们已经想象到丝织物的珍贵了。正定的先人们用辛勤的劳动、高超的技艺，为那个时代奉献了杰出的产品。

元代的真定是中书省腹里之地，元大都直接管理的畿辅要地，真定路的丝织业更是成为元帝国重要的经济基础。

这一阶段，元朝统治者为了适应市场的需求，从全国各地集中了大批织造手工业者，在这里建立起规模空前的官方手工业作坊，并且在真定路、南宫中山等地，设立了几十家管理织造业的衙门，每年都要收取大量的税款。

经过多年发展,元代真定丝织品的品质到了登峰造极的地步,可谓百花齐放,绚丽多彩。

这种高品质的丝织品,甚至在万里之外的欧洲大地上引起轰动。彼时,意大利罗马古城里,正在掀起一场"丝绸冲击波"。贵族们发狂一样追捧美丽的丝绸,以能穿上这种珍品为荣,一时间"洛阳纸贵",一两丝绸售价一两黄金。以至于当政者不得不发布限售令,只准王公贵族染指这"天外来物"。

引发这次冲击波的源头,多少与意大利旅行家马可·波罗来真定的见闻相关。马可·波罗在游记中记载,真定出产的丝"数量很多,用丝和金线织成的布和美丽的妇女的披肩",华丽无比,引人遐想,无形中给真定的丝织业做了一个大广告。他带回的丝织珍品,更使人大开眼界,垂涎欲滴。

实际上,马可·波罗看到的用丝和金线织成的布和披肩,是采用了元代最具代表性的织锦方式——捻金线技术。即在丝织品上通过多种方法加金,形成织金锦。此锦用金线勾勒鸟羽、树

元代浅棕色绫纹暗花罗马甲

第四章 经世济民——穷边无处见春荣

枝、花朵的线条,显得雍容华丽,令人赏心悦目,体现了华贵典雅的制作风格。

真定丝带的盛况,同样给许多文人墨客留下深刻印象,甚至成为真定的标志之一,常常见诸笔端。诗人的写意语言,比重复枯燥的数字描述更加生动。

北宋诗人曹勋《过真定》诗称,"南北东西本一家,从来河朔富桑麻",描述了真定桑麻种植的广袤和富甲一方的重要地位;元代诗人陈孚在《真定怀古》诗中则说,"千里桑麻绿荫城,万家灯火管弦清",描绘了一幅真定城的繁丽图画,形象地映现出丝带带来的巨大效益。

文采飞扬的元杂剧大家白朴,更是在《天净沙·夏》词中吟道,"云收雨过波添,楼高水冷瓜甜,绿树阴垂画檐。纱厨藤簟,玉人罗扇轻缣。"

词人用浪漫的笔调,描述了一位芳龄少女在纱帐中,身着轻绢夏衣,手执罗扇,享受夏日时光的情景。一首词里,表现了纱、绢(缣)、罗三种丝织品,相信只有在真定这样的丝织业大府里,诗人耳濡目染,伸手可触,才能写得出来。

三

事物都是发展变化的,没有一劳永逸的优势,也没有一成不变的市场。

没有想到,元末明初的中国丝绸纺织产业发生了划时代的更

---

① 中共石家庄市委宣传部编:《千秋雅诵——古人咏石家庄诗集》上册,河北人民出版社 2017 年版,第 196 页。

替。一种新的纺织原料——棉花，开始由南方向北方传播种植，棉纺织品开始崭露头角。

丝、棉纺产业的优势一较高下：棉花较种桑养蚕产量高；棉纺织较丝织的技术便于掌握，过程短，成本低；棉衣较之丝织品穿着舒适耐用，价格便宜；最重要的是从业者有利可图，百姓可以养家糊口。总之，以棉代桑、以棉织品代替丝织品，成为大势所趋。

丝织业遇到了前所未有的挑战，熟悉的东西被迫放弃，陌生的东西要成为新潮。由丝到棉，正定这条丝带如何延续令人担忧。

可喜的是，正定没有让人失望，以变应变，完成了新旧转换的过渡，实现了产业的重大转型升级。纺织业依然延续，她继承和创新了丝织业的技术，更换了不同的原料——由蚕丝变为棉花，生产出不同的产品——由丝产品变成棉织品，继续演绎着编织的新曲。

老天是眷顾真定的。如同当年的桑麻一样，棉花的种植与纺织，在滹沱河两岸依然蓬勃繁盛，家家纺线、户户机杼声的场景寻常可见，棉纺织品产量颇丰。

明清时期，真定一带成为重要的产棉区，真定府一年的棉花产量，达到北直隶省总产量的三分之一。

朝廷也在适应。从明朝中叶开始，为适应棉纺织业发展，实行了粮税改折征布的制度。以万历六年（公元1578年）为例，河间府夏税边仓棉布300匹准小麦360石，秋粮真定府库阔白棉布1600匹准小麦1920石，等等。这些制度在客观上，也进一步推动了棉纺织业的发展。

集约生产出现。清光绪二十年（公元1894年），正定天主教

第四章 经世济民——穷边无处见春荣

堂自建起纺线织布厂，拉开了棉织业由分散生产向集中生产转变的大幕。有商品意识的西洋人，敏锐地发现了蕴藏的商机，捞了第一桶金。

而第一家机械化纺织品企业，是建于1918年的正定绷带公司，拥有新式织布机、轧花机、清花机等现代化生产设备，生产精棉纱、精致药棉和绷带等产品。

更大规模的企业，是于1921年在城内开工的郁记织布厂，利用现代化设备生产平纹布和斜纹布，年产布1500匹，产值达9000万元。

抗日战争和解放战争期间，由于帝国主义和国民党反动派的摧残，正定的棉纺织业空前衰退，劳动人民在水深火热中煎熬。

新中国成立后，棉纺织业再放光彩。"一五"时期，国家规划在石家庄组建了纺织联合体——4个大型棉纺厂和1个印染厂，石家庄成为全国重要的纺织基地。现代化的生产取代了分散的作坊式生产，实现了产业规模化。

之所以选址于此，国家看重的还是这里广袤的棉田。包括来自正定一带的上乘棉花，源源不断输送到棉纺基地，一批批雪白的棉布、色彩鲜艳的印染布打包出厂。

石家庄的棉纺织品品质极佳，多次荣获国家金质奖章，在计划经济时期曾经畅销全国，远销港澳地区和世界各地，今天仍然不衰。正定这条纺织带，跨越时空，得以新的形式延续。

非常有实际和象征意义的是，如今，改革开放后石家庄组建的大型纺织集团，又迁址落户正定。经过变革的阵痛，她在寻找再次腾飞的基地，而正定则是一个极为合适的地方。

来到新的生产线，人们看到现代化的工艺，甚至进入无纺的自动化生产时期。只不过那明净的厂房、联排的现代织机和雪白的布匹，似乎要告诉人们，她回到了纺织产业的发祥地之一，在续织着5000多年前那条悠长的丝带。

四

近年来，"一带一路"成为一个热词。

何以热？因为"一带一路"的内涵丰富，几乎囊括了社会的全部，她是物质的、又是精神的，是经济的、也是文化的，是面向海外的、也是内循环的。地缘内外，没有谁能够置身于外。

处于"一带一路"上的正定丝带，恰是很好的例证。数千年

现代化棉纺车间

第四章 经世济民——穷边无处见春荣

来，这条丝带不仅经世济民，为社会输送了生存发展的动能，而且还是承载中外交流重任的桥梁和纽带。

一条经济贸易的纽带源远流长。中国历史上曾经有过多条丝绸之路，譬如：

汉代，以长安为起点，通往中亚等地的古丝绸之路；

唐代，从长安出发，经过西域到达波斯、远达欧洲大地的丝绸之路；

宋代，开辟的通往东南亚、经印度洋到非洲的海上丝绸之路。这条海路，最早起于汉代；

元代，以大都为起点、经张家口通往东北亚、俄罗斯及欧洲的草原丝绸之路，等等。

正定作为重要的产业源头之一，先后为这些对外贸易通道，提供了丰富的货源，连接起商品流转的纽带。真定一带的丝织品供应，为丝绸之路的兴旺发达贡献良多。

更何况，正定本身就是一座商埠，直接参与了市场贸易的商品交换，是远近闻名的重要商品集散地。从南北东西集中并输出的是轻薄华丽的丝绢、晶莹剔透的瓷器和沉香古色的茶叶，换回来的是牲畜、毛皮、宝石、烟草和香料等，交易双方各得其所，互惠互利。

这是一座对外政治文化交流的桥梁。数千年来，在这条丝路上，走过众多的外国官员、商人、进贡的使者、僧人和文化交流的学者。大致梳理一下，仅史料记载的经过正定的知名异域人士就有：

唐代，去五台山进香的新罗（今朝鲜）国使者；到长安进贡的安南（今越南）使臣，专程去五台山进香的日本僧人，包括圆仁法师，以及没有留下姓名的《诸山圣迹志》的作者。

元代，意大利旅行家马可·波罗从大都来到真定；来自中亚的色目人、《河朔访古记》的作者纳新，实地考察真定城；许多中亚及西域商人，来到真定，以行商放利为生。

清代，先后出使中国的安南使臣武辉瑨、潘清简、李文馥来到正定，他们不约而同地留下了滹沱河怀古的诗篇，居然都写到光武帝冰合渡滹沱的故事，足见汉文化传播的广泛性。

形形色色的来客，在完成各自使命的同时，也留下了异域的物质文化形态，包括从西域传来的胡舞、从印度传来的佛教，以及大量的粮食、瓜果和蔬菜。现代人餐桌上常见的食品，譬如玉米、黄瓜、西红柿、葡萄、哈密瓜等，都是异域的舶来品。

五

文化桥梁的交换作用毋庸置疑。在异域文化进入的同时，中原文明也强劲地传播到四面八方。

以这条丝带为缘，正定作为原点或重要节点、影响深远的中原文明传播，至少有三个大事件。

一是南越王赵佗。他在秦末汉初，将真定一带的中原文明带到了岭南地区，教越人筑屋、养畜、种植、铁犁、造船之术，育人习文知礼，革除俗弊，使"水耕火溽"的百越之地翻天覆地，迅速进入文明社会，归于中华大家庭。文明进步的强大融合力，抵得上千军万马的征战。

二是唐代后期，中国佛教的重量级人物——义玄法师。他在镇州创立佛教临济禅宗，弘扬"当头棒喝"的峻烈禅风，受到信徒追捧，风靡海内外。北宋年间，日本遣唐使高僧荣西禅师来华学习，将临济禅法经海上丝绸之路传到日本，奠定了日本主流佛教派的思想基础，正定临济寺被视为日本临济宗的祖庭。文化的软实力可见一斑。

三是意大利旅行家马可·波罗。马可·波罗随父在元朝度过了17个年头，沿丝绸之路走遍了大半个中国，真定府是他旅行的重要节点。

在真定，马可·波罗看到了桑麻遍野、千里膏腴的盛景，看到了华丽的丝织品，看到了摩肩接踵的繁华，连同其他地方的印象，古老中华的地理、经济、文化、民俗使他念念不忘。回

马可·波罗

国后，他以惊叹的笔调写下了《马可·波罗游记》，记叙了在华的所见所闻，在欧洲广泛流传。西方地理学家根据书中的描写，绘制了世界地图，对中华文明的传播、对东西方文化的交流，产生了很大的影响。

梳理一下，从南杨庄一颗陶蛹——藁城台西一片縠——恒州的孔雀罗——真定府的鹿胎、透背贡品——马可·波罗看到的由丝和金线织成的布——由丝到棉的转变——现代化的纺织业，一条丝带贯穿数千年正定的历史，始终没有中断，着实令人惊叹。当然，还有丝带承载的经济、贸易等巨大效益和影响力，以及东西方文化交流所收获的丰硕成果，这是一条闪耀着历史光辉、极具经济社会价值的丝带！

一条丝带，烙印着如此深刻的痕迹，为一方水土如此地增光

添彩，所创造的巨大物质精神财富如此弥足珍贵，这是正定历史的骄傲。

但是，必须实事求是地说，我们现在还没有完全认识这条丝带的丰富内涵，以及如何更好地做好文章、续接下去，比如在产业创新、商贸发展、文化交流中，如何更大范围地借鉴她的历史价值，产生新的时代效益，使之更加光彩夺目。这是正定人必须思考和回答的历史性课题。

时不我待，新的历史正在创造。当中欧班列从中国各大城市隆隆驶向莫斯科、法兰克福、海牙、罗马、马德里的时候，当天津、青岛、上海港的货轮徐徐驶向新加坡、开罗、雅典的时候，我们相信，集装箱里会有正定生产的纺织品，正定这条丝带将继续延伸、更加绵长而富有价值……

阳和楼大观

一

前些年,看过北京人民艺术剧院演出的《天下第一楼》,表现京城一家烤鸭店的兴衰史,剧情紧凑、角色鲜活,故事引人入胜。忽然联想到,如果寻找正定一个地方演绎此类的故事,那么,非阳和楼莫属了。

阳和楼,就是正定的天下第一楼。

对于土生土长的正定人来说,阳和楼是一段历史,是一个标志,也是一种情愫。

21世纪初,我在正定工作,在南城修建历史文化街区的时候,几乎每个人都会提起阳和楼,而且众口一词地要求重建阳和楼。这给我留下了很深的印象。

及至听了一些专家的意见,看了一些史料,特别是梁思成对阳和楼的记述,方才明白其中的分量,县委遂下决心考虑复建阳和楼,得到反响之热烈超乎想象。

接下来就是如何再现阳和楼风采。1933年4月,梁思成来正定考察,记载"阳和楼横跨正定城南门内南大街(今燕赵南大街)上。楼七楹,建立在高敞的砖台上;台下有圆拱洞门,左右各一,行人车马可以通行","予人的印象,与天安门端门极相类似。在大街上横跨着拦住去路,庄严尤过于罗马君士坦丁的凯旋

民国年代的阳和楼（梁思成摄）　　　楼前的关帝庙（梁思成摄）

门。"①梁思成把阳和楼与世界上两座著名的建筑相媲美，足见阳和楼之宏伟。

2002年7月，正定县委、县政府召开阳和楼建设专家座谈会，专题研究论证建设事宜，最终决定在历史文化街区（燕赵南大街）遗址复建阳和楼，并绘出了图纸。

闻讯，著名古建筑专家郑孝燮、罗哲文致信县领导。两位老先生不仅表态赞同复建阳和楼，而且具体"支招"，信中写道，"非常高兴得知全国历史文化名城正定即将恢复重建阳和楼的消息。""阳和楼位于古城正定的历史中轴线，建筑形式庄重，气势突出……阳和楼以其建筑的历史风格、所在位置，成为扼守南北东西咽喉战略地位的'真定府城'的重要标志之一。""恢复重建如此重要的、已失去的古建筑，我们认为国家文物法规定的'修旧如旧'的要求，仍是需要体现的。不仅建筑物重建的本身'如

---

① 梁思成：《正定调查纪略》，《中国营造学社汇刊》1933年第4卷第2期。

旧'，同时建筑物的地面位置也应当'如旧'，而不宜改变。"①这同县委的想法不谋而合。

"万事俱备，只欠东风。"可惜，由于我调市里任职，复建工作没能展开，终成一个遗憾。抱歉正定！

时间过了近20年，党的十九大之后，各方鼎力相助，阳和楼终于重建起来，圆了所有正定人、古建文物界人士的梦。尽管晚了一些，但终于实现了，还是值得欣慰的。

此时，想起了梁思成、郑孝燮、罗哲文，这些视正定古建筑如己出、关怀备至的老先生，可以告慰他们的在天之灵，殷殷期许终于成为现实了。

二

阳和楼作为正定历史上一个重要存在，她蕴含着许多珍贵的记忆，也有许多耐人寻味的故事，至今，人们还在津津乐道。

何谓阳和楼，古人曰："此楼雨不沾漉，四面随风若避，故曰阳和。"②正定民间也有阳和楼"龙头"说：正定城中轴线上的南北大街形似一条巨龙，南北大街是龙的脊背，而两侧伸向东西的街道是龙爪，阳和楼和楼前的关帝庙就是龙头，遇有山洪来，可以倒吸滹沱水，以保平安。官方记载和民间传说，都赋予阳和楼高明祥和的寓意。名字起得好。

阳和楼始建于哪个年代，史料没有明确记载，有三种说法：

一是明万历年间《真定县志》记载，"阳和楼，县东，南大街，

---

① 樊志勇主编：《阳和楼》，河北教育出版社2016年版，第307—308页。
② （明）陆深：《圣驾南巡日录》，万历刻记录汇编本。

元至正十七年建。"这是正定现存最早的县志,后来的县志多承续了此说。

二是杨俊民的"子城南门说"。他在1357年《修阳和楼记》中写道,"世传此门为子城南门,三面无迹,岿然独存,修完古迹,以壮雄郡。"明显地,这个记是修的时间,而不是始建时间。

6年之后,元代色目人纳新在《河朔访古记》中又写道,"真定路之南门,曰阳和",纳新的说法比杨俊民的"世传"进了一步,肯定阳和楼就是历史上的真定城南门。

但杨说与纳说,带出来一个子城的说法。

子城,古代指一个大城市的内城或城门的瓮城。真定城建造始于北周宣政元年(公元578年),唐宝应二年(公元763年)成德军节度使李宝臣扩建,由周长12里增至20里,正定城郭记事中有"以前旧城南门之遗址,唐朝宝应年因滹沱河水灌城而扩大之,旧城垣已拆,仅余城南门而已"的记载,证明了这次扩城活动留下了南门,作为子城门。

三是梁思成"金末元初说"。梁思成考察阳和楼推定:"杨俊民《修阳和楼记》称楼在元至正十七年重修,猜想当时至少已离初次建造数十年,才到了需要重修的时候。所以我们假定阳和楼是金末(南宋)元初所建,或不至有大错误。"

综上所述,我们大致推论,阳和楼(门)的始建年代,早至唐后期藩镇割据年代,晚至金末元初,而最初的阳和楼由南城门改建而来,逻辑上是说得过去的。但梁思成先生看到的阳和楼,的确是金元时期的制式,明清年代虽都有修缮,但保留了金元时期的营造特点。相信大师的眼光是准确的。

其实,对于一座历史上的重要建筑,早些年晚些年尚可考据,但阳和楼就算是元初(公元1277年)建造,距今也有700

多年,比某些大国建国的时间都长好几倍。其文物价值的珍贵,更是让人难以望其项背。

我倒是觉得,研究一下阳和楼的历史地位和价值,更有意义得多。留下比较早记述阳和楼资料的是元代的一位学者。

元至正五年(公元1345年)某月,一位来自西域久居中原的游客,轻车简从,从城北门——安乐门进入阔大的真定府,开始了被他称为"极为繁丽"之地的游历。斯时当是春和日丽或秋高气爽之际,因为他看到了"勾栏瓦肆"这些露天活动的场所。

这位旅游者,就是元代学者纳新。

三

纳新(一译乃贤),字易之,色目人,生卒年月不详。曾祖随蒙古军入中原,遂迁居南阳,后移居鄞州(今属浙江省)。曾为浙东东湖书院山长,后荐授翰林编修。长期在华生活,使他成为一位汉文化学者。

纳新于至正五年(公元1345年)出浙江,游历大河南北,经齐、鲁、陈、蔡、晋、魏、燕、赵等春秋战国时期旧地,考察山川、城郭、丘陵、宫室、名人遗迹及宋金战争疆场等。18年后,元至正二十三年(公元1363年),撰成16卷煌煌大观的《河朔访古记》一书,其中有常山郡部(元真定路)一卷,成为记录元代真定的珍贵史料。

看看纳新是怎么描写真定城的。他在记叙了历史沿革之后,劈头写道,"真定路之南门,曰阳和。其门颇完固,上建楼橹,以为真定帑藏之巨盈库也,下作双门而无枨臬,通过而已。左右挟二瓦市,优肆、娼门、酒炉、茶灶、豪商大贾并集于此。大抵

《河朔访古记》常山郡部记述

真定极为繁丽者……"①

这一段记载不长，但信息量颇大。不仅写了阳和楼的外观、历史，而且有阳和楼军事（楼橹）、金库（帑藏之巨盈库）、交通（双门而无桄桌通过）等功能，更有阳和楼周边繁华（瓦市、优肆、酒炉等）的市井场面。这样的生动描写，说明纳新对真定阳和门（楼）印象是很深的。

纳新对阳和楼做了一个直观的描绘。我们可以此为脉络，结合其他学者的观察视角，对阳和楼的地位和功能推论一番。

采取倒叙的手法，先说结论：阳和楼集各种功能于一体，可以称为真定彼时最大的"综合体"。

---

① 《钦定四库全书》，史部《河朔访古记》卷上。

其一，它是料敌的戍楼。中国历史名楼，最初的功能多为军事用途，譬如鹳雀楼、黄鹤楼、岳阳楼等，岳阳楼本身就建在城墙上。阳和楼也不例外。纳新说，阳和楼"其门完固，上建楼橹"。楼橹，古代供守兵料敌的高台。真定为兵家必争之地，战火频仍，从城中登高料敌，指挥防御，非阳和楼莫属。故曾任明朝吏部尚书、大学士的石珤在《题阳和楼》中曰："南北襟喉此路岐，一方钲鼓控三陲。不妨楼观高千尺，剩为江山得几诗。"

其二，它是通衢的门楼。纳新说，阳和楼"下作双门而无枨臬，通过而已"。枨臬，指古代门两旁的长木和门中间的竖木。不言而喻，无枨臬，应指没有木门，车辆从敞开的门洞通过。这与梁思成先生"楼七楹，建立在高敞的砖台上；台下有圆拱洞门，左右各一，行人车马可以通行"的说法是一致的。

其三，它是俯察百隧的市楼。百隧，纵横交织的市道；市楼，起源于汉代长安城，是为了俯察百隧、管理市场而建的高阁。后来许多城市效仿。市楼一般矗立于城市中心，可以居高浏览市场，便于管理。按纳新的描述，阳和楼周边就是热闹繁华的市坊，成为市楼，既有必要，也有条件，虽然当初可能并不是为此而建。

阳和楼为市楼的说法，也被历代人接受。元代著名理学家、诗人刘因《登镇州阳和门》中曰："百尺市门起，重过为暂停。毫分秋物色，米聚赵襟形。北望云开岳，东行气犯星。凭阑天宇在，人事听浮萍。"

其四，它是文化休闲的观光楼。登高望远即是一景，身居城中心高楼，极目远望，胜景在目，心旷神怡，文人墨客、过往游人绝不会错过这个热闹处。杨俊民在《修阳和楼记》中颇有感触，有登临阳和楼"南瞰滹水，北瞻恒岳，右抱太行之晴岚，左观沧海之旭日，飘然若出尘世"的描述，感叹阳和楼为"镇府巨观"。

历史名楼往往是"金句"的诞生地。范仲淹在《岳阳楼记》中写下"先天下之忧而忧，后天下之乐而乐"的座右铭；崔颢在《黄鹤楼》中有"黄鹤一去不复返，白云千载空悠悠"的抒情；王之涣在《登鹳雀楼》中有"白日依山尽，黄河入海流。欲穷千里目，更上一层楼"的千古佳句；弱冠之年的王勃则在《滕王阁序》中有"落霞与孤鹜齐飞，秋水共长天一色"的骈句，令人拍案叫绝。

阳和楼上虽然没有传世佳作，但也留下了不少抒情写意的诗篇，而且大多是伴着美酒吟成。如袁宏道有《王郡丞邀饮阳和楼》，梁清远有《冬日阳和楼落成王令君招饮》，陈尧典有《夏日邀友人饮阳和楼用壁间韵》等。

写得声情并茂、大气潇洒的还是山西人、明朝进士陈尧典，诗曰："危楼百尺果如何，载酒邀宾试一过。四塔倚天扶画阁，八楼匝地拱阳和。灵钟岳北河山壮，秀毓恒南将相多。愧我宦游临此地，也同群彦望清波。"陈尧典描绘了一幅楼内到楼外、城里到城外、历史到当今、人物与美景交融的抒情画卷，颇具画面感和欣赏性。

为了满足文人墨客的需求，阳和楼上的酒肆饭庄茶坊曾经很红火，且收入可观。据民国年间邻居的老人回忆，楼上宽敞的大厅，可以摆上十桌宴席。

由此看来，阳和楼还是一个文学创作的好去处。因之，有人把阳和楼称为元杂剧创作的摇篮。这说法还未见直接的史料印证，但可以肯定的是，阳和楼及其周边繁华的市井，一定会给作家们以生活的丰富素材和创作灵感，阳和楼以及勾栏瓦肆的惠风和畅，为元杂剧大放异彩提供了舞台，则是确定无疑的。

第四章 经世济民——穷边无处见春荣

其五,它是测时司天的观象(时)楼。杨俊民在《修阳和楼记》中说,"自谯楼废,宵漏移置,夜静闻鼓角之声,全城响应。"宵漏,又称更漏、漏刻、漏壶,古代用滴漏计时,夜间凭漏刻传更。明人石珤在另一篇《重修阳和楼记》中也说,阳和楼"上置五更漏刻,有星人司焉,以候晨夜。盖古者,登灵台,望云物,占象考瑞,以授人时"。排除迷信成分,其实就是今天的气象预报,预测天时风云对民生的影响。

总而言之,阳和楼这个综合体功能可谓多矣,她对正定的关联度和影响可谓大矣,难怪正定人这样怀念她。

四

然而,我想阳和楼这些多重功能,并不是同时存在,或是有先后交叉的。

起初,她可能就是南城墙的一道门。随着社会的演进作用逐渐增加或变化,有时可能彼消此长。譬如,和平年代的戍敌功能减弱了(也由于外城的取而代之),而市楼的功能、观光休闲的功能则突出了。唯有那宵漏的打更声,年年久久,岁岁月月,一直悠扬在古城的上空。

在这林林总总的功能中,我以为,市楼加观光的功能才是最突出的。

从有南城门算起,在长达千年的时间里,阳和楼见证了花花真定城——繁华都市最为光鲜亮丽的时刻。此时的阳和楼已经代表了真定城,成为古城的一个地标性符号。三里五乡的人们会说,走,到阳和楼看看,不言而喻,那就是到真定城去。

大都市必然有繁华的商业和市场,真定彼时是全国数得着的重要商品集散地。看一下历史是如何记载这座城"市"的。

北宋时期，真定城内已出现常设的商品交易市场，其繁华程度位列全国二十一大商埠之列。年税收额超过河北路治大名府，高达 3.9 万贯。吕颐浩（曾任南宋宰相）任河北都转运史时，曾盛赞真定"雄盛冠于河北一路"，居民富庶、佛宫云集，绿叶红花，堪称"塞北江南"。另一位任过都转运使的北宋重臣韩琦，则说"穷边无处见春荣，咫尺常山似洛城"，认为真定城的繁荣能与洛阳城媲美。

阳和楼内部　　楼边街市《正定古建筑调查纪略》图

元代，"腹里（畿辅）"的真定城，是元大都之外闻名全国的商业繁荣城市，被马可·波罗称为"一座贵城"。他说，城中居民，"恃工商为生，饶有丝，以织金锦丝罗，其额甚巨。"①

市场规模之大，从商税额统计中可见一斑。元代真定路的商

---

① 《马可波罗行纪》，上海古籍出版社 2014 年版，第 267 页。

第四章 经世济民——穷边无处见春荣

税额仅次于大都，真定一城的税收在 5000 锭之上，为真定路总税收的三分之一。此时全国税收，仅有 8 地超过 5000 锭之上的，真定是其中之一。纳新说，阳和楼"以为真定帑藏之巨盈库也"，意思是说有一个大金库，尚未见于其他史料记载。不过，楼旁繁华的市场，每天交易可观，设立一个金银的收纳所，还是合情合理的，一如今天市场旁边的银行。

随着货物流通量的急剧扩大，交易形式也相应变革。元代是我国真正意义上发行并广泛使用纸币的朝代，而真定因缘际会，率先发行流通了真定银钞。

主管纸币发行的是，时任真定宣抚使刘肃。他说："真定行用银钞，交通燕、赵以及唐（州，今河南省泌阳县）、邓（州）之间，数计八千余贯。"[①]

后人评价，真定行钞的发行，使其由金银本位，一下跨越到国家管理本位，对中国纸币发展有极其重要的影响。当然，它也

至元通行宝钞

元代真定路库银

---

① （元）苏天爵：《元朝名臣事略》15卷，尚书刘文献公，卷十之一，大学士于敏中家藏本。

极大地促进了真定商埠地位的形成与巩固。

明代，真定成为天下四大都市之一，当时号称天下"四大剧郡"。"计宇内有四大剧郡，曰浙之杭，豫之开封，北直之真定，南直之苏，而苏为最大。"①四大剧郡，京畿之地的北直隶唯有真定入内，并与苏州、杭州、开封并列，足见其地位显赫。

再从交易流通的物品来看，明初丝织品为最多，前篇已述，不再赘言。同时，还有瓷器（包括真定府下属的定窑、磁窑和井陉窑的产品）、粮食（麦黍、杂粮）、铁器、布帛、煤炭、木材等大宗流通物。太行山是平原建筑取材的绝佳之处，采伐的树木顺滹沱河漂流而下，在真定完成交易。如今正定城边还有一村，名曰木厂，应是当年木材交易的场所。

令人惊讶的是真定市场开放度之高。

北宋时期，真定府辖区是宋辽边境之地。宋辽在连年征战之后，签订"澶渊之盟"，缓和了彼此间的紧张关系，双方签订茶马互市盟约。

宋太宗始令镇州等地设立榷场（边境交界处的互市市场），真定府及其周边地区成为茶马互市的重要集散地。中原的茶叶、丝绸、瓷器、粮食与北方少数民族的马匹及其他牲畜、皮毛、珠宝在这里汇集交易，成就了最古老的河北茶马古道。这条茶马互市、丝马互市之路，既是古代丝绸之路的商道之一，也是明清时期草原丝路的补给线，真定既是丝绸之路的货源地，也是丝绸之路的商品集散地，具有重要地位而且不可或缺。

元代更是开创了真定对外贸易的鼎盛时期。彼时真定城内的阳和楼一带是繁华的商业区，富商大贾集中于此，并且吸引了不

---

① （明）邹迪光：《始青阁稿》卷十二，天启刻本。

少外国商人。一些西域、波斯商人在此开设了商行,从事东西方货物的交易。其中,以中亚人最多,并以经营高利贷而闻名。

一时间,白皮肤、棕皮肤的异域来客接踵而至,坐商、行商、批发商纷至沓来,真定俨然是一座国际化的大都市。

五

一座楼阅尽沧桑,与古城一损俱损,一荣俱荣。阳和楼是幸运的,她见证了兴盛与繁华;阳和楼是伤感的,她也经历了衰败与没落(包括她本身)。从某种程度上说,她是正定经济荣枯的温度计,是社会兴衰的寒暑表。

一个城市的繁荣与否,总是与社会发展相联系。元政权主政中原后,曾经实行维护民族团结、融合中原文化、效仿儒家仁政等措施,加上幅员辽阔的市场流通,使真定人心安定,经济蒸蒸日上,社会欣欣向荣。这是从阳和楼上欣赏真定城风光的最佳时期。

然而,元代后期,统治者政治腐败,官员贪婪,对百姓巧取豪夺,肆无忌惮地剥削压迫,致使人口流失,诸业萧条。《元史》记载,至元初,真定有输丝户8万多,到元中期,仅余1.5万多户,元末真定由繁荣走向衰败。

元代诗人王冕在《陌上桑》诗中,用白描的手法,叙述了元代统治者给蚕姑、田夫生活带来的悲惨境遇。

陌上桑,无人采,入夏绿阴深似海。
行人来往得清凉,借问蚕姑无个在。
蚕姑不在在何处?闻说官司要官布。

大家小家都捉去，岂许蚕姑独能住。
日间绩麻夜织机，养蚕种田俱失时。
田夫奔走受鞭笞，饥苦无以供支持。
蚕姑且将官布办，桑老田荒空自叹。
明朝相对泪滂沱，米粮丝税将奈何？

无须多解释，为了朝廷征收的官布，蚕姑与田夫备受折磨，造成桑老田荒，农民走投无路，哪还有经济的繁荣？

明清两代统治者同样复盘了这条路，阳和楼几度兴衰，到近代已经"风霜满面"，再无昔日风光了。

及至到了日据时期和国民党统治时期，阳和楼成为战争的见证者。国民党守军将阳和楼变为抵抗解放军的堡垒，负隅顽抗。解放军为保护文物，放弃使用重武器，因此付出很大牺牲才取得胜利。

然而，由于多种原因，阳和楼没有毁于战火，却被在和平年代非常可惜地拆除了。"阳和一去不复返，千载白云空悠悠"。但

复建的阳和楼（武英伟摄）

她在正定人心中从来没有失去过。

值得欣慰的是，今逢盛世，阳和楼得以重建，实乃幸事！建设者们功不可没。

但还有一句话要说，修旧如旧，再现阳和楼本真面貌是非常重要的，但并不是复建的全部。相对于建楼的难度来讲，阳和楼内涵的充实，功能的完善，标志性形象的认可，真正像一坛老酒那样耐人欣赏品味，则是需要付出更多努力的。

重要的是，一座名楼需要经济的滋养，环境的烘托，人文的润泽，让她恢复灵动的神韵，真正"活"起来。这是需要精心培育、假以时日的。毕竟，能为经济社会进步增光添彩，阳和楼才是实至名归。

人们期许，再现阳和楼与人的互动，高朋满座，蓬荜生辉；再现阳和楼与市的互动，熙熙攘攘，货通八方；再现阳和楼与文化的和谐互动，惠风徐徐，高吟低唱，阅尽人间春色。

那时，人们会由衷地说，阳和楼满血复活了。

民以食为天

一

麦收时节，正定田野一片金黄。轰隆隆的收割机沿田垄驶过，沉甸甸的麦穗被齐刷刷地割下，瞬间变为颗粒收入粮袋中。人在笑，地在歌，又是一个丰收年。

尽管饥饿的日子在记忆中淡去，人们早已不为吃饭发愁，但眼前的景象，还是让人感到"手中有粮心中不慌"，毕竟"民以食为天"啊。

"民以食为天"，可能是中国有文字史以来，历代文人、乡贤抒怀、官员理政、民间意会、官方文书中，重复最多的词汇之一。

中国传统文化对"天"有一种敬畏感，因其大、其远、其重要、其不可比拟，是形容某些事物的"天花板"。

贵为天子的皇帝会说，普天之下莫非王土，谓之疆土广袤；

老百姓会说，"天大的事，天塌下来了"，形容摊上大事了，谓之没有比它更大的事了；

法官会说，"天网恢恢疏而不漏"，谓之法律无边而无所不在；

喜爱旅游的人会说，"走遍天涯海角"，谓之行走到尽头，已达极端。

很少有人说过比天大的事，记得只有艺术家们说过"戏比天大"，那只是表现了视艺术为生命的职业精神，同时也反衬了参

第四章 经世济民——穷边无处见春荣

照物的大。

而把吃饭问题认定得与天一样大,则有"天下首要"的味道了。

是的,吃饭是人类的生存的第一需求。没有温饱,则一切劳动和创造无从谈起,甚至连人类的生存繁衍都成问题。

中国几千年的封建社会,老百姓最大的愿望就是能够吃饱饭。非常不幸的是,这种最原始、最基本的愿望往往得不到满足,中国社会很长时间断断续续地处在饥饿状态。连绵的战争、瘟疫、天灾人祸,加上封建地主阶级的压迫,中华大地经常出现的是满目饥荒的景象。许多地方志记载,某某年间赤地千里,饿殍满地,"人相食"。到了人吃人的地步,何其悲惨。

新中国的成立,从国家制度上为老百姓吃饭提供了保证,但由于多种原因,改革开放前的相当长一段时间,我们是靠统购统销、计划分配保证粮食供应的,20世纪五六十年代以前的人,也度过自然灾害时期,有过饿肚子的经历。

因之,粮食对于中国人来讲,是头等重要的。至今,不管是否有灾荒,不少家庭还是习惯存上一点粮食。国家领导人到农民家里,还是要掀开锅盖,看一看主人家锅里是馒头、玉米饼子、掺菜的干粮,还是土豆、红薯,以判断其温饱程度。

新冠疫情暴发,中国人看到西方人在抢购卫生纸,百思不得其解,不知道的是,西方人占据的是地球上最富庶、自然条件最好的地域,春种秋收、风调雨顺、灾害较少,加之人口较少,许多西方人还没有真正饿过肚子呢。

前不久看到一则新闻,英国政府领导人呼吁国民"少吃点儿",美其名曰可以减肥,以应对俄乌冲突造成的食品价格飙升,被网友大骂"无耻"。看来一向不知饥饿的西方人,也开始嗅到饥饿的味道了。不知道如果真正吃不上饭的话,英国人会做何反应。

得到的启示是,不管风云如何变幻,还是那句老话,要把中国人的饭碗牢牢端在自己手上。

话说远了点,我们回到主题,看看历史上的正定今天的"这碗饭"是如何端的,又发生了哪些故事。

二

一方水土养一方人。单就农业生产的自然条件来说,正定是十分优越的。肥沃的土壤,充足的日照,充沛的水源,正常年景收成是不错的。加上正定人对土地有一种天然的感情,又格外的勤奋,像照看孩子一样,精心呵护。精耕细作之后,创造的劳动产品相对富足些,质量也属上乘。

能够代表正定农产品形象的,除了历史悠久的丝麻之外,很长时间是"两白一黄",即小麦、棉花和玉米。

史载,从商周时期小麦就开始在正定种植,是粮食生产最早

丰收的麦田

第四章 经世济民——穷边无处见春荣

的品种之一。每到麦收时节,正定平原成千上万亩麦田金光闪闪,随风摇曳,蔚为壮观,是我国小麦的重要产区之一。

这种传统的粮食生产,历朝经代,穿越时空,一直到近代继续发扬光大,20 世纪 60 年代达到了巅峰。

正定小麦优质高产,是新中国成立后中国北方地区第一个"过河跨江"的大县,名列华北平原各产区之首。人民日报于 1971 年 12 月 27 日刊发《渡"江"记——河北正定县学大寨赶昔阳记事》的报道,特意配发评论员文章《喜闻正定过"长江"》,曾经轰动全国。

所谓"过河跨江",是指位于北方省份的小麦亩产,已经超过了当时国家规定的黄河以南地区(亩产 800 斤)、长江地区(亩产 1000 斤)的产量标准。正定与黄河相距 400 多公里、与长江相距近 1000 公里,气候、温差、水土条件大不相同,没有南方的条件,却打出了南方的高产量,着实是一件了不起的事情。全国小麦主产区的农民朋友、外国友人纷纷前来观摩学习,全国的小麦生产有了新标杆。正定人为解决国人的吃饭问题,作出了自己的一份贡献。

与小麦相比,另一种粮食作物——玉米种植时间较晚。据考证,玉米引入正定的时间,只有 400 多年的历史,但它的生产没有因此而落后。正定同样是玉米的主产区、高产区。勤劳的农民像绣图锦一样,侍弄自己的玉米地。

收获季节,从高空看去,长方形的黄垄沟、梳篦出油绿的青纱帐,就像一幅线条优美的油画。精耕细作的结果是,农民轻松地打出亩产千斤的产量。每到秋后,农户的屋顶上、院子里的粮囤里,黄澄澄的玉米棒子随处可见。

与玉米差不多同时种植的是棉花。尽管不是入口的粮食,但它本身就是温饱的一部分,也为端稳饭碗增加了底气。正定本是桑麻之地，种桑养蚕织丝，是由来已久的农事活动。但元末明初以后，逐渐被穿着方便耐用的棉织品代替，正定成为棉花的重要产区，其产量在北直隶首屈一指。

棉花曾经是真定主要的经济作物，是人民吃饱饭的主要收入来源之一。由于多种原因，如今已经较少种植了，但它曾经对解决温饱贡献很大，还长久地留在民间记忆中。前些年著名作家铁凝曾以《笨花》为名创作长篇小说，很生动地寄托了老一辈人的怀念。

"两黄一白"的生产加工，为人们的温饱提供了物质基础。

首要的是小麦。由正定生产的小麦面粉，筋道、细腻，其面制品在旧社会是达官贵人餐桌上的佳肴，穷苦人家逢年过节才能尝尝鲜，如今已是寻常物，广泛见于食堂、饭店、超市。而由玉米加工制作的贴饼子、蒸窝头，以往是正定农民的主食，如今玉米成为畜牧业饲料的主要来源，正定是河北饲料生产的基地之一，为转化肉蛋奶、丰富人们的餐桌而作出贡献。

再就是棉织业。正定自古有纺织的传统，在桑麻逐渐被棉花取代之后，纺织业又以新的原料续接，老百姓参与广泛，家家织机、户户纺车，曾经是正定农村的一道风景线。

史料这样描写当时的场景，"冬季天气寒冷、气候干燥，农村里的习惯是同住一条街的妇女们共同挖一个'地窨子'，把各家的纺车集中到窨子里去纺线子。窨子里温暖潮湿，不易断线，大家聚合一起纺线，有说有笑，又热闹又省油，纺出的线子质量也好。"[1]

最终产品则是耐穿耐用的土布，且生产规模不断扩大。清光绪年间，正定较大的手工业纺织作坊已有10多家，1905年生产

---

[1] 正定史源编委会：《正定史源》，河北人民出版社2017年版，第170—171页。

白布达到十余万匹,其他产品有土布、线毯、褥套、衣包、毛巾等,远销晋蒙的太原、大同、归绥(今呼和浩特市)、包头等地,颇受欢迎。

为了能增加收入填饱肚子,正定田野里还开发过其他经济作物,史书多处记载"真定好梨"。三国魏时魏文帝诏,"真定御梨大若拳、甘若蜜、脆若菱,可以解烦消悁。"①唐武宗时,忽患心热病,下诏全国进贡紫花梨,曾用过女婿王元达(时任恒州节度太尉)献上的真定紫花梨,食之感觉良好。

文人墨客也多有赞之。宋代诗人梅尧臣曰,"梨传真定间,其甘曰如蜜。君得咸阳中,味兼冰作质。"清代戏曲理论家李渔有《真定梨赋并序》,"到处有佳梨,而入贡必需真定。世间无美种,而此本出自哀家(指汉代著名的'哀家梨')。"②

无粮不稳,无商不活,粮食作物、经济作物兼而有之,正定人很早就做到了。

鲜为人知的是,真定还是烧酒、墨的出品地。

唐代开始,这里就生产"真定煮酒",名品"银光"。

宋代,河北路及真定府的酿酒业很发达。虽然酿酒原料仍然以黄米为主,但已经掌握了蒸馏烧酒的技术,且质量上乘。彼时,全国各地名酒有203种,其中河北路29种,真定府的"银光"酒就在其列。

元代,真定酿酒作坊生产规模扩大,"在城每日蒸汤二百余石,一月计该六千余石。"③不仅如此,酿酒业技术突飞猛进,真

---

① (明)彭大翼:《山堂肆考》卷百果部二,文渊阁四库全书本。
② 中共石家庄市委宣传部编:《千秋雅诵——古人咏石家庄诗集》下册,河北人民出版社2017年版,第787页。
③ 王恽编:《禁醞酒》,《秋涧先生大集》卷90。

正意义上的白酒诞生了。医学家李时珍在《本草纲目》中记载，"烧酒非古法也，自元时始创其法。"

此时真定盛产枣酒、椹子酒。"枣酒，京南真定为之，仍用些少曲蘖，烧作哈拉吉，微烟气甚甘，能饱人。"哈拉吉即烧酒阿拉吉，性甚烈，连天生海量的蒙古人也为之折服，有诗品道，"一酌咙胡生刺芒，再酌肝肾犹沃汤，三酌颠倒相扶将，身如瓠壶水中央，天地日月为奔忙，经宿不解大苍黄。阿剌吉，何可当"。[①]酒客感觉活灵活现，可见味道之醇烈。

真定府文脉昌盛，一直有制墨的传统。《宋稗类钞》记载，"高平吕老，造墨常山。"到北宋中期，真定人陈赡掌握了独特的"和胶法"，就山中古松取煤，"置之湿润初不蒸"，所制墨大受欢迎，可值每斤五万钱（约25两银）。另一个真定人张滋，"善和墨，色光黳。胶法精绝，举胜江南李廷珪"，皇室喜爱，常存有张滋墨数万斤。[②]

历来史书将相多，劳动阶层人士少，从吕老、陈赡到张滋，这些工匠大师应载入正定史册，未来的县志上应书写他们的名字。如果能够再现当年的墨品，那就更有意义了。

三

如此说来，一个天时地利、物产丰富的地方，应当无温饱之虞，不为吃饭发愁。可是纵观旧历史，正定老百姓的饭碗，一直

---

① 孟繁清主编：《河北经济史》第2卷，人民出版社2003年版，第290页。
② 王惠杰、田雪：《石家庄文化通史》宋金元卷，中国社会科学出版社2018年版，第239页。

第四章 经世济民——穷边无处见春荣

风雨飘摇,吃不饱饭的阴影始终挥之不去。

记得在中共七大闭幕时,毛泽东曾经说过,压在中国人民头上有两座大山,一座叫作帝国主义,一座叫作封建主义。具体到吃饭问题上,旧社会压在正定人民头上也有两座大山,一座叫作天灾,一座叫作人祸,即天灾人祸。

所谓天灾,就是自然灾害,以水灾、旱灾为烈,三五年一次,所到之处,田野荒芜,百里绝收。所谓人祸,就是战争的祸害、封建官僚地主阶级的祸害。两害相权,后者更加暴烈。官府的苛捐杂税、地主的租子和高利贷,压得贫苦百姓喘不过气来,过着食不果腹的日子。

忍无可忍,无须再忍。为争取基本的生存权,历史上正定人民前仆后继,掀起了一波又一波的抗争。当年的县委书记习近平同志盛赞正定人民的斗争精神:"西汉刘都聚众造反,杀官兵,举义旗,纵横驰骋;东汉张燕组织义军,征军阀,灭豪强,奋战不息;东晋霍义、司马顺之曾上山聚义;北宋柴宏不堪征敛,除暴安民。他们的壮举惊天地、恸鬼神、感黎民。"[①]

这一连串英雄及其背后的百姓,其实只有一个简单的要求,吃饱饭。很多人跟着义军造反,没有什么远大目标,就是因为能够吃饱饭。从这个角度说,正定的社会发展史,就是劳动人民为了吃饱饭而斗争的历史。

然而在封建社会里,剥削制度没有破除,这些斗争没有也不可能取得真正的成功,一次次斗争只是在一定程度上缓解了阶级矛盾,过了不久又回到了原点。只有在近代,有了代表广大人民利益的政党,第一次将命运掌握在自己手中,才使斗争局面焕然

---

① 习近平:《知之深 爱之切》,河北人民出版社2015年版,第217页。

一新。

中国共产党的星火于1924年在正定点燃。党组织的斗争目标很明确，就是争取人民翻身解放，让老百姓过上好日子。而反对剥削压迫，争取吃饱饭，则是最直接、最有力的动员令。

1927年6月，正定党组织领导了一场声势浩大的反"讨赤捐"斗争，斗争的矛头直指盘踞在正定的奉系军阀。这些平日鱼肉百姓的家伙，巧立名目，向农民预征三年的钱粮并附加"讨赤捐"，即在每两税银上还要附加二元五角作为围剿共产党的军费，激起全县人民的不满。这年麦收前，正定刚刚遭受一场严重的雹灾，夏收无望，老百姓连饭都吃不上，哪有能力缴预征钱粮和讨赤税？

中共正定县委决定，利用正定城隍庙的机会，发动群众开展斗争。

这天上午十点，城隍庙前万人攒动，老百姓从四面八方蜂拥而来。县委书记尹玉峰做了简短的动员后，愤怒的人群举着红旗，挥舞着大刀、长矛和铁锨，包围了县公署。县委委员郝清玉走在队伍最前面，率领群众冲进县公署大堂，举起三节鞭砸碎了大堂的屏风，吓坏了一班大小衙役。在群众的压力下，县知事被迫写下了废除"讨赤捐"和缓征钱粮的字据。正定历史上反剥削压迫、争取生存的斗争，第一次以人民的胜利而结束。

这以后，正定全县的农民运动、反帝反封建斗争仍在继续，此起彼伏，连绵不断，最终迎来了新中国的诞生。

为人民翻身解放，开创正定斗争史的先辈付出了生命的代价。尹玉峰（公元1903—1928年），中共正定县委第一任书记，1924年由我党北方早期领导人张兆丰介绍入党，在正定播撒下革命火种、扩大党的组织、领导反帝反封建斗争，功勋卓著，后积

第四章 经世济民——穷边无处见春荣

劳成疾不幸逝世，年仅25岁。

郝清玉（公元1904—1935年），1925年由其姐夫尹玉峰介绍入党，历任正定县委委员、保定特委书记、顺直省委委员兼农运部长，主持省委工作，是我党北方农民运动的杰出领导者之一。由于叛徒的出卖，被捕牺牲，年仅31岁。

还有许许多多没有留下姓名的先烈，长眠在家乡的土地上。他们为老百姓永远不再缺吃少穿献出了生命，饮水思源，将永远为子孙后代所崇敬。

四

当新中国第一面鲜艳的五星红旗在天安门广场冉冉升起时，标志着中国人民真正站起来了。而老百姓最直接的感受是，不再饿肚子了，因为推翻了剥削阶级，有了赖以生存的土地，他们可以放开手脚描绘最美的图画，没有理由再吃不饱饭了。

但是，道路并不是一帆风顺的。在人口众多、一穷二白的基础上建设新中国，解决吃饭问题还是很不容易的。尽管做了艰苦的探索和努力，那个"民以食为天"的问题，仍然在很长时间内没有成功的答案。

我面前放着一张五市斤的全国粮票，像如今两张证件照大小的票证，质地优良，印刷精美，丝毫不亚于当时的人民币。今天的孩子们不会体会到，在改革开放前，粮票曾经是国家统购统销、计划供应的重要标志，也承载着市民生活的基本保障。

20世纪五六十年代出生的人都知道，这个计划，实际上就是定额，因不同的劳动量而定。譬如体力劳动者每月35斤上下，脑力劳动者每月28斤左右，家庭妇女则只有26斤了。每个人要凭定量领取粮票购买粮食。今天看来，这个标准并不低，人们的主食每天也就七八两，可是在没有什么油水的年代，那是很拮据的一个数字，需要家庭主妇们精心运筹，方可应付一个月的吃喝用度。

粮票的重要性，可以看背面的使用说明。其中一条，"本票不准买卖，不准涂改，严禁伪造，遗失不补。"告诫主妇，粮票要好好保存，如有丢失，是要饿肚子的。

农村又如何呢？可能你以为农民生产粮食，会比市民好一些，并不是这样，农民同样为吃饱饭而纠结。从根本上解决温饱问题，一直是党和政府梦寐以求的目标，努力探索曲曲折折，直到改革开放才真正找到解决难题的钥匙。

实事求是地讲，20世纪70年代的正定，不是贫困地区且粮食高产，但高产并没有带来高收入，"高产穷县"的帽子戴了多年，农民的饭碗一直端不稳。

正定城北不远的三角村，是全县第一个粮食亩产过千斤、远近闻名的学大寨先进村，受过表扬无数，拿过很多面锦旗，风光无限。

粮食高产的三角村，老百姓却反映粮食不够吃。社员一年干下来，从年头吃不到年尾。不够吃了，还得骑着自行车偷偷到邻县换红薯干吃。因为一斤粮食可以换几斤红薯干，可以多吃几顿。

新来的县委书记与大家拉家常，了解原因是征购（按计划交售给国家）粮食交得多，手里又没钱买粮。单一的粮食种植，使农民手中收入极少，1981年年底，全县人均收入仅140多元，平均每天只有4角钱。

第四章 经世济民——穷边无处见春荣

再走访一下其他村，全县情况也差不多。

作为全国"农业学大寨"的先进典型，当年正定县每年粮食征购任务高达 7100 万斤，在全省名列第一，可交完征购粮，再扣除种子、饲料等，留下的口粮已经不够百姓填饱肚子了。

症结找到了，解决问题的办法也有，那就是减少征购指标，解决农民负担过重的问题。

说着容易，做起来却压力山大。在那个年代，粮食征购是一项政治任务，超额完成任务是光荣的，是政治过硬的表现。减少征购，是要遭上级批评、舆论诟病的，还要担很大政治责任，可能还会影响干部的前程，需要拿出实事求是的政治勇气。

县委一班人反复讨论，统一认识，一面是所谓的政治荣誉，一面是老百姓的实际困难，孰轻孰重？最后年轻的县委书记拍板，只要能让老百姓吃饱饭，那个全省第一不要也罢！

"县委如实向上级反映问题，经过努力，终于使粮食征购任务核减到 5100 万斤，减去了 2000 多万斤，给正定人民以休养生息的机会。"[①]消息传来，百姓反响热烈，衷心感谢这一大得人心之举。多年后，许多老同志说起这件事，还感慨万千，从那一天开始，老百姓的饭碗开始满了。

当然，要真正把饭碗端实端牢，仅仅靠减征购远远不够。从 1983 年开始，正定县委发动群众，解放思想，大胆改革不合理的经济结构，实现两个"颠倒"，即把工农业比例中农大工小、劳力比例中农多工少的关系颠倒过来，走出单一粮食种植的死胡同，迈向全面发展商品经济的富民之路。

思路对头，道路越走越宽。经过全县上下努力，经济实现了

---

① 习近平：《知之深 爱之切》，河北人民出版社 2015 年版，第 220 页。

跨越式发展。1984年与1980年相比，工农业产值翻了一番多，农民人均纯收入翻了近两番多，农民收入节节高，正定的"饭碗"越来越瓷实，越来越稳当了。

1984年6月17日，人民日报刊发通讯《正定翻身记》，记者强烈地感到："高产穷县已成历史，商品生产正推动全县城乡大踏步向高产富县迈进。"

从《渡"江"记——河北正定县学大寨赶昔阳记事》，到《正定翻身记》，横跨十几年时间，反映了一条曲折发展之路，令人感慨。它真切地证明，尽管晚了一点，但只有在中国共产党的领导下，在以民为本的执政者孜孜不倦的追求中，"民以食为天"的历史课题，才能真正得到解答。

重要的是，正定的改革实践——改革是动力、发展是硬道理，为后来者指引了方向，其影响源源不断，在新世纪发扬光大，带动了经济的可持续发展。

2002年，作为当年河北省最大的国内经济合作项目，投资3亿元的纳爱斯正定基地开工建设，每年可为正定提供税收上千万元，这个有史以来正定最大的项目，为老百姓吃饱饭撑起了腰；嗣后，投资2亿多元的华龙面公司投产，其年产各种面粉数十万吨，为千百万人的饭碗提供了充足保障。

五

如今正定老百姓吃得怎么样？应当说城乡之间已经没有什么差别，不仅吃得饱，而且吃得好。说话间，到了吃饭时分，可以体验一下。

在正定城找一间馆子不难，难的是你要选择吃什么？正定的饭店太多了，美食更是数不胜数。在历史文化街区，在传统的商业闹市，在绿荫遮盖的小街巷旁，一间间饭店鳞次栉比，蒸炸煮烙样样齐备，南北风味、汉回特色一应俱全，足以让你眼花缭乱。

不能不说，正定人是很会吃、很讲究吃的。在温饱不足、粗粮当家的年代，正定人会变着法地寻找食材，粗粮细作，满足自己味蕾的需求。

荞麦面是小众杂粮，是饥荒年代弥补主粮不足的替代品。正定人将它做成扒糕、饸饹，加上带蒜泥的醋汁，吃起来格外爽口过瘾。苦累，则是以菜代粮的吃食。做法是随季节选新鲜的榆钱、马齿苋、茴香苗等树叶芽野菜，撒上少量的玉米面，上锅蒸熟，佐以料汁，自吃待客都拿得出手。至于贴饼子、老玉米、烤山药，那就是粗粮中的美食了。粮食充足之后，这些饭菜很长时间内被人们淡忘，如今又成为健康生活的佳肴。

来到正定城，还是要尝尝地方传统特色风味，尤其是入选非物质文化遗产的美食。

首选八大碗，即四荤四素八道蒸碗菜。做法是，选上好的猪肉，按不同部位的肉质，做出扣肉、扣肘、方肉和肉丸子四道荤菜，再以萝卜、海带、粉条、豆腐制成四道素菜。八大碗在冀中南一带家喻户晓，并不鲜见，但正定的风味别具一格，其奥妙在于对肉菜的"蒸"。整个过程大小火并用、反复三次之多，调料在不同时间放入，揭锅时肉质色泽红亮、香气四溢，入口绵软，毫无油腻之感。

缸炉烧饼，也是正定传统美食。正宗的缸炉烧饼以上等小麦面粉为原料，加水（不放油）反复揉搓分层，擀成长方形状，表面撒满去皮芝麻，然后放入特制的缸炉内烤制。出炉的烧饼色泽焦黄，酥脆清香，仔细咀嚼有麦香溢出。如果想吃得更有味道，可以趁热揭开烧饼放入熟肉，在热气的作用下，麦香、肉香交融，让人食欲大增，欲罢不能。顺便说一句，缸炉烧饼夹猪头肉口味最佳。君若不信，可以一试。

常山崩肝，荞麦饸饹，卤煮鸡，烧麦，热切丸子，羊肉大包……还有许多美味可供选择。只要你愿意，可以不重样地吃上几天。

有好菜必有好酒相配。正定乃古中山国故地，酿酒业早萌，民间酒风甚兴。曾有中山"千日醉"美酒，历代诗人、文豪多有吟咏。南北朝庾信曰"只言千日饮，旧逐中山来"；南朝谢灵运则有"中山不知醉，饮德方觉饱"；连大文豪苏轼也忍不住说，"我老念江海，不饮空咨嗟"，名声大矣。

清代小说家李汝珍在《镜花缘》中，列举唐代全国美酒若干种，其中有"真定煮酒"，品名"银光"，与之并列的，还有山西汾酒、浙江绍兴酒、大名滴溜酒、冀州衡水酒、栾城羊羔酒等。

虽年代久远，但"千日醉""真定煮酒"的基因没有失传。唐传宋承，明清年间接力，真定府"银光"酒声名鹊起，千年传承不断，如今厂家名曰"子龙醉"。

改革开放后的 20 世纪 80 年代，正定县委、县政府既有思想引导，又有具体帮扶，加快子龙醉酒厂技术改造；2000 年前后，又出台政策，重组资产，力助振兴发展。党的十八大以后，老酒新酿，"银光 1983"飘然进入市场，赢得一片喝彩。消费者品之皆赞，千年品牌再放异彩。来到正定，若不品尝一下醇绵的银光酒，你会留下遗憾的。

"一滴水可以反映出太阳的光辉。"抚今追昔，在共产党领导下，14亿多人口的中国已经历史性地解决了吃饭问题，告别了绝对贫困，这是一个举世瞩目的巨大进步，也为全世界的发展作出了重大贡献。

但是，中国的农业还不够强大，保证粮食安全始终是为政者的重中之重，不能高枕无忧，更没有挥霍浪费的资本。"一粥一饭当思来之不易"，艰苦奋斗，勤俭齐家，传承光大中华优秀传统文化，牢牢端稳中国人的饭碗，我们还任重道远。

第五章

千古之美——四塔八楼拱阳和

斗拱与飞檐的协奏曲

一

2002年阳春三月的一天,我与余秋雨、王纪言(凤凰卫视中文台台长)、王鲁湘(文化学者)漫步在正定古城东城墙边。此行是正定县委邀请文化学者考察古城的第一站。

站在城墙上,向西望去,隆兴寺笼罩在金色的夕阳下。一缕缕阳光透过来,映衬在鳞次栉比的建筑上,一道美妙的天际线,高低错落,色彩斑斓,而高大屋脊上的斗拱与飞檐,又是那样的敦实舒展,充满灵动,一行人都被这胜景吸引了。

余秋雨神情庄重,完全进入了一种欣赏状态。后来他回忆

正定夜景

说，那种夕阳斜照古城的美丽景象，那种美妙的剪影，那种精美的线条，让人强烈地感到一种千古之美。

酷爱摄影的王纪言，手不离相机"咔咔"地拍照着，一边按动快门，一边说，这天际线是世界级的，一定要留住啊。

王鲁湘也很兴奋，他在演讲中说，夕阳之下，一部千年的中国文化史，千年燕赵大地的各种各样的历史沧桑与变迁浮现在我眼前，这种感觉太美了。

我虽然来正定工作三年了，眼前的景色并不鲜见，但仍然被学者们的情绪所感染。

这使我想到另一位著名作家铁凝，我曾陪她游访正定。问及对正定的印象，她很认真地说，正定不是一座普通的县城，有一种浓郁的历史沧桑感，让人不由得肃然起敬。

后来她在《正定三日》中写道，回首凝望它那宽厚雄浑的古城墙里，那错落有致的四塔，连同那片如大鹏展翅般的寺庙屋脊，携着历史的风尘安然屹立。它们灿烂了正定的历史，充盈了正定的今日。

我还记得，县委曾委托同济大学的专业学者来做正定文化旅游规划，彼此之间有多次交流。主持者曾感触颇深地说，正定的文物资源太丰厚了，每一座古建筑都可以单独成篇，在任何一座城市里都能立得住，正定可以称得上是中国古建筑的博物馆。

这些年来，我们多少已经习惯了有些夸张的描述，但正定是中国古建筑博物馆之一，的确是实至名归的。

是的，古城的千古之美，是要从那些历经沧桑的古建筑中，从那雄鹰展翅般的屋脊、厚实的斗拱和神采奕奕的飞檐上去品味，去欣赏。

第五章 千古之美——四塔八楼拱阳和

二

如果用一句话概括正定古建筑的特征，那就是堂皇之气。这堂皇气派，孕育在遗存的厚重之中，呈现在规模的恢宏之上。

中国有许多古城，历史悠久而知名，但有的遗存并不多，有的毁于天灾人祸，留下残垣废墟，有的留下成语和传说，当然也有长眠于地下的，等待有朝一日重见天日。

正定有所不同。经过千年战火和自然灾害的侵蚀，难能可贵的是，许多古建筑仍然幸运留世。在一座十多平方公里的历史文化名城里，拥有几十座古代建筑，光是国家级的文物保护单位就有11处。不夸张地说，她遗存的是一座庞大的古建筑群，在同类城市里极为鲜见。

正定自古就有"九楼四塔八大寺，二十四座金牌坊"之说，形容名胜古迹之多。

九楼，是指古城墙东西南北四座城门楼、四座角楼，以及城中央的阳和楼。

四塔，是指开元寺须弥塔，俗称砖塔；临济寺澄灵塔，俗称青塔；天宁寺凌霄塔，俗称木塔；广惠寺华塔，俗称花塔。

八大寺，是指正定城兴盛时分布着隆兴寺、天宁寺、开元寺、临济寺、广惠寺、崇因寺、洪济寺、舍利寺八座寺宇。如今前五座依然保存完好。

至于二十四座金牌坊，一说历史上正定城内牌坊众多。光绪年《正定县志》记载，"正定在前朝功名鼎盛，坊表林立，辉映后先"，还列举明代以后建立的46座牌坊，仅为纪念明朝太子太保、吏部尚书梁梦龙的就有9座之多。其中有青宫太保坊、大司马坊、登科坊等,但大都不存。现存的是民国年代的"诰命一品夫人王母刘太夫人丁太夫人节孝之坊",简称"双节坊",是北洋政府国务总理王士珍为其养母和亲生母亲设立的,坊正中匾额是大总统徐世昌所撰。因之,这个 24 座并非实数,而是个虚词,以示多也。

还有一说,乃指隆兴寺里摩尼殿顶上描绘的金色牌坊,其实并不是真金的,而是木制雕刻的排列四面的小牌楼,涂金而已。纪录片《正定》的编导郭西昌告诉我,他曾经认真地数过,不多不少共 24 座。

不管怎么说,都为导游词增添了丰富的内容。

更难得的是,数量多且遗存年代丰富。正定拥有从隋代以来的历朝古建筑(碑、铭等),延绵不断,各具特色。

隋代遗存:龙藏寺碑。隆兴寺始建于隋开皇六年(公元 586 年),虽经历代修葺,但仍留一通著名的龙藏寺隋碑。习近平同

龙藏寺碑

龙藏寺碑额

第五章 千古之美——四塔八楼拱阳和

志在正定工作时，曾亲自介绍说："搞书法的人，最看重的是那块隋碑，叫'龙藏寺碑'，碑文书法苍劲有力，上承南北朝的余风，下开初唐书法诸家的先河，是隶书向楷书过渡的代表作。"①

隋代立朝仅37年，隋碑留世，极为难得，康有为先生评价，《龙藏碑》"安静浑穆，骨鲠不减曲江，而风度端凝，此六朝集成之碑，非独为隋碑第一也"。②

唐代遗存：开元寺钟楼，建于唐乾宁五年（公元898年），是我国现存三座唐代建筑之一，也是唯一的一座唐代钟楼。楼里留有唐代所铸青铜挂钟，高2.9米，口径1.56米，钟口厚15.5厘米，重约11吨。铜钟造型古朴，端庄大方，历经千年不坠，可谓一大奇观。

五代时期遗存：县文庙大成殿，是中国现存最早的文庙大成殿，建筑大师梁思成先生鉴定建于五代时期（公元907—960

1933年的文庙大成殿（梁思成摄）

---

① 习近平：《知之深 爱之切》，河北人民出版社2015年版，第2页。
② 艺文类聚金石书画馆编：《龙藏寺碑》，浙江人民美术出版社2017年版，第59页。

年）。五代时期仅50多年，所存建筑极为珍贵。

宋代遗存：隆兴寺观音铜像、转轮藏殿、摩尼殿，前者由宋太祖敕建于宋开宝二年（公元969年），后二者建于北宋皇祐四年（公元1052年）。实际上，隆兴寺现存的建筑，大都是北宋年间的杰作。

金代遗存：临济寺澄灵塔、广惠寺华塔、天宁寺凌霄塔，均始建于唐，重修于金代，距今都有800多年历史。

元代遗存：阳和楼，重修于元至正十七年（公元1357年）。梁思成先生认为始建于金末元初。

明代遗存：正定古城墙，建于北周，扩建于明万历四年（公元1576年）。古城为府制，周长24里，东南缺，状如官帽，四座城门都有阔大的瓮城。另有坐落在今历史文化街区的梁氏宗祠，为正定名门望族梁家祠堂，建于明万历年间，2019年10月被确定为全国重点文物保护单位。

1901年的正定城墙（法国游客摄）

第五章 千古之美——四塔八楼拱阳和

至于清代遗存,那就更多了,不少建筑都有那个朝代的痕迹。如收藏家梁清标的蕉林书屋,各类表坊以及民居大院等。

这寺、楼、塔、殿、阁、碑、坊、祠堂,犹如一颗颗晶莹的珍珠,洒在常山城中。来到正定,目睹众多时期的古建筑,你会感到进入了一个音乐殿堂;它们各具梵音,又相互和鸣,犹如黄钟大吕般的交响乐,演绎出气势宏大的协奏曲,化作历史的乐符,镌刻在古城大地上。

三

气势恢宏的协奏曲,出自一支支不同凡响的"乐器"。

"首席小提琴"是隆兴寺,规模宏大,气势雄伟,它是古城的骄傲与象征。梁思成称其为"京外名刹之首"。隋文帝开皇六年(公元586年)建寺院,时称龙藏寺,唐朝改为龙兴寺,清朝改为隆兴寺;是中国建筑时代较早、规模较大而又保存完整的佛教寺院之一,也是游客到正定的网红打卡地。

进入隆兴寺,第一感觉就是她的气势不凡,充盈着祥瑞之气。《龙藏寺碑》碑文中有稍带夸张口吻的描述:"用完了黑水的铜,使尽了赤岸的玉,覆盖上琉璃的宝网,装饰了珍宝的台阁。于是灵刹霞光缭绕,宝坊雄壮美丽,高高耸起,相互交错,广大幽深,变化多端。有九重一柱的佛堂,有三休七宝的宫殿、雕梁画栋、千奇百怪,彩云花卉,新颖别致。"

如果说这还是务虚的描述,那么用实在的数字更能证明隆兴寺的规模宏大。可与一些著名寺院做个比较。

嵩山少林寺,占地面积5.76万平方米,为七进院落。

五台山最大的寺院显通寺,占地面积4.37万平方米,也为七进院落。

以"先有潭柘寺、后有北京城"而著称的京西潭柘寺，占地面积 2.5 万平方米，由于依山而建，院落层次不甚清晰。

而正定隆兴寺，占地面积 8.25 万平方米，九进院落，寺内从南到北，高低错落地分布着九座建筑。

见多识广的学者王鲁湘说："中国的寺院到处都是，但是像隆兴寺这样类似紫禁城的那么长的一条中轴线上，高低起伏着像交响乐的旋律一样精致优美的布局，这是我所看到的中国

隆兴寺俯瞰

第五章 千古之美——四塔八楼拱阳和

北方最大、最雄伟的，这里面包括转轮藏殿、三阁并立的大悲阁以及摩尼殿都可以说是海内孤品，其文物价值都是非常惊人的。"

除了整个寺院的阔大，隆兴寺内每一座建筑都卓尔不凡，气象巍然。大悲阁内的千手观音铜佛，是我国现存最高大、最古老的立式铜佛。论体量，只有远在西藏日喀则扎什伦布寺里的强巴铜佛，比她稍高。但后者建于1914年，比前者晚900多年。

改革开放后，内地一些地方新铸的铜佛，无论体量多大，多么金碧辉煌，如何渲染造势，其历史厚重感、文化精美程度，以及文物价值都是无法与之相比的。

似乎要与铜佛相呼应，隆兴寺其他建筑如转轮藏殿、摩尼殿、戒台、慈氏阁和毗卢殿等，也都堂而皇之，各领风骚。

关于摩尼殿，当年的县委领导曾这样介绍，"搞建筑的人，则最推崇摩尼殿，这座大殿的结构布局形制奇特，平面呈十字形，立体上富于变化，为国内早期建筑中仅存的一例。至于搞雕塑的人，则最偏爱摩尼殿中的五彩悬塑观音像。这尊观音像，头戴宝冠，身披璎珞，一足踏莲，一足踞起，两手自然抚膝，神态恬静自若。她的端庄令人肃然起敬，她的美丽使人恭而不亵……突破了一般宗教偶像的呆板之风。据说，鲁迅先生生前十分欣赏这尊观音像，在他北京的旧居里，就摆放着这尊彩塑观音的相片。"[1]

而转轮藏殿，则是我国现存最大的藏传经阁楼，殿内主体是一个可以转动的大经书架，直径7米，由一根长10.8米的木轴上下贯穿藏座、藏身、藏顶。

---

[1] 习近平：《知之深 爱之切》，河北人民出版社2015年版，第2页。

摩尼殿悬塑倒坐观音（武英伟摄）

与其相对的慈氏阁内是一尊独木雕制的弥勒菩萨，高7.2米。虽不及承德普宁寺和北京雍和宫的弥勒菩萨大，雕制的时间却早了600多年。

这样一座宏大的寺院，真正读懂悟透，颇费时间。我注意到，铁凝在《正定三日》中记述的，也主要是隆兴寺的文物和风景。短短的三天之行，她把两天时间给了隆兴寺，沉思在观音大佛、摩尼殿和喻为蒙娜丽莎的倒坐观音像前，似乎意犹未尽。我相信，有机会再来正定，她还会走入这红墙绿瓦之中。

第五章 千古之美——四塔八楼拱阳和

四

隆兴寺铜佛声名远播，曾经代表了河北四大名胜古迹之一，故有"沧州狮子，定州塔，赵州的石桥，正定府的大菩萨"之说；也曾是中国佛教文化的象征，成为向世界展示"中国制造"的标志之一。

公元1419—1422年，明王朝朱棣时代，波斯国王沙哈鲁派遣了一个由约500人组成的庞大使团访问中国，该使团在北京、真定等地寻访驻留时间达五个月。

这次出使中国最重要的成果，是由随团使者、画师盖耶速丁·纳哈昔以日记的形式，记录了沿途风土人情，以及中国明朝的政治、经济、人物、风俗等诸多繁荣景象。由此产生了一部传世著作《沙哈鲁遣使中国记》，为四卷本的通史，它成为此时期西亚与中国文化交流的重要史料。

由于路途遥远，盖耶速丁在日记中择其要点，重点记载了北京、肃州（今酒泉市）、真定几座当时著名的城市。而对真定最深的印象，就是龙兴寺里的

隆兴寺铜铸千手观音

铜佛。他以充满赞叹的口吻做了详尽的描述，是迄今为止外国游客对铜佛最形象写实的记录。文中写道：

"他们在回历823年祖勒合答月27日（公元1420年12月3日）抵真定府城。它是一座雄伟的城市，人口众多，房屋精美。其中有一座大佛寺，佛寺中竖立一尊佛像，用铜铸成，全部涂金，看来就像是用实金铸制，高为五十腕尺。它的肢体姿态匀称。在这尊佛像的四肢上有许多只手，每只手的掌心中有一只眼。它叫作千手佛，这在全中国都是驰名的。先是起一座用整齐石头砌成的大而坚固的底台，把这尊佛和整个建筑置于其上。佛像四周有大量的柱廊、望楼和房间、几级顺着一个方向的梯阶，其第一级略高于佛像的脚踝，第二级不到它的膝，第三级超过膝盖，而第四级到它的胸，如此直到头部，整个结构是精工制作。然后，建筑物的顶盖成圆锥形，并且盖得使人们惊异。共计有八层，围着每一层，人们能够在建筑物的里面和外面走动。这尊佛像是站立姿势，它的各长十腕尺的足，站在用金属铸成的台座上。据估计，铸这尊佛至少必须用十万头驴子驮的黄铜。此外，那尊大佛四周有染色的和涂金的泥塑小佛。还有小山、山顶洞穴以及坐在他们的茅庵里作宗教忏悔的和尚、教士及苦行头陀的图像。也有绘在胶泥上的公羊、山羊、狮子、豹子、龙和树的画。其余墙上绘的壁画，哪怕名画师看见都要惊叹。四围的建筑物情况相同。这座庙宇中也有类似在甘州所见那样的转塔（指转轮藏——引者注），但构制更精巧，体积也更大。"[1]

盖耶速丁尽管是来自文明古国波斯，又有很高的艺术造诣，

---

[1] 何高济译：《海屯行纪 鄂多立克东游录 沙哈鲁遣使中国记》，中华书局2002年版，第122—123页。

第五章　千古之美——四塔八楼拱阳和

还是被巨大的铜佛惊到了，可能许多感觉一时消化不了，以至于只能用母语的习惯来表达。

看到铜佛体量之巨大，他内心颇感震撼，估计没有现成的参照物，也没有测量工具使用，无法言喻，只好说用10万头驴子驮的铜铸成。估计那个年代他的祖国最通用的运输方式，就是驴子驮物。估算铜佛体重76吨，为15.2万斤，按每头驴子驮50斤计算，约需3000头驴子才能运输完。盖耶速丁说需要10万多头驴子，显然有点离谱，但有可能是故作夸张之言。

说到铜佛的高度，盖耶速丁估计有50腕尺高。腕尺，指由肘至中指尖的长度，是古埃及的测量单位。一腕尺等于国际长度单位46.38厘米，50腕尺约等于23米，与铜佛实际高度很接近。一个外国人，仅凭目测得此结果着实不简单。

就这样，盖耶速丁在充满感叹的思绪中，充当了一次称职的导游，隆兴寺和铜佛随着他的介绍，走向阿拉伯世界或更远的地方。

五

如果说，隆兴寺是首席小提琴奏出主旋律的话，那么，四座古塔和阳和楼则是音色不同的乐器，各司其职，烘托出和谐的乐章。

按与隆兴寺的距离排列，最近的是天宁寺的凌霄塔。其塔在砖座之上，由一根硕大的木柱贯通塔身，延伸的木架支撑每层楼阁，做工奇巧，巍峨高耸，可谓集楼与塔于一身，融巍然与俊美于一体，犹如一把大提琴，昂然耸立，挺拔大气，音色厚重圆润。

| 品读正定

天宁寺凌霄塔　　　　开元寺须弥塔

　　出天宁寺进入历史文化街区，向南离它不远处，是开元寺须弥塔。来到这里，我们仿佛听到长笛那响亮而悠长的乐曲。"须弥"是梵文音译须弥山之略。汉语为"妙高""妙光""善高"等意思。

　　须弥塔属雁塔类型，称其为雁塔，则源于大雁殉教的传说。古印度时，有一小乘佛教寺院，一日，有僧人忽见天空有雁阵飞过，于是有了吃雁肉的念头。这时只见一雁倒飞回来，身坠僧前死去。众僧见后，在惊奇、悲恸中有所感悟，认为这是如来佛祖设法化导大家，破除愚顽贪著之性。意味深长，也只有长笛能奏出这样的警醒之曲啊！

　　有了弦乐、管乐，还需要打击乐，咫尺之遥的临济寺澄灵塔恰逢其时地出现了。澄灵塔清秀玲珑，稳重挺拔，象征着临济宗禅风峻峭，棒喝交加的"顿悟"境界。有僧来参，师祖当头棒喝，促其猛醒，受者醍醐灌顶，豁然开朗。把它比作打击乐中的"大钹",一钹(锤)定音,则是再恰当不过的了。

再向南,是四塔中最为华丽的广惠寺华塔,就像一支"双簧管",奏出和谐优美的乐曲。华塔由主塔和附属四个小塔构成,主塔底层四隅各附建一座六角形亭状小塔,小塔环抱主塔,犹如几个天真活泼的孩子依偎在慈祥老人的怀抱中。华塔最精华的部分,是上部花束形的塔身。上面挥洒写意,刻塑着虎、狮、象、龙等神兽,以及力士、罗汉等形象,远观犹似一幅生动立体的艺术画,给人以完美的视觉享受。难怪老百姓称它为花塔。

那座正定人念念不忘的阳和楼,则像音乐厅里一部壮观的管风琴,傲立城中,气势不凡。她俯视着古城的一街一巷,伴随着正定的春夏秋冬,每每响起命运交响曲式的更漏声,音色浑厚而苍茫。

难得的是,这样一组庞大的古建筑,内外兼修且有温度;既表于形,更具神韵。徜徉其中,每一座建筑不仅仅是立柱、梁

临济寺澄灵塔

广惠寺华塔

榫、斗拱和飞檐的神妙之作，而且都有它灵动的魂魄。或深邃凝重，思绪万千，一如隆兴寺；或遐想飘逸，电光石火，一如临济寺澄灵塔；或畅想徘徊，渺渺悠长，一如开元寺须弥塔；或神韵天籁，锦绣文章，一如广惠寺华塔；或瞻望邈思，云舒云卷，一如阳和楼。

神形兼备且有温度，只有"千古之美"的称谓才能配得上她！

六

寺塔楼合成的协奏曲，自然赢得众多欣赏者。

帝王们占有得天独厚的资源，美景美色当仁不让。帝王们的临幸，不经意间增添了皇家寺院的色彩，使这些古老寺院的堂皇之气更加俨然。

较早驾临真定城的帝王是宋太祖，他在这里与佛道两家说经论道后，颁令敕建了观音铜佛和大悲阁。

临幸最多的是清朝的帝王们。康熙曾经四次到过真定，驻行宫，瞻礼隆兴寺；乾隆七次到过正定，瞻礼拜佛，巡幸隆兴寺、广惠寺和崇因寺，命地方官员修葺古寺。

此后，嘉庆、光绪两位清帝也到过正定。慈禧太后在八国联军进北京西逃避难时，也曾两次经过正定，只不过是在仓皇之中，没有瞻礼拜佛的心绪。

隆兴寺还是康熙和乾隆这两位祖孙皇帝秀书法和诗词之地。康熙在隆兴寺天王殿、摩尼殿、大悲阁等留下了19处匾额，乾隆则赐"调御丈夫""金绳觉路""龙象威祖"等御书匾额，以及"妙相显光明非空非色，净因传定慧不灭不生"题柱等，两位还书有留存至今的御碑。

至于诗词，康熙和乾隆更是信手拈来，内容有瞻大悲阁、登广惠寺、临崇因寺等，数量颇多，尽管没有多少出彩之作，但顶着帝王的光环，还是流传下来了。

乾隆拿得出手的一首诗，是乾隆十一年（公元1746年）在正定行宫作的。其诗曰："别馆花宫侧，轩斋阅岁年。晚芳生意趣，古干静因缘。新月才堪对，清宵剧可怜。朦胧香阁影，空色悟初禅。"据说这首诗表达了乾隆和孝贤皇后，在遭遇两个孩子夭折的痛苦后，迎来新生儿的喜悦心情。有感而发，还算朴实自然。看来，居高临下的帝王，吟诗也要有真情实感啊！

封建帝王对正定古城的喜爱，多出于对佛教的崇拜，实则并没有什么长远打算，他们对古城寺院的修缮，也只能管一时而不能长久。珍贵的古建筑随着朝代的没落而衰败，成为见证历史兴衰的场所。

著名历史学家顾颉刚曾于20世纪二三十年代多次到访正定古城，看到的是一派衰微破败的景象。隆兴寺成为驻兵之地，建筑颓废，大量珍贵文物流失，老先生痛心疾首，感叹"日渐其毁坏，中国古物之贱，可慨！"

真正擦亮这些明珠的，是新中国成立以后，这些文物重新回到人民怀抱，得到了各级政府的精心呵护。

国家是按"古物保管群"的规制来对待正定古城的。1952年，经河北省人民政府请示，中央人民政府批准，成立了中央古物保管所正定分所，统一规划管理全县的古建筑、古文物。很早以前，正定的文物保护就得到国家的重视。

这种关注和重视一直持续了数十年。20世纪80年代，习近平同志在正定工作期间，是正定文物保护最有成就的一个时期。

他不仅率先垂范，大力推进古建筑的保护修葺，而且还制定了长远规划，为优秀历史文化传承弘扬奠定了制度基石。

经过持续不断的努力，正定古建筑得到了前所未有的保护，呈现出历史上最为辉煌的状态。2002年，余秋雨先生莅临古城，有感而发，"在千年古城正定，找到了中华文化最辉煌时期的图谱与证据"。

古城早已脱离帝王将相少数人巡游把玩的境地，成为人民群众的休憩场所。当千万百姓徜徉在红墙绿瓦之中，古建筑协奏曲更显得格外堂皇而悠远。

梁思成的"人间四月天"

一

时光倒转。1933年四月的一天，黄昏时分，从北平开来的平汉线客车到达正定火车站。车厢里走出来三位衣着不同的旅客，他们是中国营造学社的梁思成教授和他的学生莫宗江及一位工友。

由此拉开了梁思成考察正定古城的序幕。

梁思成（公元1901—1972年），这是中国建筑史上一个伟大的名字。提起他，人们会与著名建筑历史学家、建筑教育家和建筑设计师、中国建筑教育的奠基人之一等称谓相联系。还会想到，新中国几项重大设计方案，包括著名的"梁陈方案"（《关于中央人民政府行政中心区位置的建议》），以及人民英雄纪念碑、中华人民共和国国徽等设计，梁先生都是组织参与者。

"吃水不忘挖井人"，中国人凡是讲这句话时，背后都有一个令人感恩的、记忆深刻的故事。正定人尤为如此。

梁思成

正定古建筑今日之辉煌，正

定古建筑的珍贵价值得以蜚声海内外，从系统的调查、整理、研究到保护，都有赖于一位大师的呕心沥血，那就是梁思成。

作为毕生致力于中国古代建筑研究保护的学者，正定古城很早就引起了梁思成的关注，一生曾多次来到正定。

第一次来正定，虽是春暖花开的人间四月天，但梁思成的心绪开始并不清爽，应该没有感觉到"春的光艳"，这与时局有相当大的关系。

彼时，正是所谓最自由民主的民国时期，但无论用多少美丽的辞藻粉饰，都改变不了那时军阀混战、外族凌辱、民不聊生的社会状态。

梁思成在《正定纪游》中也多次用"战时"情形、"兵荒马乱"来形容那个时间背景。加上交通工具的落后，平汉铁路破旧不堪，与今天高铁的快速天差地别。从北平前门火车站出发抵达正定火车站，火车走走停停，整整用了十个小时，使人不胜疲劳。况且，一路上，他们"沿途接触的都是些武装同志，全车上买票的只有我们，其余都是用免票'因公'乘车的健儿们"，[1]精神也不得放松。

火车到达正定，路途还未结束。似乎是为了避免破坏风水，正定火车站被安排在离古城五六里地之外。为方便旅客，在进城距离最近处——古城墙的西北角打了个小北门。不经意中，开了古城墙破坏的先河，由此只要为了交通方便，各种"开墙打洞"大行其道，古城墙在呻吟中毁去。

尽管如此，下得车来，还要雇人力车穿过村落和田野，颠簸着随车拉下复又拉上干涸的护城河，用时一点钟，才能完成进城

---

[1] 梁思成著，林洙编：《梁》，中国青年出版社2013年版，第139页。

第五章 千古之美——四塔八楼拱阳和

的"最后一公里"。在这种氛围和条件下搞学术考察，不可避免地要心情压抑，身心疲惫。

好在，梁思成是有追求的人，对物质条件都可以忽略不计。在多次考察中，他经历过残破不堪的道路，与虱子、跳蚤为伍的环境，甚至还有兵匪的骚扰，但都没有阻止他坚定的步伐。

二

我说你是人间的四月天；笑响点亮了四面风；轻灵在春的光艳中交舞着变。

你是四月早天里的云烟，黄昏吹着风的软，星子在无意中闪，细雨点洒在花前。

那轻，那娉婷，你是，鲜妍百花的冠冕你戴着，你是天真，庄严，你是夜夜的月圆。

雪化后那片鹅黄，你像；新鲜初放芽的绿，你是；柔嫩喜悦，水光浮动着你梦期待中白莲。

你是一树一树的花开，是燕在梁间呢喃，——你是爱，是暖，是希望，你是人间的四月天！①

这首著名的《你是人间的四月天》，意境优美、风格清新，一直被人们称颂，曾经入选语文课本，作者就是梁思成的夫人林徽因。

名篇多解读。有人说这首诗是林徽因写给曾经的恋人的，有

---

① 丁言昭：《骄傲的女神·林徽因》，上海书店出版社2002年版，第142—143页。

人说是写给刚出生儿子的，我倒认为，应当是写给有共同追求的爱人梁思成的。因为她深知梁思成对中华建筑那份爱的分量、暖的温度和希望的殷切。

梁思成心中的爱和暖，就是倾注在中国古建筑上的那份炙热的感情。在那精美的斗拱和大屋脊中，寄托着他的爱、他的暖、他的希望。

从20世纪20年代留学美国算起，梁思成就开始献身建筑史学研究，尤其对中国古建筑情有独钟。这种感情既出于对专业的喜爱，也充满着文化自信的爱国情怀。

在梁思成之前，中国古建筑尽管硕果斐然，但中国人没有写过建筑史，第一部中国建筑史是日本人伊东忠太写的。日本人曾经放言，中国境内已经没有唐代木结构建筑，要领略唐代古朴雄浑的建筑风格，必须到日本奈良去。

回国后，梁思成加入由朱启钤发起的中国营造学社，与同仁们一起，发奋为中华文明历史正名。他们从1932年开始，实施开展了中国第一次大规模的古建筑调查。此后10年，在内忧外患的社会中，梁思成的足迹遍布全国15个省、200多个县，历经千辛万苦，考察测绘了2738处唐、宋、辽、金、元、明、清等朝代的古建筑遗存。以五台山佛光寺东大殿等唐代遗存的发现，宣告了狂妄的日本人谬论的破产。

此后，在抗战时期颠沛流离、贫病交加的处境下，梁思成以坚韧的毅力完成了《中国建筑史》一书。这是有史以来第一部由中国人编写的中国建筑史，他充满自信地向全世界展示了中国古建筑的辉煌，以及独特的美学风格，为世界建筑史贡献了中国建筑"文法"。梁思成和中国营造学社的名字走向了世界。

1962年，英国著名科学家李约瑟在他新出版的《中国科学技术史》中,郑重介绍了中国营造学社。他称梁思成为研究"中国建筑历史的宗师",他自己研究中国建造工程的主要资料,基本都来自营造学社。

三

在大规模的古建筑调查中,作为一个重要节点,正定理所当然地进入了梁思成的视野。尽管当时兵荒马乱,梁思成还是抓紧时间,开启了这次考察。

他应当是带着希望来正定的,他希望能够在这里找到四月天的爱、四月天的暖。

调查的收获如何,我们可以从梁思成一路心情的变化中找到答案。梁思成虽然擅长理工科,但文笔自然流畅,他后来写的《正定纪游》,读来更像一篇声情并茂的散文。

进城之前,梁思成的心情是晦暗的,一路上的所闻所见,足以令人忧虑。

初进城内,心情没有变化。"依然是一样的田野,并没有丝毫都市模样。"

进到城内已渐繁华之处,看到远处高大的绿色玻璃庑殿顶,八角形的天宁寺木塔,四方形的开元寺砖塔,梁思成心情豁然开朗。他后来回忆说,"我因在进城后几分钟内所得到的印象,才恍然大悟正定城之大出乎意料之外。但是当时我却不知在我眼前这一大片鳞次栉比屋舍之中,还蕴藏着许多宝贝"。[1]

及至看到触摸到这些古建筑后,他的心情大好,情感和表情

---

[1] 梁思成著,林洙编:《梁》,中国青年出版社2013年版,第141页。

迅速发生变化，接连发出一系列感叹和赞美：

看到隆兴寺摩尼殿，他赞美说，摩尼殿有着极其优美丰富的屋顶轮廓线，"那种画意的潇洒，古劲的庄严，的确令人起一种不可言喻的感觉"，"这摩尼殿重叠雄伟，可以算是艺臻极品，而在中国建筑物里也是别开生面"。①

看到隆兴寺转轮藏，他称为"是中国现存的唯一第十世纪的真正可以转动的佛经的书架。转轮藏殿之结构，尤为精巧，是木构建筑之杰作……使我们高兴到发狂。"②

民国年间的摩尼殿

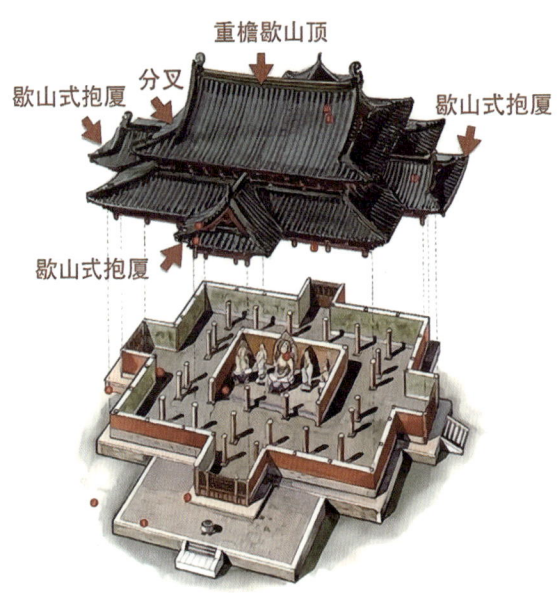

摩尼殿结构图

---

① 梁思成：《正定调查纪略》，《中国营造学社汇刊》1933年第4卷第2期。

② 梁思成：《正定调查纪略》，《中国营造学社汇刊》1933年第4卷第2期。

第五章 千古之美——四塔八楼拱阳和

民国初期的转轮藏

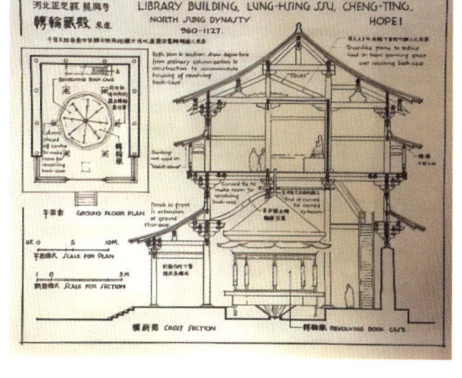

梁思成手绘转轮藏殿结构图

总之,隆兴寺给梁思成留下深刻印象,因之,他在日后的古建筑研究中,多次称隆兴寺是精彩的、伟大的,是那样的深邃。

看到阳和楼,他感叹"与天安门端门极相类似","庄严尤过于罗马君士坦丁的凯旋门","殿身的梁拱斗拱,使我们心花怒放"。①

看到开元寺的钟楼,他由衷地感到,"这才是我们的意外收获……其风格与我已见到诸建筑迥然不同,古简粗壮无过于是。"②

此时的梁思成,已经完全摆脱了路途上的不爽,沉浸在"一树一树的花开"美景中,"笑响点亮了四面风",一处处古建筑,触手可摸又那样沁人心脾。人间四月天的感觉真好!

只是还有遗憾。原定两周的正定考察,由于战乱的影响,只进行了一周,梁思成不得不离开。

---

① 梁思成:《正定调查纪略》,《中国营造学社汇刊》1933年第4卷第2期。

② 梁思成:《正定调查纪略》,《中国营造学社汇刊》1933年第4卷第2期。

欣慰的是，梁思成没有放下兹兹在念的正定。1933年11月，梁思成第二次来到正定考古。这一次，他带来了志同道合的伴侣、《你是人间的四月天》的作者林

梁思成在转轮藏殿檐下

徽因。在正定，他们琴瑟和鸣，在厚厚尘土的梁架上，在斗拱和卯榫的度量中，像燕在梁间的呢喃，又演绎了一场"梁上君子，林下美人"的佳话。这一年，梁思成32岁，林徽因29岁。

历史将记住这两次考察，它是与时间赛跑，是在抢救性地发现与记录。当年，长城抗战烽火燃起，日寇魔爪觊觎华北；四年后，卢沟桥事变爆发，侵略者疯狂烧杀抢掠；抗战胜利后，国民党发动内战，许多古建筑危在旦夕，而梁、林两位先生完全用手工绘制的一沓沓珍贵的图纸，以及拍摄的原始照片，存住了中华古建筑的真谛与精髓，也为历史、为文物重生提供了真实样本。

当包括正定阳和楼等一批古建筑重现原貌时，我们要由衷地致敬这两位先贤。

四

梁思成来到正定，目光没有停留在浅表的发现上，而是深度解读，开了一堂生动的建筑课，领着人们认识古建筑明珠般的美轮美奂，以及出类拔萃的智慧之光。这时的梁思成，更像是一位循循善诱的老师。

梁思成这样描绘摩尼殿：它是隆兴寺现在诸建筑中最大最重要者。大殿山花向前、立面重檐歇山的殿身，四面出抱厦，造型

第五章 千古之美——四塔八楼拱阳和

奇特,十字形的平面,每面有歇山向前,这式样我们平时除去北平故宫,紫禁城角楼外,只在宋画里见过。

梁思成这样评价转轮藏殿:它的梁架的结构,可以说是建筑中罕有的珍品。……交代得清清楚楚,毫不勉强,在梁架用法中是最上乘的。此外各梁柱间交接处所用的角替、襻间、驼峰等,条理不紊,穿插紧凑,抑扬顿挫,适得其当,唯有听大乐队之奏鸣曲,能得到同样的锐感。

尽管说的专业性很强,但以大乐队奏鸣曲比喻,转轮藏殿那种锐感和美感,人们感受到了。

梁思成同样给阳和楼以极高评价。大师的语言极简而准确,且形神兼备。一曰阳和楼的宏大,类似天安门端门,庄严尤过于罗马君士坦丁的凯旋门。二曰架构精巧。襻间替木皆运用自如……诚然是健康合理的结构。三曰斗拱奇特,在分部上,本身各件的权衡上;与楼身之比例上;及与梁架之交接上,都有许多罕见的特征。

端门,在清紫禁城的正门午门与皇城的正门天安门之间,整个建筑风格与天安门相同,而凯旋门是为了纪念君士坦丁大帝统一罗马帝国而建的。端门的高大自不必多说,君士坦丁凯旋门是一座有三个拱门的建筑,高21米,面阔25.7米,进深7.4米,横跨在道路中央,恢宏大气。

梁思成把阳和楼与世界闻名的两座建筑相比,足以说明阳和楼的宏伟。事实上,阳和楼加上底部的砖台高度达到18.6米,已与君士坦丁凯旋门的高度相差无几,而面阔与进深则大大超过后者。

在这心花怒放的考察中,梁思成完成了他的古建筑知识课。看得出来,他已完全享受其中。

除了发现整理和讲授知识外,梁思成还是一位权威的鉴定者,像一位严谨的法官,为不少古建筑"官司"断案——确定了建造年代。

在此之前,正定古建筑的始建年代多有争论。梁思成以渊博的知识,丰富的阅历,严谨的治学态度,回答了许多疑难问题。且看他是如何"断案"的。

正定开元寺钟楼。原名净观寺,始建于东魏兴和二年(公元540年),隋开皇十年(公元590年)改名解慧寺,唐开元二十六年(公元738年)奉诏改称开元寺。现存钟楼为二层楼阁式,方形,面阔、进深各3间,建筑面积135平方米,单檐歇山顶,上布青瓦,通高14米。历代都有修葺。因此现存建筑建于何时,一直说法不一。

梁思成通过实地考察,认为其大木结构、柱网、斗拱,包括那口铜钟,都展示了唐代建筑风格。"钟楼三间正方形,上层外部为后世重修,但内部及下层的雄大的斗拱,若说它是唐构,我也不能否认。"① 梁思成最后认定是唐代的钟楼,且是"独一遗例",即中国现存唯一的唐代钟楼。这是梁思成此行被载入史册的重大发现。

1988年1月,开元寺钟楼列为全国重点文物保护单位,当年落架重修,从木构上发现钟楼建于唐乾宁五年(公元898年)的题记,确凿地证明了梁思成当年判断之准确。

如果从时间上来算,开元寺钟楼应该是梁思成先生发现的第一座唐代木构,比1937年他与林徽因发现的山西五台山佛光寺东大殿,早了四年。诚然,开元寺钟楼在后人修葺时留下瑕疵,

---

① 梁思成:《正定调查纪略》,《中国营造学社汇刊》1933年第4卷第2期。

第五章 千古之美——四塔八楼拱阳和

但整体结构并不妨碍它与其他两处唐代建筑一起,载入中国建筑史册,并且以唯一的唐代钟楼享有盛名。

唐构开元寺钟楼

唐代铜钟

钟楼的盛名,引发了另一位大师的浓厚兴趣和亲密接触。1952年春,著名数学家华罗庚来正定考察钟楼,历时八天之多。他对钟楼构造的技巧、蕴含的科学智慧赞不绝口。

"那么一座大铜钟,挂在一座不起眼的钟楼上,非常牢固,牢固到何种程度你们知道吗?这是一个谜!从这个谜中可以看到,我们的祖先在千百年前造了这座钟、建的这座楼是多么地富有智慧!多么了不起!这个钟再重一点也不行,再轻一点也不行;这个楼的木质结构,长短粗细、辐射方向再差一点也不行。这样建起来,这样挂上去,恰巧钟的重量就一点也没有了,但它结实得好像打上一个非常奇妙的'钉子'。这是一道世界建筑史上、世界数学史上,至今还未被后人算清并揭示出来的数学几何力学

237

摩尼殿今貌

东侧斗拱和铺作

题。……我们的祖先太伟大了！"[1]

梁思成另外一个断代成果是隆兴寺摩尼殿。现存的建筑年代，有宋、辽、金、元多种推测，梁思成以他丰富的阅历判断，摩尼殿构造颇合宋代《营造法式》，至少也是宋代原构，不过科学严谨的他又补充道，当再搜寻可靠的文献做考证。1935年，营造学社另一位先生刘敦桢实地考察，也持

---

[1] 河北省历史文化研究发展促进会、正定古文化研究会编：《古圖文汇》，河北人民出版社2003年版，第458—459页。

第五章　千古之美——四塔八楼拱阳和

相同看法。

40多年后，1977年摩尼殿落架大修，从内槽阑额及斗拱等部位，发现有文字题记的构件246件，其中宋代题记四处，标有北宋皇祐四年（公元1052年）墨书题记，证实梁思成、刘敦桢两位先生当初的判断准确无误。

有意义的是，这次大修还发现一位重要的工程师，一处斗拱上题写着"真定府都料王瑢"。

古代称营造师、总工匠为都料匠，都料即都料匠之简称。无疑，王瑢就是主持摩尼殿建造的总工程师。

封建朝代的匠人没有地位，对其经历鲜少有记载。与著名的隋代工匠李春一样，只知其名，不知其生平，但我们可以判断，宋代的王瑢，主持建造了著名的摩尼殿，是梁思成所说的古代匠师智慧与纯熟技巧的代表人物，值得郑重地载入史册。

五

我相信，梁思成一生考察过无数的中华古建筑，但对正定古建筑如此情有独钟，感情如此之深，挚爱如此之切，在中国建筑史上是前所未有、无人能及的。

梁思成为正定古建筑的发现、整理并载入史册，作了开创性的工作。梁思成先后多次来到正定，发现、测量或摄影的建筑物18处，详细绘制摩尼殿、转轮藏阁、阳和楼、县文庙大成殿等八处图纸，形成了《正定古建筑调查纪略》这一极具科学价值的考察总结，将正定古建筑列入中国建筑的典范和教材；为建筑教学，也为后来大批文物的"修旧如旧"提供了翔实资料和科学依据。

试想，没有这些宝贵的资料，正定许多古建筑，一如那个美丽的潭园，只能在遐想中去思念她，更何谈复建呢？

梁思成前所未有地从理论角度解读正定古建筑，极大地升华了其美誉度和影响力。他说，建筑和语言文字一样，一个民族总是创造出他们世世代代所喜爱、因而沿用的惯例，成了法式。这一切特点都有一定的风格和手法，为匠师们所遵守，为人民所承认，我们可以叫它作中国建筑的"文法"[①]。

在梁思成眼中，隆兴寺与阳和楼等正定古建筑，都体现了中国建筑的法式与文法。这对严谨务实的建筑大师来讲，是极高的评价。

梁思成保护正定古城的功绩不可磨灭。1944年，中美盟军反攻轰炸敌占区时，时任国民政府战区文物保护委员会副主任的梁思成，紧急编了一本要保护的古建筑文物目录。其中将正定九处文物（包括隆兴寺、华塔、青塔、县文庙、府文庙、开元寺钟楼、阳和楼、天宁寺塔等）及15件建筑列入名单，仅隆兴寺一处即标出摩尼殿、转轮藏殿、观音铜像、观音阁塑壁、龙藏寺碑、山门、慈氏阁等七件建筑。

1948年，北平解放前夕，梁思成为人民解放军编写了一本《全国重要文物建筑简目》，又将正定这九处文物列入保护目录中，并亲自圈图说明。两次保护名单，避免了古城遭战火毁灭。

如果说，这些都体现了梁思成的爱和暖，那么，对修缮保护好正定古建筑，则是殷切的希望和期待。他在新中国成立后，先后指导了隆兴寺转轮藏殿、开元寺钟楼的重修，以及隆兴寺园林建设。转轮藏殿修葺如新，重放异彩，钟楼去除了后人修缮时的清式屋顶，恢复了古朴庄重的唐代风貌。如今，梁思成当年亲手

---

① 梁思成著，林洙编：《梁》，中国青年出版社2013年版，第67页。

第五章 千古之美——四塔八楼拱阳和

绘制过的八处古迹全部重修完毕，正定古建筑群再现辉煌。

写到这里，我由衷地感到，饮水思源，正定应当为梁思成大师塑像或立碑。正定古建筑群里可以没有其他什么人的像或碑，唯独应当有梁思成的，以纪念他对这方热土、这群古建筑付出的心血——初心与使命的真实写照。

感恩的碑，更应当深深地铭记在人们心中。没有他，正定许多古建筑可能默默无闻，至今湮没在风尘中；没有他，许多珍贵的建筑，可能无法保存，毁于一旦；没有他，人们在保护传承中华古建筑文化的道路上，可能步履蹒跚，晚行了许多年。

在正定古城得以新生的时候，人们应当记住那个黄昏的人间四月天，是梁思成给正定带来了爱、带来了暖，更带来了希望！他一直希望未来的古城能够形神兼备，更加为中华文化增光添彩。

梁思成的希望没有落空，正定的古建筑文化一直在发扬光大。带着梁思成的希望，20世纪80年代起，正定一大批古建筑得到有效保护，隆兴寺摩尼殿、华塔、澄灵塔、须弥塔等陆续修缮；1999年10月，耗资3000万元的隆兴寺大悲阁重修开放，是国家继西藏布达拉宫之后，单体古建筑修缮投资最大的项目。

新世纪新开端，2000年1月1日0时0分，正定县委、县政府"欢度新千年、敲响世纪钟"大型庆典活动，在千年古刹开元寺隆重举行。沉寂多年的唐代大钟被轰然敲响，深沉悠远，声闻十里，与新世纪的曙光交汇并合，常山儿女开启了新一轮传承保护历史文化的新征程。

寻觅潭园

一

千年岁月,大浪淘沙,古城沉淀了多少神韵与精华,也留下了不解的遗憾与谜团。

明明是只闻其说,未谋其面,却引以为豪,令人神往;明明是千年的遐想,却又近在眼前;明明是英年早逝,却觉得永驻人间……

这个让正定不能忘却,历代文人咏之、歌之、怀念之的,就是潭园。

一位热爱历史文化的朋友对我说,潭园,是他心底埋藏已久的一个梦,一个神秘而又幽深的梦。我相信,这种感觉绝不是他个人所有。

正定作为古城,历史上曾有许多瑰玮的建筑名噪一时,由于天灾人祸而毁于一旦,被人们渐渐忘记。

元代的玉华宫,原为玉华观,是一处道观建筑,后因真定被封为元皇太后的"汤沐邑"(收取税赋的私邑),元世祖改为玉华宫,专设祭祀太上皇、皇后御容的神御殿。

所谓御容就是画像,最早是用缂丝织成,后又用藏传佛教唐卡的形式来表现。神御殿,旧称影堂,专门用来供奉御容——尊者的大幅画像。从玉华宫建立到元代终极,每一位皇帝都常派专人到真定祭祀,并且用国家祭祀的登歌乐,典礼仪式甚是隆重。

如此说来，玉华宫也可以称为是皇家的家庙。

元代学者纳新来过这里，他在《河朔访古记》中这样记述，"玉华宫，在真定路城中，衙城之北，潭园之东，是为睿宗仁圣景襄皇帝之神御殿奉安御容者也。外为红绰楔垣墙，四周槐柳森列，重门棨戟，广殿修庑，金碧辉映，宏壮华丽，拟于宫掖。"只一句拟于宫掖，足以说明其宏大堂皇，地位不凡。可惜这样一个显赫的庙宇，随着元朝的没落而损毁，至明朝万历年间已无踪迹。

更早的建筑是战国时期的神女楼。清光绪元年《正定县志》曰，"神女楼，在城北，《元志》旧有台，俗呼神女楼。"此城应为东垣城，时在滹沱河南岸。

神女楼为赵武灵王所建。其时，赵武灵王兴兵伐中山国，攻取东垣城，梦晤神女。因此于滹沱河畔建神女楼，并令群臣赋诗填词以记之。距今至少已有2300多年。

神女楼建筑如何，没有记载，但赵武灵王刚刚夺取中山的重要城邑东垣，挟胜利之威，精气神正足，其敕建的神女楼，一定会是高大雄伟、惊艳四方的。但年代久远，也没有逃脱坍塌毁灭的命运，只留下赵武灵王梦晤神女的传说。

正定历史上曾经知名的建筑还有很多。

譬如建于明洪武三年（公元1370年）的府城隍庙，规模宏大，布局严谨，是一处典型的道教庙宇，也是远近闻名的庙会场所。

建于元延祐六年（公元1319年）的春风亭，位于正定城东北安丰里（今东安丰村）的苏天爵别墅内，清人梁清标赞曰："桃杏千株树树花，翼然亭立临滋水。春风浩荡滋水流，花开花落闻鸣鸠。"

还有滋溪书堂、飞云楼、恒山堂、关帝庙、河神庙、鲜虞亭……，每一处建筑都曾各领风骚，名扬一时。在不存之后，众人皆有惋惜怀念之意。

但是，都没有后人对潭园怀念得这样惋惜，这样的念念不忘。行古志今，正定历代留下的关于潭园的史志、诗词歌赋等，思绪绵长，数百年间也未曾断绝。潭园那一帘幽梦如此之长！

这样的情愫，我以为源于史料对潭园美好的描述，也来源于她的朦胧——她的身世、她的美誉度和旷世影响，她的遗憾消失，还有一个个未解的谜团，更引发人们的兴趣。

潭园之初，潭园之美，潭园之殇，潭园之余波，都值得人们去寻觅。

二

迎头遇到的第一个问题，就是潭园建于何年？历史上有多种说法，包括唐代说、五代说等，我觉得还是要从史料上找答案。

先要交代一下称谓。正定历史上的潭园，也称为潭城、北潭、牙城、海子园（一说不是）。后代文人涉及这些名字的描述，皆可归于潭园。

"真定潭园之盛，自唐已著，历五代至宋时，屡见名人题咏。"这是清代学者梁清远在他的《雕邱杂录》中对潭园的记载。

另一位清代学者顾祖禹记载，安史之乱后，唐朝中晚期，河朔地区进入藩镇割据时代，与中央政权若即若离，盘踞恒州（镇州）一带的是成德军。首任节度使李宝臣千方百计扩大势力和影响，在拓建镇州城之时，还修筑了牙城，"镇州牙城曰潭城"[①]。

---

① （清）顾祖禹：《读史方舆纪要》（二），团结出版社2022年版，第566页。

北宋著名文学家欧阳修对此进行了注释:"常山宫后有池,亦曰北潭,州之盛游惟此,故牙城为之潭城。"

李宝臣之后,后任的节度使接力经营,尤其是在成德军王廷凑祖孙五代控制下的100年时间里,恒州城经济发展,社会相对稳定,统治者多方营建园林、别墅,一方面追求享受欲望,另一方面彰显城市的雍华,满足自己的虚荣心。到了王廷凑孙王镕执政时期,潭园已是一座有相当规模的园林建筑,进入了繁花似锦的阶段。

王镕在藩镇割据后期,由恒州刺史而称赵王,生活越来越奢靡,政务全部交给属下去办,自己专事享受。宋代政治家吕颐浩曾在真定任河北都转运使,他在《燕魏杂记》中写道,"王氏无事,饰亭宇,事嬉游,今真定府使廨,雄盛冠于河北一路。"廨,古代办公的地方,使廨,应为官署使用。

王镕对潭园用心良苦,除了大兴土木,累加建筑之外,还专门增加了机构和编制,设置了"东门招讨副使、池潭都监官"一职,专事管理池潭园囿事务,相当于今天的城市园林处主任。手下还应有一支执法队伍。

佐证此事的是后来出土的《唐孟弘敏夫人墓志铭》。孟弘敏,一位当时的真定官吏,在唐天祐年间出任此职,他也成为第一位上了碑文的园林官。

综上所述,潭园大约初建于唐宝应二年(公元763年),是随着镇州城的扩建而修建。修筑城墙需就地取土,借势而为,修一个潭池,也是顺理成章的。而后续各任成德军节度使不断锦上添花,及至100多年后,王镕于中和三年(公元883年)继任成德军节度使,又进行一番精心修建,使之到了登峰造极的繁丽地步,成为"冠于诸镇"的名胜。如此说成立,潭园始建距今已有

1200多年了。

接下来的问题是潭园建在何处？

宋代先后出任河北都转运使的欧阳修和吕颐浩，都有描述。吕颐浩的记忆是"府治后"，欧阳修则说与其官舍只一墙之隔，诗曰："北潭去城无百步，渌水冰销鱼泼刺。"说法基本一致。

当年的真定府治即今天的正定县政府所在地。由此，有正定的朋友推测，潭园故址应在府治大院后，城西北广大地区。佐证是，潭园消失，虽经大量塌毁建筑及杂物掩埋，还是留下来大面积的沼泽地，后来修建的舍利寺、洪济寺、龙王堂等建筑均于高台之上。梁思成初进正定城，看到的西北部大片的田野，应当是当年潭水演变的遗迹。

还有一种说法出自《金史·海陵王纪》，"今东城外有地，名海子岸或其遗址乎"，意即潭园在城外东边，也只是说或许，并不肯定。

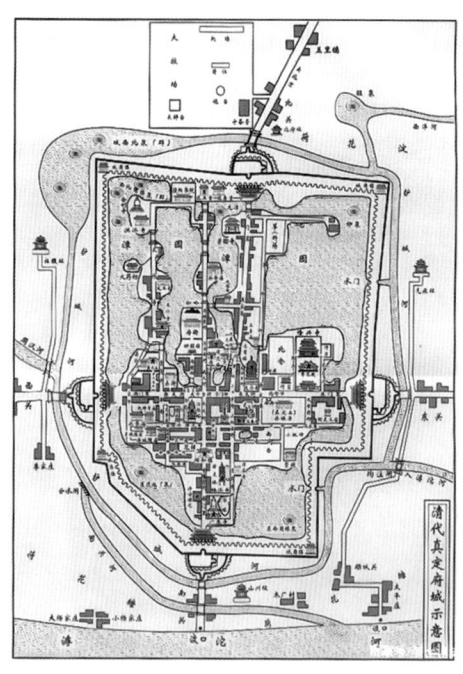

真定府城图中潭园的位置

朋友对潭园在东城外的说法，很不以为然：一座如诗如画的园林怎么可能跑到城外呢？她一定在城中与人们亲密相伴，无时无刻不展现她姣好的面容！

第五章　千古之美——四塔八楼拱阳和

三

潭园之美，美在何处，美到什么程度？可能是最难回答的问题。

真定的历代名人都有描述，多姿多彩，像雾像雨又像风，似乎很清晰又很朦胧。

先看看都是什么人见过潭园。

公元960年北宋建国，为统一北方，宋太祖赵匡胤、宋太宗赵光义先后驻跸真定，下榻之地，就是潭园。此时潭园成为北方平原鲜有的大型皇家园林，兼作为帝王行宫。太宗年间任真定知府的田况描述行宫，"缮葺宫殿，藻垩一新。宴殿特瑰壮。两庑修敞，不减京都集英制度。"他把潭园行宫的大殿与北宋皇宫的国宴厅集英殿相媲美。

靖康二年（公元1127年）四月二十三日，这个行宫还为北宋最没有骨气的皇帝宋徽宗及其末代皇帝宋钦宗服务过。只不过是他们被金兵掳去北上，押解过真定城。真定的百姓见宋徽宗前边的引旗上书有"太上皇"三字，知是国朝的皇帝如今沦为阶下囚，受此大辱，不觉放声大哭，而寡鲜廉耻的宋徽宗却毫无表示，径自住进了府署后潭园的静渊庄。

除了帝王之外，还有不少封疆大吏来过这里。北宋年间，朝廷先设河北东、西两路，后合并为河北路，相当于今天河北省，路治设真定，地位重要，许多朝廷要员在此任职。

庆历四年（公元1044年），欧阳修作为庆历新政的参与者被贬出京，以龙图阁直学士、河北都转运按察使的身份奉使真定。

庆历七年（公元1047年），北宋政治家、词人韩琦知真

欧阳修

定府。

熙宁七年（公元1074年），北宋政治家、科学家沈括以集贤校理、知制诰的官衔，出为河北西路察访使。

元祐元年（公元1086年），曾官居丞相的蔡京被贬，任真定知府，例兼真定府路安抚使、成德军知军。

靖康元年（公元1126年），政治家、史学家吕颐浩于正月任河北都转运使，后任南宋初年丞相。

金代文学家、政治家蔡松年，真定人，曾官至礼部尚书、右丞相，晚年欲归隐真定，建造"萧闲堂"，就在潭园西侧。

还有蔡珪，蔡松年之子，天德三年（公元1151年）进士。蔡珪以文名世，辩博号称天下第一，为金代文学的代表人物。

这些要员理政之余，不约而同地对潭园发出赞美之声。记载潭园风光的文章、诗词流传至今，有数十篇之多。

一曰其宏大之美。吕颐浩在《燕魏杂记》中说，"府治后有潭园，围九里，古木参天，台沼相望。"考虑到古代城池设置，内城叫城，外城叫郭，内外城比例一般是三里之城，七里之郭。九里之围的潭园，相当于四平方公里，面积已经相当大了。

沈括在《梦溪笔谈》中写道，"镇阳池苑之盛，冠于诸镇，乃王镕时海子园也。""镇人（指真定人——作者注）喜大言，矜大其池，谓之'潭园'，盖不知昔尝谓之'海子'矣。中山人（指定州人）常好与镇人相雌雄，中山城北园中亦有大池，遂谓之

'海子'，以压镇之'潭园'。"[1] 潭也好，海子也好，总之面积都不小，沈括讲述了一个类似今天两座城市网友PK的故事，发生在1000多年前，看来古人就有城市间美誉度的竞争。

二曰其池潭之美。潭，指水深的池湖。到潭园，必到湖面畅游，故欧阳修有"喧喧谁暇听歌讴，浪绕春潭逐彩舟"之诗句；蔡松年有"梦里潭光翠欲流，何时春水一虚舟"的遐想。

没有见过潭园的诗人也在赞美。清代诗人梁清宽有"弥弥水际馆层峨，画舫歌楼胜事多。"弥弥，水深且满。仿佛是为了说明其深邃，另一位清代诗人沈涛在《海子园》诗中说："宫潭绕郭渺层波，不见荷花万柄多。此日荒榛窜狐兔，当年巨浪踏鼍鼋。"意即潭园不仅面积很大，而且水也很深，风吹浪起，鼍鼋出没。鼍鼋，中国神话中的巨鳖和扬子鳄，能在潭水里兴风作浪，可见潭水之深矣。

三曰其花木楼阁之美。多年经营，潭园成为郁郁葱葱的盛大园林。古木繁茂，植被葳蕤，足以影响真定城的小气候，形成自成一体的生态环境。蔡松年在《初上潭西新居》诗中曰，"乔木千章画不如，白鸥烟雨到江湖。"吕颐浩则说，潭园"古木参天，台沼相望。"北宋著名政治家、历史学家司马光在送朋友出使真定的诗篇里，也有"陌上壶浆隘，潭边花气曛"之句。

园林之美，必有楼台亭阁相伴。尽管没有专门描写潭园建筑的诗篇，但在诗文的字里行间，还是能找到许多楼阁的影子：

静渊庄，宋徽宗、宋钦宗过真定住的馆邑；

临芳亭，蔡松年梦登北潭之处；

---

[1] （宋）沈括著，侯真平校点：《梦溪笔谈》，岳麓书社2002年版，第179页。

恒山堂，原为潭园行宫的大门，是潭园损毁后的遗存，元代史天泽主政真定后，改为侍奉父母的"养老楼"。学者王若虚在《恒山堂记》中说，"堂广七楹，其高九仞，望之阴郁，如翚斯飞，俯瞰北潭，备诸胜概。""每府僚宴集其上，绮罗照野，丝管沸天，游人指点咨嗟，邈在仙境。"一座行宫大门改建的楼堂如此壮观，可见当年潭园建筑之宏丽。

熙春阁外观图（王贵祥《元上都开平宫殿建筑大安阁研究》）

熙春阁，是仿照北宋京城汴梁熙春阁而造。京城的熙春阁形势以魁伟特绝著称。史料形容熙春阁气势如在天空中飞翔突起，矗立其上，又好似大海龟抛掀而起，凤凰向上飞升。后人以国家博物馆收藏宋铜尺（约长公制31.6厘米）计算，熙春阁高为69.52米，面阔合72米。特绝的是，熙春阁总体是方形建筑，但四角有缺而形成数次弯转。这样奇特魁伟的建筑于今很少见到了。

在潭园复制熙春阁，想来规模有缩减，但"缥缈飞动"的气势一定还在。

四

美丽神秘的潭园存续了多少年？消失在什么时间？回答这个

问题，不得不触动那几个字：潭园之殇。

善良的正定人，应当知道历史上对家乡危害最烈的那个人，因为他在涂炭生灵的同时，还大肆进行文化强掳，使一座雄盛冠于北方的著名园林毁于一旦。他就是金代海陵王完颜亮。

金皇统九年（公元1149年），完颜亮杀宗亲篡权称帝，天德三年（公元1151年）决定迁中都于燕京（今北京市），遂命尚书右丞相张浩为总管，调集人力、掠夺物料大兴土木，建造金中都宫城。近在畿辅的真定，首当其冲遭遇厄运。

在海陵王的旨意下，张浩命将潭园中几百年树龄的古木大树砍伐殆尽，园内楼台亭阁拆除，将木料运往燕京，全部用于金中都宫室建筑上。

其间，秘书少监张仲柯奏言潭园木材低劣不可用，海陵王毫不动摇，下令诏取，并认为张受了真定人请托，将他罢免。海陵王显然对潭园十分了解，或许还享受其中，但并没有抑制他的贪婪之心，欲据为己有而后快。所谓诏取，无非是强盗的代名词。最终，潭园没有逃脱毁灭的命运。

清代正定府学教授赵文濂在《海子园怀古》中写道，"无端今有海陵王，内乱荒淫气骄悍。卜宅初造凤凰楼，迁都旋营鹈鹊冠。搜岩采干到斯园，大木千章根株断。"几百年后，正定人的愤怒情绪仍未平复。

事实上，金代的统治者在宫廷建筑上，完全没有什么创造，抄袭了北宋都城汴京的规划和建筑式样，也包括像潭园这样著名的园林，甚至连名称都拿过去使用。

金中都的西苑，原是辽南京的"瑶屿"，金加以扩建，又仿照北宋汴京御苑、真定潭园，使湖光水色、楼台殿宇、竹林柳庄等交相掩映，统称西华潭。在这规模庞大、风光瑰丽的园林中，人们仿佛已经见到了潭园的影子。

对这段历史，梁思成也有评述，"起初金也没有改建旧城，1511年才大规模地将辽城扩大，增建宫殿，有意识地模仿北宋汴梁的形制，按图兴修。金人把宋东京汴梁（开封）的宫殿苑囿和真定（正定）的潭园木料拆卸北运，在此大大建设起来，称它做中都，这时的北京便成了半个中国的中心。"①

如是，金中都建造时，正定潭园罹难日。从公元763年，首任成德军节度使李宝臣始建，到海陵王诏取树木毁灭，名胜园林潭园存续了将近400年。

最后告别潭园的名人应是蔡松年、蔡珪父子。1159年，在潭园被毁三年之后，蔡松年溘然长逝，15年后蔡珪也告别人间。他们都曾经入仕金廷，蔡松年还任过左丞相，与拆毁潭园的右丞相张浩同朝为官，但并没有改变潭园悲惨的命运，留下人生一个悲剧结尾。

400年来，引以为豪的潭园骤然逝去，给正定人留下了深深的伤痛和怀念。

元代大儒刘因赋《梦镇州潭园》诗云："昨夜分明是镇州，溪潭先子旧曾游。魂来千里太行碧，梦觉满庭烟水秋。古澹园林无限意，登临今昔几人愁。当年猿鹤应无恙，争信书郎谩白头。"叹息父亲归隐的潭园如今已是物是人非，一片苍茫。

数百年后，到了清代，正定人仍然没有忘却潭园。梁清标、梁清远兄弟俩进士争相怀念潭园。梁清标在《潭园歌》里写道，"我闻潭园自五代，池馆壮丽凌青云。数百年来阅古今，江河滚滚扬尘土。……我为潭上人，不见潭上花。日暮悲风起，城阙喧

---

① 梁思成著，林洙编：《梁》，中国青年出版社2013年版，第260页。

啼鸦……"字里行间抒发出对潭园逝去的无限惆怅。

堂兄梁清远的一首七绝《北潭》，则表达了历代文人墨客一种既向往又无奈的复杂情绪："画廊紫阁自巍峨，碧水粼粼云树多。数百年来成寂寞，一泓寒碧漾清波。"

五

让人念念不忘的潭园究竟有多美，前人惊鸿一瞥式的赞叹，足以使我们着迷，但似乎还未窥到全豹，仍不尽兴，不妨展开想象的翅膀去畅想。畅想，可以打开思维的束缚，描绘一幅心中理想的图画。

我想，那是一幅令人神往的、大写意的中国水墨画，集各种园林要素于一体，巧妙搭配，天然成趣。

你看，潭园的水元素多形态，有湖，有池，有渊，有潭，有海子（湿地），各自奉献她的波光潋滟。

潭园的建筑元素多元化，有楼，有台，有亭，有阁，有宫，有馆，有榭，彰显她的巍峨多姿。

潭园的林木元素多丰富，有松，有柏，有杨，有柳，有杉，有槐，有荷，有梅，有菊，有竹，更有奇花异草，簇拥出万紫千红的秀色。

形形色色的元素，就像一个调色盘，五彩斑斓，可以组合若干个模板。古木参天，繁花珍草，亭台楼阁，雕梁画栋，碧水盈池，宫潭绕郭，实乃人间仙境。

如果还不尽如人意的话，我们就要承认古人创造力的丰富，今人想象力的匮乏。干脆认为，那就是一幅朦胧的画卷，甚至是残缺的美图。今人看到的古罗马斗兽场、古希腊神庙，不都是一种残缺的美吗?

更多的人还是期盼能够看到潭园,一如期盼美丽的圆明园复建。

晚秋,我来到古城。在城东北角发现一处新建的园林。走进入口处,一块不小的山石上,写着"潭园"两个字,进得园来,有若干人物雕塑、树木和起伏的绿地,做工还算精巧。

我知道,这是以潭园命名的一处公园,与当年的潭园不可同日而语,但或许到此一游,可以抒发一下怀古的思绪,或提醒古城曾经有一处著名的园林,给后人留下这古老的符号。仅此一点也是值得的。

当然,尽管不是真正意义的潭园,也还可以设计得更有历史感些。譬如三位人物雕塑,分别是梁清标、苏天爵和范仲淹。这三位都是正定历史名人,但论起与潭园的关联,只有梁清标有咏潭园的诗作,苏天爵和范仲淹似乎没有什么感慨,反倒是另一位北宋政治家欧阳修没有列入其中,稍有遗憾。

要知道,欧阳修在真定任职仅一年时间,且因政治失意心绪不畅,但他却留下了十几首诗篇,篇篇几乎都有潭园或潭园的影子。欧阳修为潭园永留史册居功至伟,他用诗的语言记录了潭园的美好,为后人追思和遐想铺设了空间,而今的潭园里无论如何应当有他一席之地。

好的园林是岁月雕磨出来的。新建的潭园也可以注入些许文化元素,展现出独特的魅力。我想,不需要增加多少投资,能不能先有个文化长廊,介绍一下潭园的兴衰史,再石刻上脍炙人口的潭园诗篇。诗句是现成的。譬如:"喧喧谁暇听歌讴,浪绕春潭逐彩舟。争得心如汝无事,明年今日更来游。"(宋 欧阳修);"玻璃北潭面,十丈藕花秋。西楼爽气千仞,山障夕阳愁。"（金 蔡松年）；"竹阴松影玉葱茏，十里平堤一径通。碧水乍开新镜面，青山都是好屏风。寒蝉高鸟清愁外，折苇枯荷小景中。酒力未多秋兴逸，夕阳聊贷半林红。"（金 史肃）。

在历史的诗画意境中再游"潭园"，是不是另有一番情趣？

第六章

晨钟暮鼓——古殿悠悠径有苔

不息的钟鸣

一

有人说一部正定城,半部佛教史,实不谬也。

在蔚为壮观的中华文脉上,有着许多座高低错落的山峰,它们各美其美,美美与共,共同组成雄伟的历史文化山岳。其中有个山峰名称佛教文化。

与中华固有的文化不同,佛教大约在西汉末传入中国,初期主要在西域和首都长安周边传播。汉唐盛世敞开博大自信的胸怀,接纳了来自南亚的文化,佛教更与古老的中华文化产生了千丝万缕的联系,在这片土地上传播、碰撞、渐变,最终走向融合。

最能印证这个说法的是正定。佛教传入正定的时间晚了若干年,但它丝毫没有落后于世,1000多年来绵绵流长,并且在这里萌发新枝。独具一格的禅学门风,影响到社会,渗透到多领域,留下了深深的痕迹。

如今人们看到,一种纯粹的外来文化,与原生态的文化有着完全不同的审美追求,但却和谐地汇集在中华文化之中。像元代诗人管道升在《我侬词》中写道:"把一块泥,捻一个你,塑一个我。将咱两个,一齐打破,用水调和。再捻一个你,再塑一个我。我泥中有你,你泥中有我。"

先来看一下佛教与这片土地上的文化融合产生了什么?

——中华文化兴盛时期的文化重镇。佛教的兴盛,伴随了一座中心城市的崛起，城市的繁荣，佛教的弘扬，相互融合促进，一起发育成长。这种繁荣互进的场面，被敦煌莫高窟里的礼佛图壁画所记录，佛教文化重镇真定与佛教圣地五台山联系在一起，开辟了著名的唐代进香大道。

——禅宗新流派声名远播。在莲花盛开的佛坛中，"东方智慧"的临济禅宗在此创立，临济祖师义玄、临济祖庭以及当头棒喝的禅风，由此风靡华夏，声震海内外，流传至今，赢得无数信众顶礼膜拜。

——中国"法式"的建筑大放光明。以辉煌的佛寺为母体，这里构成摩尼殿、转轮藏殿、唐代钟楼、华塔等一批东方风格的古建筑，彰显了中华建筑文化的独特魅力，作为经典载入史册，以至于今天还为后世增光添彩。

——禅风滋养了科技文化的土壤。随着精美的寺、塔、殿、阁、雕塑、壁画的问世，产生了一大批世界水平的建筑师、设计师、雕刻家和美术师；文学戏剧家有了丰富的实践基地和创作源泉。仅仅是围绕晨钟暮鼓的诗词歌赋，就数目繁多，足可以独立成集。

——千古之美影响深远。由于佛教寺宇，正定曾经成为朝拜之地，宋太祖、元世祖、明嘉靖、清康熙、乾隆等帝王纷纷瞻礼拜佛；海内外游客争相踏足；近代梁思成、顾颉刚、华罗庚等大师多次驻足赏析；鲁迅先生没有来过正定，但书桌上摆放着摩尼殿的泥塑观音照片——被称为最美的东方女神。

所有这一切，都确凿地说明，佛教文化曾经与正定社会产生强烈的互动。如果没有连绵不断的佛教文化，正定的历史可能是另一番情景。

诚然，佛教与中华传统文化的儒学、道学等一样，其中也有消极糟粕的成分。但中华文化在与外来文化的大交流中,并没有丧失其堂堂正正的文化特质,取其精华,去其糟粕,摄取有益营养,最终使之成为中华优秀传统文化的有机物。

佛教中国化在正定的演进,便是中华文化消化吸收外来文化的杰出范例。

二

正定与佛教是有缘的。佛教能够在兵戈频发、战火频仍的地区扎根并发扬光大,某种程度上说是一个奇迹。

有记载表明,佛教于西晋时期传入正定,于唐宋时期达到鼎盛,成为"中华文化兴盛时期的佛教重镇"(余秋雨语)。据考证,正定先后建有佛教寺院102座,仅城内就有十几座可观的大寺。

但是,一路走来并不顺畅。自传入之日起,1000多年来,天灾人祸,历经坎坷,佛教却表现出了极强的生命力,晨钟暮鼓一直回荡在正定上空。

政治上的鉴别与洗礼十分峻烈。作为传统儒学的倡导者,帝王们为了维护其统治,对佛教采取的是一种很现实、既利用又限制的策略,认为对其有利时,就倡导推崇,对其不利时,就打击限制,甚至灭佛。

佛教先后经历了多次灭佛活动。

第一个灭佛的是北魏时期的太武帝。他信奉道教,又怀疑长安的寺院失去朝廷的控制,便下令焚毁佛经,诛杀僧侣,在全国禁佛。好在时间不长,被新帝废除。

第二个灭佛的是南北朝时期北周的周武帝。这位皇帝信奉儒学,以寺院占有大量肥沃土地和人口又不承担徭役租税,削弱了国力为由，下令禁绝佛道两教，又以佛教为打击重点。周武帝灭佛共毁寺庙4万座，强迫300万僧尼还俗。

第三次灭佛，发生在唐代会昌年间，唐武宗声称佛教违反传统伦理，大逆不道，发动大规模灭佛，佛教遭遇浩劫，史称"会昌法难"。

很凑巧，三位带"武"字庙号的帝王，都对佛教极不友好。此外，五代时期周世宗还有一次灭佛活动，其地域性更强，正定恰是后周主要统治地区之一。

作为佛教重镇的正定，在这几次灭佛运动中，都承受了巨大的压力，但居然没有遭受灭顶之灾，还有所发展。其中原因，除了佛教本身的韧性之外，还有赖于一批"护法使者"。

唐代安史之乱后，真定处于藩镇统治之下，强大的成德军割据一方，相对独立于中央政权，成了佛教的保护伞。在唐武宗灭佛时，成德军节度使根本不睬唐朝皇帝，声称要灭佛请皇帝自己来灭，正定不少寺庙得以幸免。

还有唐末成德军节度使、赵王王镕是一位虔诚的佛教徒，面对灭佛运动，更是置之不理，我行我素，还把号称古佛的赵州从谂禅师请到镇州，拨出宅院尊养。一时间镇州成为天下敬仰的佛家圣地。

另一位护法使者是宋太祖。为了巩固赵宋王朝的根基，赵匡胤作出了发展佛教的重要决定，敕建真定龙兴寺铜佛和大悲阁。从而加速清除了周世宗的灭佛恶果，释迦牟尼形象重回世间，正定佛教又一次迎来新的生机。

元代虽然采取兼收并蓄的宗教政策，但对佛教还是偏爱。统治者主持了在真定引发的佛、道之间的"辩法"，起因是真定龙兴寺住持那摩与少林寺长老向蒙哥大汗告状，说道教毁坏了释迦

第六章　晨钟暮鼓——古殿悠悠径有苔

牟尼的经教和神像，以假经和老君像代替。按蒙哥大汗的旨意，诏那摩等僧侣大师与真定道教李志常真人登殿辩对真伪，举行一场御前宗教大PK，结果佛教大胜。

朝廷议定，"除道德经外，其余说谎经文尽行烧毁。道士爱佛经者为僧，不为僧道者娶妻为民。"①本土道教败给了外来的佛教，不仅威望受损，而且信众大减，佛教大行其道，日益兴盛。

又过了300多年，清代统治者入主中原，全盘继承汉文化，成为佛教的大力弘扬者。真定吸引帝王的地方，无一例外是各个佛寺，尤以隆兴寺、广惠寺、崇因寺为重。康熙、乾隆多次进香拜佛，还两次降旨修缮隆兴寺。乾隆在83岁高龄时，还念念不忘正定，最后一次巡幸了隆兴寺。

仰赖护法使者的眷顾，真定成为佛教赖以传承的一个基地。在灭佛的至暗时刻，真定佛教躲过浩劫，并得以延续、振兴且枝繁叶茂。

在一定程度上说，是真定担起了河朔地区传承佛法的大任，不能想象，在万马齐喑的时刻，如果没有真定的坚守，佛教在北方的生存会是什么样的局面？

三

仅仅是历史悠久、连绵不断，似乎还没有对正定佛教文化评价到位，开放性和包容性才是佛教重镇的标志。

正定这片土地，文化淳朴，开放包容，为佛教发育铺设了温床，各宗派在此各得其所，各展其长，如花承露，尽情绽放：

---

① （元）释迈祥撰：《大元至元辨伪录》序，元刻本，国家图书馆藏。

云门宗,是禅宗五家七宗之一,人称其禅风机辩险绝,语句简要,如电光石火,每有千钧之重。云门禅是北宋禅宗发展的主要派别之一。真定府洪济禅院,是当时云门宗的代表寺院,也可以称是为禅宗立规矩的地方。北宋名僧宗赜曾经在这里做过住持。

宗赜是一位禅宗学者,最大的贡献是,整理撰写了《禅院清规》共十卷,对禅宗僧人日常的生活起居、法事活动所应遵守的清规制度、禅宗寺院僧职人员的职责,分门别类作了规定。这是现存较早的禅宗清规戒律,曾经产生相当广泛的影响。因佛学方面的造诣,宗赜被朝廷赐紫衣并得赐号慈觉。

曹洞宗,佛教禅宗五家之一,由良价禅师在江西省的洞山创宗,其弟子曹山本寂在宜黄吉水的曹山寺传禅,故后世称为曹洞宗。

曹洞宗施教方式较为稳健、绵密,体现出禅宗对儒道两家思想的融合。其接引方式既坚持禅宗见性成佛的顿悟,又坚持实修的默照禅(以打坐为主的修习),在中国佛学史上独树一帜,对促进禅学发展起到了重要的作用。

曹洞宗在真定的代表人物是通法大师,他曾在北宋后期和金初主持过十方定林禅院,也曾在金牛寺为首座,其坚实稳健的禅风,颇受后人敬仰。

净土宗,由唐代玄奘创立的律宗慈恩宗而来。与禅宗的修行方式不同,主要宗旨是以修行者为内因,以弥陀的愿力为外缘,内外相应,引导修行者。净土宗特别以称念佛名为主要修行法,故又称念佛宗。

净土宗在真定深耕,有赖于真定龙兴寺的通照(守千)法师。他少小出家,经多年潜心钻研,著书立说,成为北宋后期净土宗

第六章　晨钟暮鼓——古殿悠悠径有苔

一代大师。曾被推荐到皇宫去为太皇太后超度亡灵，得赐紫衣。今隆兴寺立有《真定龙兴寺赐紫沙门通照大师之碑》纪念他。

临济宗，无疑是正定佛教史上最辉煌的印记。唐末高僧义玄秉承"即心是佛，无心是道"的禅宗宗旨，在此开创了临济禅风，实现了佛教中国化的关键一跳，使修行者痛快淋漓，大彻大悟，且魅力无穷。

到了元代，真定佛坛又注入新的元素，藏传佛教来了。元朝统治者与西藏上层的密切联系，使"腹里"地区（指元大都周边）的真定，成为藏传佛教东传的一个重要基地。有两位赫赫有名的元朝国师在龙兴寺住持，给真定佛坛带来新气象。龙兴寺内的转轮藏，就是藏传佛教典型的修行模式。

如是，正定于佛教来讲，真是一个适宜生存的地方，不同的流派，不同的禅风尽管理念有别，修行方式不一，却都能在这里扎根深耕。一个盛大的佛坛花园，在适宜的土壤上绽放出姿态各异的莲花。

这种花开多枝、共汇一城的情景十分罕见，除了佛家圣地外，也只有在正定这样的佛教重镇存在。佛教重镇，某种程度上说也是佛教圣地，并不为过。

究其原因，佛教的开放性和正定的包容性，很好地成全了这一切。佛教本身似乎就是为了传播而创立，为传播而存在，在开放的状态下普度众生，是其终极目的。这一点，颇与所谓的大同社会追求相似。而正定是中华文明的发祥地之一，拥有浓厚的文化底蕴和强烈的文化自信，包容并欢迎外来文化的光顾。

放眼世界，有容乃大。开放与包容结合在一起，自然奏出和谐共容的乐章。

四

不独如此，正定佛教还是很有"派儿"的。在许多历史时期都与皇家相联系，直接受国家宗教意志所支配。不夸张地说，正定也是皇家弘扬佛教的道场。

从龙藏寺的始建，到历代的修葺，许多时候佛坛上那些事，都有帝王的影子。

短暂的隋代，并没有耽误统治者弘扬佛事。先是隋炀帝号令全国建造佛寺。当朝太师王杰的长子、时任恒州刺史、鄂国公的王孝仙奉敕劝奖州内士庶万余人等建造龙藏寺，开皇六年（公元586年）竣工。为此，同年十二月五日立《恒州刺史鄂国公为国劝造龙藏寺碑》以志纪念，也是隆兴寺现存唯一的价值连城的隋代遗存。

仁寿二年（公元602年），隋文帝为精心供养印度僧人进献的佛舍利，曾三次颁诏，在全国建舍利塔110多座。分送舍利往全国50个州建塔安奉，统一于四月八日同时下石函。真定籍高僧灵达奉旨于恒州龙藏寺建塔安奉舍利。舍利塔今已不存，有学者考证，旧址在今隆兴寺戒台处。

如果说，隋代的敕建是全国的普惠政策，那么宋代帝王则是宠信真定，为佛事亲力亲为。

开宝二年（公元969年）闰五月，太祖赵匡胤驻跸镇州真定城，敕令于龙兴寺重铸观音菩萨金身，盖大悲宝阁。还亲览图纸，派人监工，直至工程完毕。

普天之下莫非王土。元代统治者对真定佛教的恩宠，到了公私不分的地步。大德高僧既是国师，又是皇家的私人代表。蒙哥

第六章 晨钟暮鼓——古殿悠悠径有苔

和忽必烈两任帝王曾经向真定派了两位国师,在龙兴寺做住持。

一位是那摩(南无),出生于克什米尔的佛僧,蒙古窝阔台时代入朝,蒙哥时期"宪宗尊那摩为国师,授玉印,总天下释教。"宪宗四年(公元1254年),那摩奉命赴真定成为龙兴寺住持。此时真定已成为托雷家族的封地——皇太后的"汤沐邑"。那摩目睹寺院兵尘以来,破落如是,遂"出囊金全饰其像,随令修补经藏",①国朝所封领地主也解囊相助,龙兴寺面貌焕然一新。元宪宗蒙哥亲临龙兴寺,瞻礼大悲菩萨。

40多年后,第二位国师、藏传高僧胆巴来到龙兴寺。胆巴擅长研判朝运大势,最神奇的是准确预测了皇弟将成为皇帝,即忽必烈接替蒙哥继承大位。胆巴说,将有圣人兴起山门,要求将皇帝的弟弟奉为功德主。不久即成为现实。皇亲和大臣更加崇信,纷纷师从于胆巴,有求必应。由此胆巴为龙兴寺谋得了寺田5000亩,其粮收可供800人日食,彻底解决了僧客们的吃饭问题。

为怀念他的功德,元仁宗应龙兴寺僧八次乞请,敕令已经63岁的集贤学士、资德大夫赵孟頫文并书《大元敕赐龙兴寺大觉普慈广照无上帝师之碑》,立于龙兴寺。这就是著名的《帝师胆巴碑》。

赵孟頫(公元1254—1322年),字子昂,号松雪道人,元代著名书画家。赵孟頫书学魏晋,深得二王笔法精髓,书风典雅淳和,秀丽而不乏庄重之气。《帝师胆巴碑》就是秀丽与刚健风格结合的代表作。全碑笔势圆润流利,字体丰富多变,结构端庄秀美,通篇神韵满溢,神采飞扬,堪称我国书法史上又一经典之作。一代书法大师的碑帖,再为龙兴寺增光添彩。

相比之下,明代君王显得小气了些。明英宗在位时,下诏

---

① 《大朝国师南无大士重修真定府大龙兴寺功德记碑》。

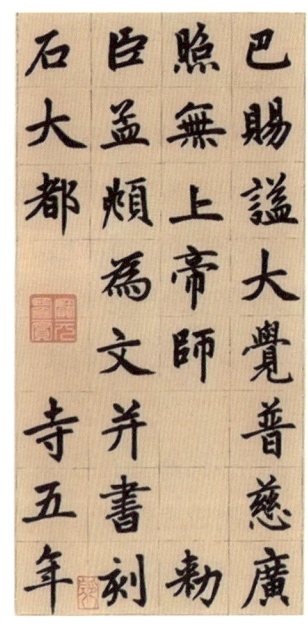

《帝师胆巴碑》帖局部

《敕真定府龙兴寺住持僧》："朕闻龙兴寺有天宁阁观音大像，为诸刹之冠，自古高僧云集于此，朕甚慕之。今命太监怀忠赍银六百两送至寺中，尔住持众僧依命收领，为诸佛供养之助，尚祈保佑皇图，福庇苍生，不许因他事轻易费用尔。"[①]后又两次赐银计300两，还置明英宗三次赐金碑楼一座。使了区区900两的小钱，还叮嘱专款专用，但并没忘立碑留名。

清代帝王对真定（正定）佛坛的重视，到了登峰造极的地步，皇家寺庙的烙印更加凸显。帝王们多次亲临瞻礼拜佛，还多次拨款修葺寺院，而且专门在隆兴寺修建了行宫。光绪十三年（公元1887年），号称光绪帝的替僧意定由京师前来住持隆兴寺。

清代虽是正定佛教的高光时刻，但也孕育着忧患。当诵经声一次次为帝王们响起的时候，"皇家"烙印一次次被深刻，佛教那种清净、圆满、究竟、庄严的境界已然打破，对统治者产生了强烈的依存感。

如果胆巴大师在世，他是否会预测到佛教兴衰的走势？随着1840年鸦片战争的失败，整个国家的腐朽，皇家已自顾不暇，国师也无力回天，正定佛教的命运已然走向衰败。

---

① 正定史源编委会：《正定史源》，河北人民出版社2017年版，第416页。

第六章 晨钟暮鼓——古殿悠悠径有苔

五

写了这么多，隐隐觉得还没有说透，一直被一个问题所困扰：那就是在不息的钟鸣声中，我们究竟如何为佛教定位，如何对待她。

对此，毛泽东曾有评述。1955年3月8日，他在同达赖喇嘛谈话时说："佛教的创始人释迦牟尼主张普度众生，是代表当时在印度受压迫的人讲话，为了免除众生的痛苦。他不当王子，出家创立佛教。因此，信佛教的人和我们共产党人合作，在为众生即人民群众解除压迫的痛苦这一点上是共同的。"[①]当然他也指出，佛教主张一切皆空，这是彻底的唯心论。这是对佛教比较客观的评价。

回想起来，很长一段时间，我们对佛教比较多地看到了它的负能量。譬如宿命论，譬如与世无争的理念，譬如逃避现实、超度往世的追求，等等。诚然，这些消极的东西必须抛弃。与此同时，我们对佛教文化比较有益的成分，似乎看得少了一些。

原因在哪里，我以为是对中华文化的强大融合力，缺乏一点应有的自信。对佛教的主动适应性，也有一点估计不足。

中华文明是5000多年来从未中断的文化。当一些古文明湮灭或中断的时候，她依然欣欣向荣、生生不息，其强大的生命力不在于封闭，而在于开放，不在于固守排斥，而在于兼收并蓄。开放和兼收并蓄，使她格外强大而充满活力。

---

① 陈晋：《毛泽东读书札记诠释——出入佛道（上）》，《瞭望》周刊1993年第9期。

有这样一个比喻，中华文化就像一个大漩涡，各色文化进入其中，有些被吸进来，有些被甩出去。吸进来的是精华，为我所用，甩出去的是糟粕，弃置边缘。在这一吸一甩中，中华文化得到充实与升华，外来文化也成为有机的部分，得以生存发展。看看历史上多次少数民族入主中原，带着强烈的异域色彩而来，最终被中原文化所融合，就非常说明问题。

　　另外一方面，佛教也积极适应本土文化，经过长期演化，最终形成了具有中国特色的佛教文化，给中国人的宗教信仰、哲学观念、文学艺术、礼仪习俗等留下深刻影响。

　　以正定为例，佛教对于建筑、雕塑、美术、文学、教育、语言等领域的影响显而易见。例如佛经的传播，使得地方语言库得到充实丰富，现代人说的大千世界、生老病死、芸芸众生、恍然大悟、昙花一现、借花献佛、聚沙成塔、慧眼识人等词汇，均源自佛典。

　　我以为，历经岁月的风风雨雨，佛教渐渐从一种宗教信仰转变为一种民俗文化，其中经过本土文化改造后的精华，已经转化为中华文化的一部分。况且有些理念如仁爱为本、修身养性等，本就与中华优秀传统文化相吻合，其影响也一代代留了下来。

　　如今的正定，真正的佛教徒比例并不高，但在整体的人文氛围中，仍然可以感受到佛教文化的气息。那种与人为善、开放包容的理念，沉稳内敛、内外兼修的风格，修身自省，不事张扬的做派，潜移默化地融入了人们的血液里，体现在生活中，的确有着佛家文化的印记。

　　最后说一句，从历史的大趋势看，佛教中国化并没有完成，还处在进行时。在新时代，佛教仍然面临如何适应社会发展的问题。只有坚持中国化的方向，与时俱进，守正创新，主动适应社会发展趋势，佛教文化的钟声才会长久地鸣响下去。

聆听临济喝

一

在众多武侠小说和功夫片中，人们会经常听到"当头棒喝"这个成语，使用率颇高。

成语出自何处？就在唐代的镇州（今正定）。

距今1100多年前，一位云游四方的禅师，将脚步停在滹沱河畔的镇州临济禅院。没有人想到，这寻常的一停，会使这个小禅院日后名扬四海，成就了禅宗历史上的一座里程碑。

从那时开始，寺院里枯燥的禅修生活发生了引人注目的变化。在高僧与弟子机锋四溅的对话中，传出来一声声大喝，禅宗

正定临济寺大雄宝殿

谱系中最重要的流派——临济宗由此诞生，临济寺迎来历史上的高光时刻。

这位禅师就是临济宗祖师义玄。

佛坛中常有"临济喝（音hè），德山棒"之说。说的是禅宗接引修行者的两种方法：临济义玄禅师多用"喝"，德山宣鉴禅师（住持古德禅院）则多用"棒"，故有"临济喝似雷奔，德山棒如雨点"的形容说。

临济喝与德山棒，常常棒喝交驰，在禅师语录中被相提并论，由此产生了成语"当头棒喝"。

临济宗以机锋峻烈、杀伐果断而威震禅林。在临济求学的僧众，往往要接受猝不及防、风驰电掣般的思想冲击。临济对初学者的疑问往往不会正面回答，而是大喝一声，当头一棒，令其豁然开悟。大喝是为了斩断人的所谓"妄想"和贪知，从而使理想的清净心体现，达到顿悟的境界。

临济宗一经问世，就活力四射地注入枯燥的中国佛坛，引发的涟漪无穷。

"天下禅宗出临济。"似乎验证了禅宗达摩祖师圆寂时留下的传法偈语："吾本来兹土，传法救迷情。一花开五叶，结果自然成。"[1]一花五叶，即预示禅宗法脉传承为临济、曹洞、沩仰、云门、法眼五宗，各具特色。佛家素有临济之陡彻，沩仰之邃密，曹洞之回互，云门、法眼续其后之说。从信众数量、传播范围和影响力看，临济无疑是五叶中最为辉煌且硕果累累的一宗。

代入感很强的大喝一声、当头棒喝，也渐渐进入汉语大词库，不仅仅活跃在佛坛，还常常用于人们的社会实践。

---

[1] 南怀瑾：《禅话》，复旦大学出版社2022年版，第16页。

第六章　晨钟暮鼓——古殿悠悠径有苔

毛泽东是生动运用汉语言文化的大师。1942年2月8日，他在延安作《反对党八股》的报告。在论述反对党八股的历史和现实必要性后，着重指出：说理的首先一个方法，就是重重地给患病者一个刺激，向他们大喝一声，说："你有病呀！"使患者为之一惊，出一身汗，然后好好地叫他们治疗。①显然，毛泽东借用了当头棒喝的成语，生动鲜活的比喻，收到了催人猛醒的效果。

临济禅风，还以其顽强的生命力，跨越空间，散播海内外，尤以东亚、东南亚为甚。

自宋代开始，临济禅宗传入一衣带水的东瀛。千余年来，临济宗一直是日本佛教的主流宗派，至今有3000多座大小寺宇朝奉，信众至少有3000多万人，临济喝声声不断。20世纪80年代，曾经在中国热映的动画片《聪明的一休》，小和尚一休被棒喝而顿悟的情景，真实地反映了临济禅宗在日本的修行状态，禅宗文化深入东瀛人心。

东瀛人对临济赞誉有加。日本禅学家铃木大拙在《禅学随笔》中由衷地说，"临济（义玄禅师）是中国唐朝最伟大的一位禅师"，又在《临济的基本思想》中说"临济可以说是个伟大的思想家"。

弘法的余音缭绕，穿越时空。

1986年5月，100多名身披黄色袈裟的日本僧人来到正定临济寺。他们此行的目的，是专程拜谒临济祖庭。在临济大师的衣钵塔下，众人顶礼膜拜，完成了寻根之旅。

2016年10月，日本东京国立博物馆内，人头攒动，这里正举办一场大型展览会，纪念临济高僧义玄禅师圆寂1150年，展

---

① 《毛泽东选集》第3卷，人民出版社1991年版，第833页。

览的名字就叫作"禅"。这个日子，中国人可能不大记得起，一群日本临济弟子和信众，却用这样的方式向东方祖庭致敬。

中国的高僧大师更是心仪临济。杰出的爱国宗教领袖赵朴初说：后来的禅宗只有临济、曹洞两派流传不绝，临济宗则更为旺盛。近代所有的禅宗子孙都是临济、曹洞的后代。

德高望重的台湾星云大师说，作为临济宗的第48代传人，他一直遗憾没能亲眼看看正定的临济寺。临济宗是我国佛教禅宗五大宗派中影响最深、流传最广、传承最久远的一家，其创始人义玄禅师不仅使临济寺成为临济宗的发祥地，还让正定成为驰名中外的临济宗祖庭。

总而言之，在中国佛教发展的长河中，临济毫无疑问地成为一面标志性的旗帜，而临济喝则是她的鲜明符号，得到了海内外信众的广泛推崇。

二

"树有根，水有源。"临济禅宗声名巨大的影响力，是有着深厚根基的。我们不能不说禅宗六祖慧能的贡献。

慧能（公元638—713年），亦作"惠能"，唐代高僧，禅宗南宗创始人，佛教史上被称为禅宗六祖，是禅宗史上里程碑式的人物。佛坛公认慧能最大的贡献，是加速了佛教中国化的进程。

慧能以前的中国佛教，由于教条桎梏，教义失真，佛土不洁。在教授方法上，也是很"端"着的，经学高深，程式烦琐，悬移在统治阶层和少数信众之上。佛教处在水土不服的状态，还有走偏入邪的倾向。

慧能立志改革，开启了佛教创新发展的进程，经过"一创两

第六章 晨钟暮鼓——古殿悠悠径有苔

化三转变"，带来革命性的成果。

一创，就是创立了"心性本觉"的新观念，与"心性本净"的印度佛教主张划清了界限。慧能认为，人的心、性即为佛性，一切众生皆有佛性，只不过尚未觉

六祖法源地——韶关南华禅寺

醒，与前人循苦行慢修之道不同，一旦猛醒，便大悟禅机，顿得佛果，人人都可成佛。遂有顿悟（立即觉悟）之说。这个学说很厉害，一下子把天下所有人，纳入了接引佛学范围。人人皆可学佛、成佛，入学的门槛没有了。

二化，一方面使烦琐的佛学简易化。倡导删繁就简，不用高深学理，只用平常话表达佛学必要的方法。慧能自幼失学，未读诗书，故经常引用村言俗语传法，深奥的教义变为妙语如珠、轻松诙谐的大众精神食粮，使修行者去繁缛之累，行简约之道。学习的难度低了，只要你愿意，随时可以进入禅学状态。

另一方面也使从印度传入的佛教本土化。中国传统文化讲究崇善、温良、团圆、美满等，这些理想的追求和期盼，都很好地融入了佛学文化，或者说被本土文化所反哺，不识几个字的百姓也能心领神会。外来的文化种子，很好地适应了本地土壤和墒情，获得了良好的发展机遇。

最后，创新的结果带来了三个变化。即佛学由高深走向通俗；修行由烦琐走向简约；传播由封闭走向开放。

至此，佛教彻底脱下了深奥的外衣，从高高在上的神坛走下

来，进入中国社会的芸芸众生，面貌豁然一新。

慧能领导的佛学革命意义重大，推进了佛教落地于中华大地。

作为无产阶级政党的领袖、无神论的倡导者，毛泽东谈过慧能思想在佛教史上的地位。1959年10月22日，他在同班禅额尔德尼·确吉坚赞谈话时说，慧能主张佛性人人皆有，创顿悟成佛之学，一方面使烦琐的佛教简易化，一方面也使从印度传入的佛教中国化。因此，他被视为禅宗的真正创始人。

毛泽东还注意到慧能思想的大众化特点，进而认为"佛经也是有区别的，有上层人的佛经，也有劳动人民的佛经"，"《六祖坛经》就是劳动人民的"。[①]

我以为，"劳动人民的佛经"，点出了佛教禅宗的特点所在。它是大众的，也必然是通俗易懂的，便于传播的，因而也是她生命力之所在。

那么，临济宗在其中扮演了什么角色，发挥了什么作用？

如果说，六祖慧能是佛教变革的设计师，很好地解决了佛教本土化的观念创新、禅法创新等原则性问题的话，那么，义玄则可以称得上是佛学革命的勇将，他集禅宗各流派之大成，形成更加峻烈的禅风，并且找到了理论和实践结合的最佳方式。

人们常常把临济宗看作修行的技法，其实临济宗是有一套理论的，特别是对"人"的认识和肯定。从后人总结的《镇州临济慧照禅师语录》中看，临济对人与佛的关系，人在禅中的地位，人的主观能动性等皆有深刻表述，也充满着人与人思想的交流碰撞。日本学者玉成康四郎评价，"从《临济录》中看到了此历历

---

① 陈晋：《毛泽东阅读史略（三）》，《中共党史研究》2013年第8期。

在目的'人',我们明确认识这种人。禅宗发展到临济才开始强调这种'人',临济真不简单。"①

作为表现禅机的一种"势","棒、喝"并不是临济的独创,而是棒喝并用,并把这种方式贯穿于日常禅行中,则是临济的独家门风。从这个意义上说,临济丰富完善了禅学理论,实现了顿悟禅风的成熟一跳。

侧耳聆听,在洪亮的临济喝声中,禅宗那种大开大合的智慧和感染力,表现得那么飘逸灵动、痛快淋漓。

三

与传统文化相比,佛教临济宗究竟有哪些特殊的魅力,如何吸引了广大信众呢?

作为一个佛门外的人,回答这个问题,多少有些吃力不讨好。但已写至此,也只能试探着谈谈个人的看法。

谈论宗教离不开哲学。日本宗教学者之所以称临济是一位伟大的思想家,是因为临济宗有她自己的理论倾向,有很多人生观的哲学思考。这是她吸引人的魅力所在。

魅力之一,是她的平等性和大众化。临济义玄禅师长期生活在社会大众之中,使他比较早地具备了一种平民意识,产生了人人生而平等的朦胧理想,因此在创立的禅法中,也比较集中地体现了普众的理念,没有高低贵贱之分,有无文化、文化多少无关紧要,人人皆可学禅入禅。只这一点,就足以吸引无数信众。

---

① 河北省历史文化研究发展促进会、正定古文化研究会编:《古圆文汇》,河北人民出版社2003年版,第299页。

毛泽东称禅宗是"劳动人民的佛经",是很有道理的。

魅力之二,是她的自在性。前些日,偶见临济寺的文创产品,上书"自在"二字,颇感悟到了真谛。综观临济的思想,始终在倡导人自己才是根本,生命的超越归根结底在于自我的觉悟、自我的修养。临济号召人们做"大丈夫汉",决不"轻言自退"。他说,"大器者要不受人惑,随处作主,立处皆真,但有来者,皆不得受"。①

"自在"的理念和追求,对几千年来生活在社会底层的人们来说,不啻是振聋发聩的一喝。自信、自尊、自主的生活,安住当下,活出自在的状态,让人多么向往啊!

魅力之三,是她的生活化。临济的禅学思想,主张佛法不离世间,修行不离生活,从而彻底填埋了禅学理论与实践的鸿沟,实现了修行与生活的统一。

所谓生活禅,没有太多的清规戒律和烦琐程式,不一定需要庄严的寺院和殿堂,时间不设限,随时随地可以参禅。其结果是禅门洞开,产生了无数个家庭式的大小佛堂,富家专设佛室佛龛,穷者只供一尊佛像,佛教在女家长每日虔诚的诵经声中传播开来。

写到这里,忽然想到,临济宗的生活化修行,与儒家"吾日三省吾身"的倡导十分相似,也有可能是在佛教中国化的过程中,借鉴了儒家的理念;不过前者强调切实地参与实践,比较儒家原则的倡导,可能容易落实些。

由此,从孔夫子又想到道家鼻祖老子,想到古希腊哲学家苏

---

① 杜继文、魏道儒:《中国禅宗通史》,江苏人民出版社2007年版,第335页。

格拉底。不知是不是巧合，临济的接引方式，与老子、与苏格拉底的教化方法都有相似之处。

先对比一下临济与苏格拉底。虽然一个是东方智慧的激辩，一个是西方哲学的对话，但理念所见略同。如苏格拉底所说，我是个精神上的助产士，帮助别人产生他们自己的思想。他看每个人都是有孕（思想认识）在身而未知晓；临济有相同的理念，本性是佛，人人都有佛缘而并不知觉，我不过是帮助你顿悟开化。

无独有偶。临济的生活化与道家的"无为而治"也很相似。老子倡导不过多地干预，让人发挥主观能动性去适应世界，同样也是启发式的、辅助式的教化。这些都比动辄禁锢、强行灌输的教育方法高明得多。东西方文化在此找到了精神交汇点。

是不是很有意思？临济与相隔1000多年东西方的智者，在毫无交集的情况下，不约而同地成为精神的"助产士"。他们都没有越俎代庖，而是点化启发，帮助大众向内开慧，觉悟社会，善对人生。

原来，东西方如此相通，儒释道如此相连。

四

如同任何历史一样，研究临济宗的来龙去脉，重要的不在于叙述和展示，而在于去伪存真，去粗取精，"悟"到营养的成分而有所借鉴。所谓"古为今用，洋为中用"的本义，大致如此。

佛教作为文化的一部分，更多的应当是精神的范畴。可以确定的是，临济宗最有价值的地方，在于她蕴藏着的东方智慧，使我们今天仍然开悟受益。

开悟一，对待任何经典，都不能照抄本本，必须与客观实际相结合，才能生根开花，取得圆满的结果。否则就要犯水土不服的病症。"适者生存"，临济宗的成功就在于，将佛教的基本教义与本土文化有机地融合，经过改造，产生了适应中国国情的佛教文化。举一反三，任何经学以僵化停滞的观点，一成不变地继承，从来都不能走向成功的彼岸。

不照抄本本，也是中国革命的一条基本经验。1975年6月，毛泽东在会见一位外国共产党领导人时强调说：各国革命要根据本国的实际情况，不要完全照抄中国。……马克思说，他们的学说只是指南，而不是教条。这里，毛泽东道出了任何经典都要与实际相结合，都要经过实践检验的真理。

开悟二，革故鼎新，须有冲破思想束缚、破除迷信之勇气。佛教西来，庄严肃穆，又顶着佛的光环，要改造创新，是要一点勇气的。从慧能到义玄，历代禅宗大师都是思想解放的先行者，不迷信、不崇拜，勇于冲破清规戒律。临济在这方面表现得尤为激烈，以至于公开号召"喝佛骂祖"。当然这不是真正要毁师灭祖，而是反对思想上有任何束缚，激励起破旧立新的勇气。

更有勇气的，是辅佐义玄的普化禅师。普化和尚，籍贯、生卒年代不详，幽州盘山宝积弟子，先于义玄到临济寺，后辅佐义玄主持临济，对临济创宗立派、弘扬佛法起到重要作用。他常以"疯癫汉"面目示人，以惊世骇俗的方式普度众生，就连死也与众不同。

普化生前告知郡人死期，声言将在镇州城东、南、西三个门迁化，自扛棺木连走三天，众人云集相随，未果。第四日，无人相随。普化自擎棺出北门外，振铎（大铃）入棺而逝。郡人奔走出城，揭棺一看已无身影，只闻空中的铎声渐渐远去。这种近似神异的轰动效应，充满了不循规蹈矩，挣脱人生束缚的勇气，似

第六章 晨钟暮鼓——古殿悠悠径有苔

乎是向人们宣扬临济"随处作主，立处皆真"的理念。

对此，北宋政治家王安石有评价。他在《诉衷肠》词云："莫言普化祇颠狂，真解作津梁。"说得一针见血。

开悟三，向内用功，追求无我。佛学强调"但向己求，莫从他觅"。临济也说，"向外作功夫，总是痴顽汉"。这意味着修禅要眼睛向内，强化自身的清净，抵御外在杂欲，达到无我的境界。如果一个人习惯性地将注意力关注在功名利禄这些外在之物，就会患得患失，焦虑不安，很可能会陷入自我而导致痛苦，自我越多，痛苦越大。

停止向外追逐，转而向内用功，断绝杂念，实现无我，无疑是临济宗给现代人的一个有益启示。

开悟四，因地制宜，具体地对待具体的情况。临济禅具有朴素的辩证思维，临济喝常常依时间、地点、对象不同，而各有不同的用法。临济自己解释说，同样是喝，"有时一喝，如金刚宝剑；有时一喝，如踞地金毛师子；有时一喝，如探竿影草；有时一喝，不作一喝用。"引申释义，"宝剑"可喻断惑，"师子"可喻醒迷，"影草"或喻试探，"不作一喝用"或指无意义[①]。

不作一喝用，究竟做什么用，还是要自己去悟。如果悟不到，是容易尴尬的。据说，大文豪苏东坡喜爱禅学，经常去寺院与僧人对话。一次他开玩笑地说，自己姓"秤"，是专门秤天下长老有多重的秤！不料，旁边一位禅师大喝一声，问"我这一声喝重多少？"，苏东坡张口结舌，答不上话来。他忘记了义玄禅师曾告诉门人：不明白"喝"的真义，是不能学他的"喝"的。

[①] 杜继文、魏道儒：《中国禅宗通史》，江苏人民出版社2007年版，第334页。

以古鉴今，古人尚且懂得因地制宜的道理，如今我们想问题、办事情，有时反而不懂得此道。例如不看具体情况，一刀切地发号施令，结果事倍功半，岂不是咄咄怪事。要向这些人大喝一声，你有病啊！还不开悟，更待何时！

五

盘点临济宗，可以开悟的还有许多话题。因为，越是品味，越使我们摩挲到一种充满诙谐幽默的东方智慧。"这时（唐代）的禅宗，越来越远离了印度禅学中那无穷无尽的有关本体的讨论，烦琐细密的逻辑推论，厌世出世的生活观念和苦行瞑坐的禅定方式，一变而为中国式的禅宗。"[①]

说得极准确。临济宗已经把烦琐枯燥的修行，变为简便易行、轻松诙谐、启迪人生、开启智慧的历程。

与西方苏格拉底式的对话相比，临济更多了一种东方的机智。苏氏是先提问题再去解答，虽然也循循善诱，但还是让人有外力介入的感觉。临济的对话，是启发内心的慧根，让人自觉开悟，还可以触类旁通，由此及彼，由表及里，效果当然更好些。

由此我们可以说，临济宗是一门直观探索人本性的禅说，是一门应对机智、表现悟性的对话艺术，是一个自然清净、回归本性的自然引领。

总之，在正定历史上诞生的临济禅，以她独特的方式进化了佛教禅宗，也为丰富中华文化思想库作了贡献，我们完全可以在

[①] 河北省历史文化研究发展促进会、正定古文化研究会编：《古圖文汇》，河北人民出版社2003年版，第298页。

弘扬优秀历史文化中,给她一席之地。这才是文化自信和文化自觉的应有表现。

"吾日三省吾身。"在物欲横流、易于焦虑的当下,仔细地聆听临济喝,或许会捕捉到和雅清澈的梵音,悟到有益的人生箴言。最重要的是,能让心静下来,向内用功,抵御杂欲,有所思考和收获。

慈悲的与智慧的

一

这是中国佛教史上的一个奇观。

唐代晚期,河北地区藩镇割据的成德镇(也称成德军,治真定)辖地,在相距不到60公里的镇州、赵州土地上,同时产生两位国宝级的禅师。他们分别开宗立派,弘扬禅宗佛法,推动中国佛教登上历史性的高度。

这两位大师,一位是天下临济宗风的创始者镇州义玄,一位是开赵州门风、号称古佛的赵州从谂。

义玄(公元?—867年),唐代高僧,禅宗临济宗创始人。俗姓邢,曹州南华(今山东省菏泽市东明县)人,师从黄檗希运

义玄禅师

从谂禅师

大师。禅宗五家中,以临济宗影响最大,法脉延续最久,也最具中国禅的特色,而开创临济这一系的,就是义玄禅师。有诗云:"欲问西来意,先参临济师。主宾谁辨取,棒喝任交驰。"①

从谂(公元778—897年),唐代高僧,俗姓韩,祖籍曹州(今山东省菏泽市牡丹区)人,得法于南泉普愿禅师。大半生行游四方,80岁驻锡赵州观音院(今赵县柏林禅寺),弘法传禅达40年,开一代赵州门风,僧俗共仰,120岁圆寂,人称"赵州古佛"。有诗云,"吾赵招提地,柏林籍有声。吃茶参妙理,水底一灯明。"②

两位大师超凡脱俗,声名显赫。临济的风采已有介绍,赵州的神威从"闻圣罢战"的故事中可见一斑。

唐末,河北藩镇之间战争加剧,公元892年,以太原为中心的李克用率兵攻打赵州,卢龙节度使李匡威(号称燕王)受成德军节度使王镕(号称赵王)所请,从幽州率兵来救。

及兵临镇州界,二人相会,有观气象者报,"赵州有圣人所居,战必不胜",燕、赵二王细探,这位圣人就是赵州从谂法师,近前拜见,见气度不凡遂折服,因此罢战息兵。一位禅师的神威制止了一场血腥大战。

这还不算,赵王随后将从谂从赵州接入镇州真定城供养,为自己摩顶受戒。此时的赵州从谂,在王镕眼中已是国之祥瑞,镇国之宝。

由此,赵州从谂被佛家誉为慈悲的代表。

仿佛为了呼应,临济义玄以接引人开慧顿悟,而被佛家称为

---

① 中共石家庄市委宣传部编:《千秋雅诵——古人咏石家庄诗集》上册,河北人民出版社2017年版,第262页。

② 中共石家庄市委宣传部编:《千秋雅诵——古人咏石家庄诗集》下册,河北人民出版社2017年版,第507页。

智慧的化身。

一位慈悲大师，一位智慧大师，可想而知，他们身上的故事一定很多，也有不少神秘的色彩。

我一直在寻思，两位名师法出何门，禅风如何，近在咫尺，相互有什么关联？他们的相同与不同之处各是什么？

迄今为止，还没有人做过这样一个比较，我们不妨试探一下。

二

再长的江河也有源头。追根溯源，临济义玄与赵州从谂同出一个法门，祖师都是禅宗六祖慧能。不过，按辈分论，义玄要遵从谂一声"师叔"。

且看传续。六祖慧能之后，禅宗分南岳、青原两支，临济义玄、赵州从谂同属南岳分支。传承顺序为南岳怀让—马祖道一，之后又分南泉普愿和百丈怀海两支。南泉普愿直接为师于从谂，而百丈怀海传授予黄檗希运，后者即是临济义玄的开悟师父。简化辈序分别是：

南岳怀让—马祖道一—{ 南泉普愿—赵州从谂
　　　　　　　　　　　百丈怀海—黄檗希运—临济义玄

这样说来，从谂是六祖慧能的四世传人；义玄则是慧能的五世传人。赵州与黄檗是同一辈分的，义玄遵从谂一声师叔，是理所当然的。

纵观两人的出道禅学经历，走的也是同一路径。

两位大师不仅同出禅宗一脉，而且同出一个故乡——山东曹州。菏泽曾经是佛教繁盛之地，想来是那里浓郁的禅修氛围孕育

第六章　晨钟暮鼓——古殿悠悠径有苔

了大德高僧。

两人的修行经历也相仿,得道前都是云游四方的行脚僧。常言说,读万卷书,行万里路,成功的背后都是辛苦。赵州和尚从小在曹州扈通院出家,后从师于南泉普愿禅师,开悟后行走四方,足迹踏至今天的山东、河北、江西、湖南、湖北、浙江、安徽7个省,直到80岁,于唐大中十二年(公元858年)才驻锡赵州城东观音院,结束了长达30多年的行脚生涯。

赵县柏林禅寺

义玄的行脚生涯,则是在离开黄檗希运大师后开始的。他先后游历众多名山宝刹,到杭州径山、沩山、龙光、三峰、风林、大慈,襄州华岩、翠峰、象田、明化、金牛等地,与诸方僧老唱和试锋,相互激辩而禅力大增,于唐大中八年(公元854年)来到镇州临济院,比从谂到赵州早了四年。按传说寿辰80多岁计算,这一年义玄年方五旬,正是禅法精进的时期。

问题是，两位高僧从青州出道，历经多年修行，为什么会先后来到河北成德军地面？是机缘巧合吗？答案是唐代中晚期的大环境，以及河北藩镇割据的小环境使然。

唐玄宗时期，是唐朝由盛到衰的转折点。安史之乱重创了统一的社会，黄河以北河朔之地被卢龙、成德、魏博三镇所割据，与中央政权若即若离，自成体系，各自为政。势力最大的成德镇，长期割据镇州、冀州、赵州、深州等地，盘踞150多年。其间虽经战乱，但社会相对稳定。

受益比较大的是佛教。唐武宗会昌五年（公元845年）在全国推行灭佛运动，毁寺院、收寺产、强迫僧尼还俗，佛坛一片萧瑟，唯独河朔三镇对灭佛指令置之不理。特别是成德镇，历任节度使都是崇佛之人，佛教不仅没有削弱，而且大德高僧纷纷来传经弘法。

本来就土壤肥沃，佛寺林立，加上地方官的庇护，成德镇成为北方佛教重地，迎来了发展的小春天。

义玄、从谂就是在这个春光明媚的时刻来到的。按时间计算，义玄应当是第九任节度使王元逵时到镇州的；从谂应当是第十一任节度使王绍懿时到赵州的，而他到镇州供养的时候，则是唐末最后一任节度使王镕时期。

更有意思的是，义玄与从谂生前没有过多交往，但在各自完成扬宗立派大业后，又不约而同地魂归镇州。义玄在真定传禅十多年，晚年应邀到魏博镇弘法，圆寂于大名府，其舍利分别供奉于大名府兴化寺和镇州临济寺。门人收其衣钵于镇州临济寺建塔供奉，临济寺自然成为临济祖庭。

从谂则只在镇州住了两年，即圆寂于真际禅院。这与王镕干系不小。

王镕的供养实在是好心办了坏事。王镕本想大兴土木，为从

第六章　晨钟暮鼓——古殿悠悠径有苔

谂建寺，但被从谂制止，说如果动土木即离开此地。无奈，王镕只好请从谂入住信主捐赠的果园，号真际禅院。虽如此，100多岁的高僧劳师远行，还是被打破了生活规律，健康受到影响，没能长住镇州。事已至此，对从谂大师以弟子相称的赵王大恸，道俗车马于街，数万人相送古佛，极尽哀荣之礼。有学者认为，尽管时间短暂，但"是时海众云臻，为从谂一生中最辉煌的时期"①。

真定不愧为佛教热土，敞开胸怀接纳了两位大师，两位高僧以创新的禅风回馈了这里。叔侄俩晚年都离开了创业的辉煌之地，又殊途同归于真定这片土地上。真的是有佛缘啊！

三

良好的生存环境，使两位大师尽情施展才干，催发了佛教文化的繁枝新花。那么，花开两枝有什么同与不同？

相同的是，两位大师同祖同宗，传承的都是顿悟禅风，信奉的都是禅宗理念，禅法相似度也很大。

从禅学主张来说，赵州从谂倡导的是"平常心是道"，这是南泉师傅的嫡传。从谂认为，"平常心"即众生心，众生心即佛心、佛性，众生本具佛心，关键在觉与未觉。

临济义玄推崇的理念是"本源清净心"，是黄檗师父所授。义玄认为，心清净就是佛，心光明就是佛法，人的心、性即为佛性，一切众生皆有佛性，只不过尚未觉醒。

两者见解，不约而同体现了六祖慧能"人皆有佛性，一旦开悟，见性成佛"的顿悟禅宗宗旨。

---

① 黄夏年主编：《赵州禅研究》，中州古籍出版社2011年版，第93页。

还有许多相似之处。譬如在对佛祖的态度上，两人都反对盲目崇拜，反对迷信，提倡自信的禅学态度。

临济义玄常用呵佛骂祖的激烈言语，对审问佛是何物者，每答以"干屎橛"，鼓励信众挣脱束缚，向内求法，而心外求法，都属于南辕北辙。

赵州从谂则宣称"佛之一字，吾不喜闻"。还说，"金佛不度炉，木佛不度火，泥佛不度水，真佛内里坐"。这当然不是不信佛，而是直截了当地告诉学人，众生与佛无差别，自心佛是真佛。

在禅修生活化上，两人也高度相似。义玄大力提倡随时随地自觉、自悟。他认为，佛法并无用功处，只是平平常常做事，不必去刻意追求。佛法就在日常生活之中，日常行事都是解脱成佛的契机。

从谂禅师在回答如何修行问题时，也常常以"着衣吃饭""盐贵米贱""吃粥也""吃茶去""洗盂去"这些生活琐碎之事作答，同样是在提醒学人，见性成佛就是从当下做起，而不要好高骛远。

如此说来，两位禅师在禅学理念、修行态度上，都高度一致。那么，有没有什么不同之处吗？有的。

常言说，没有两座完全一样的山峰。义玄与从谂在弘扬佛法上，最大的区别在于接引风格的不同。

众所周知，禅宗自开创以来，后人总结有四种接引方式，即"德山棒，临济喝，云门饼，赵州禅"，前两者是行为动作的棒与喝，后两者是生活饮食的饼与茶。

德山棒和临济喝前边已有介绍，不再叙述。

云门饼，又叫作云门糊饼、云门胡饼、韶阳糊饼。禅宗云门文偃禅师常以此种方式接引、教化弟子。弟子有如何是超佛越祖之问,文偃禅师以"糊饼"回答,是借"糊饼"之语,来打破参问者的妄想执着。文偃认为,与其浪费时间去研究根本不存在的超越佛祖之说法,还不如干脆去做个糊饼来吃呢!

赵州茶,是赵州从谂的开悟示语。从谂对来修行人的问题,不管其是否来过禅院,一律以"吃茶去"作答。从谂以此警示学人,学习佛法不是一个知性问题,而是一个实践问题。就像要知道茶的味道,你必须亲自去喝那茶。

我们大胆归纳,这四种接引方法可分为"形体禅"和"语言禅"两类,棒喝是前者,饼茶是后者。两者的区别在于,棒喝疾驰,以峻烈风格使人顿悟,吃饼茶是以温和的语言,启发对方猛醒。目的一致,皆为斩断凡人心中欲念,促其立地成佛。

从谂的吃茶去,是典型的"语言禅"。有学者指出,从谂不与人谈玄说妙,也少行棒喝,大都以本分事、用平常语接人,其语言显得简练、朴实,实为"平常心是道"的真践实履。

恰恰是这种以平常心说寻常语,以平常心行平常事,少有冷峻的语言和动作,一切都融合在生动温润的话语中,同样不亚于斩钉截铁的作用,由此形成特有的禅法——"赵州门风"。

四

如果简单地以"形体禅"和"语言禅"来划分,就认定两位大师的理念是对立的,会进入一个判断的误区。

事实上,从谂的"语言禅"是在继承棒喝禅风的基础上创新的。继承谁的?就是师父南泉普愿禅师。

从谂是会"形体禅"的。当初,从谂在南泉问道时,即亲身体验了南泉的棒喝之法,我们早就说过,棒喝禅法早已有之。从谂在运用形体语言形式上,其激烈程度与南泉相比,有过之而无不及。"然而,后来由于一些禅僧离开禅宗的本来宗旨,片面强调不用语言文字,盛行模仿及至效颦的形式主义,动辄棒喝交驰,拳脚相加,致使禅风日渐庸俗和败落。"[①]

禅学功力逐渐成熟的从谂,开始批判这些离经叛道的"邪禅""魔禅",一改当时流行的棒喝之类的接引方式,而以个人魅力和语言来弘扬禅法。其代表作是"吃茶去"的公案:

有两位僧人从远方来到赵州,向赵州禅师请教如何是禅。赵州禅师问其中一个,你以前来过吗?那个人回答:没有来过。赵州禅师说:吃茶去!赵州禅师转向另一个僧人,问:你来过吗?这个僧人说:我曾经来过。赵州禅师说:吃茶去!

这时,引领那两个僧人的监院就好奇地问:禅师,怎么来过的你让他吃茶去,未曾来过的你也让他吃茶去呢?赵州禅师称呼了监院的名字,监院答应了一声,赵州禅师说:吃茶去!

吃茶去,一句极平常的话,并没有棒喝的形体冲击,但深蕴禅机,在特殊的语境下,有一种启发人心的作用。从谂禅师以"吃茶去"作为悟道的机锋语,将茶道与悟道结合在一起,开创了顿悟的新境界。

我们现在看到许多地方的茶舍挂着"茶禅一味"的匾额,但真正理解"吃茶去"含义的未必很多。

这是从谂禅师特殊的禅语风格,他认为何时何地何物都能悟道,极平常的事物中蕴藏着真谛。真谛是什么,需要你自己去悟。因此,千百年来人们对此公案见仁见智,但共识是,要用心

---

① 黄夏年主编:《赵州禅研究》,中州古籍出版社2011年版,第56页。

第六章 晨钟暮鼓——古殿悠悠径有苔

去体味、用身去实践,仔细悟来,才会使人如醍醐灌顶,茅塞顿开。如果这样说,你还不满足,非要问个明白的话,那么赶快"吃茶去"!

由此看出,从谂的语言禅,是对形体禅的校正、完善和发展,他继承了棒喝的风骨,又创新形成了有鲜明特色的自家禅风。这种创新带有朴素的辩证法,即对待一切流行的东西,都不能过度,过犹不及,还会走向反面。

从这个角度说,从谂是一位善于总结辨析的思想者,也是勇于改革的创新者,比其他禅师的思考要更深一些,因而对禅宗发展的贡献有独到之处。

英雄所见略同。对禅风走偏的倾向,义玄禅师也早有察觉,在大力弘扬临济喝的同时,也反复强调不要滥用他的禅法,不要模仿,不懂"喝"的真义,是不能"喝"的。

义玄临终前还念念不忘,对众人说,我死了以后,你们不得灭绝了我的正法眼藏。三圣(和尚慧然)站出来说,哪一个敢灭绝我老师的正法眼藏呢?义玄问道,以后有人问你,你怎么对他说?三圣就喝了一声。义玄说,谁知道我的正法眼藏,竟然在这头瞎驴身边灭绝了。说完,就端坐着去世了。[①]

大师临终留下"临济瞎驴"的公案,后人多有解读。我倾向于这样的说法,即临济对三圣明为贬抑,实寓深刻禅机,"正法眼藏为这瞎驴灭却",是在提醒后人,自己过世后,不要再盲目追风,应该推陈出新,保持临济禅道的生机与活力。这同"学我者生,似我者死"之说,有异曲同工之妙。临济应当是有

---

① 张伯伟释译:《临济录》,佛光文化事业有限公司1997年版,第265页。

这个大格局的。

宋代禅师释南雅说的精准,"瞎驴灭却正法眼,临济宗风始大张"。今人看来,守正创新,才是临济宗千年不衰的法宝。

我以为,从谂和义玄两位大师从不同角度,都注意校正了某些过激的禅法,对徒有其表、流于形式的"邪禅"进行了校正。在那个年代,有这种自清自省的认识并言传身教的,已经相当不容易了,其意义不亚于一些禅法的创新。

有学者认为,赵州门风还没有形成系统的禅学,因而影响其传宗接代,后继乏人,但我觉得仅"青出于蓝而胜于蓝"这一点上,从谂完全具备了大师的风范。

五

两位大师虽然近在咫尺,但不知什么原因,多是神交,唯一的交汇也很短暂。《古尊宿语录》记述了这个场面:

师因到临济,方始洗脚。临济便问:"如何是祖师西来意?"师云:"正值洗脚。"临济乃近前侧聆。师云:"若会便会,若不会更莫磕啄作么。"临济拂袖去。师云:"三十年行脚,今日为人错下注脚。"[①]

这是大师级的对话,双方都在盘"道",外人还在云里雾里。唐代许多行脚僧道行都很深,与其说是云游四方,不如说是找高手辩论机锋,一方面试试自己的功底,一方面也可以学人之长,提高自己。两位大师对此心领神会,绝对不会错过切磋的机会。

义玄与从谂的对话,是两位有成就的大师过招,在佛坛绝对

---

① (宋)赜藏主编:《古尊宿语录》,上海古籍出版社1955年版,第158页。

第六章　晨钟暮鼓——古殿悠悠径有苔

是一件大事，肯定不止这几句话，估计是择其重点做了摘录，或许还有其他的版本。

但这短短的几句对话，已经看出双方相互摸了底，表现得也很友好。义玄以长辈礼待从谂，近前聆听从谂话语，显示出恭敬姿态，当然也不示弱，听不顺耳，拂袖而去；从谂则对义玄的功力有所肯定，"三十年行脚，今日为人错下注脚"，"错下注脚"是感觉自己对义玄有误解，遂偃旗息鼓，避免了一场"干戈"。须知，那时禅师们的论辩交锋是很激烈的，且不轻易认输，有时可以连续多日。

史料没有记载两人会面于何时。我分析，按两人到成德镇的时间，应为公元854年到858年之间，依据是那时义玄已到了镇州，开始住持临济寺，而从谂尚未到达赵州，应当还在行脚之中。推测一下，从谂行脚生涯的最后一站，很可能就是镇州临济寺。

30多年以后，从谂带着赵州古佛的光环再次来到镇州时，小他30多岁的义玄已经去世。时空交错，两位大师没有机会再交汇、进而说禅论道了。对虔诚的信众来说，不能不说是一个遗憾。

我们可以想象，如果义玄还在世，如果从谂早一点到镇州，两位大师或许还有机会相逢。相信那将是一场令人瞩目的对话。在经历岁月沉淀的禅修之后，俩人一定有不少新见解而交流唱和，或会碰撞出机锋的火花，或会留下发人深省的思考，终将在中国禅宗史上写下精彩的一笔。

好在，那慈悲的智慧的禅风，已经留在历史的岁月中，或许会化作雨露，长久地飘洒在人世间。

第七章

涓涓文脉——何处如今更有诗

仰望星空

一

1400多年前，初唐四杰之一的王勃，以刚逾弱冠之年写下《滕王阁序》千古名篇，震惊四座，流芳后世，成为后世语文教科书的经典。

除了"落霞与孤鹜齐飞，秋水共长天一色"的名句之外，给我印象最深的，是他对南昌故郡的赞颂，那就是"物华天宝，人杰地灵"。两句话八个字，高度凝练，形象深刻。

我以为，以此比喻正定，有过之而无不及。

是的，正定就是一方物华天宝、人杰地灵的热土。悠久的历史、灿烂的文化，造就了吸日月精华之宝物，哺育出养天地浩然正气之毓秀。这里走出来的一大批政治家、军事家、教育家、文学家、科学巨匠，如同熠熠生辉的群星，闪烁在历史的天空。

据不完全统计，仅《史记》《二十四史》《资治通鉴》《中国通史》等权威史料，就记载正定历史名人100多位。代表人物有赵佗、赵云、张燕、房晖远、慧净、颜杲卿、义玄、赵普、曹彬、李昉、蔡松年、史天泽、白朴、苏天爵、梁梦龙、梁清标、尹玉峰、郝清玉、张晓楼……

璀璨的星空中，散发出不同的光亮：有解疑释惑、传道授业的教育家，有辅佐国朝、安定天下的政治家，有开疆拓土、英勇善战的军事家，有勤奋敬业、勇于攀登的科学家，有浪漫多才、舒展情怀的文学艺术家，还有信仰坚定、为民牺牲的革命家。

尽管他们生活在不同年代，理想信仰不同，身份有异，分布于不同的领域，但都以自己的才华和奋斗，或影响了历史发展的进程，或为中华文明增砖添瓦，或为科学进步抱薪燃釜，为民族、为国家有所贡献而彪炳史册。

这是一座高山仰止的丰碑，浓缩着正定人的优秀品格、气质和精神，是正定数千年奋斗史的生动体现。全面介绍也会挂一漏万，我们暂时聚焦一下教育家、文学家和科学家。

二

有史以来，正定就是一个崇学尚文的地方，文化教育源远流长，人才的摇篮一直在编织着。一代代精英的涌现，都得益于这个摇篮的哺育。故介绍杰出人士之前，要先把这个背景交代清楚。

正定自周朝时就有塾馆教育，2000年前的汉代真定就有了学堂。东汉著名学者，曾任太仆、司空的伏恭出任常山太守时，"敦修学校，教授不辍，由是北州多为伏氏学"，培养了大批人才，"儒者以为荣"。①

唐代以后，真定的教育不断演进，渐渐分两大系统延续。

一是官办的学校，即府学、县学，创立自唐始，历代接续。正定有明确记载的是北宋熙宁三年（公元1070年），由龙图阁学士、真定知府吴中复创修，地点在府衙东边。

---

① 孙万勇主编：《石家庄通史（古代卷）》，河北人民出版社2010年版，第185页。

第七章 涓涓文脉——何处如今更有诗

兴办教育是古代官吏的主要职责，宋代以后开始设置路、府、县学官，配属教授、教谕、训导及役工。由于真定的重要地位，学官等级颇高，北宋礼部郎中陆佃，金元时期文学家元好问，都做过真定府学的学官。前者是北宋著名词人陆游的祖父、王安石的学生。

尊师重教，当年所需办学费用均从官府的税赋中支出，老师类似今天财政供养人员，且待遇优渥。教授的俸银等同于知县，其他学官的待遇也高于府、县衙的同僚，就连雇佣的勤杂工也与府、县衙的杂役，领取同样的"工食银"。有此待遇，教职员工完全能够安居乐业。

正定府文庙（直隶省立第七中学旧址　刘敦桢摄）

官办学府除了战乱时期，历代都有延续，可以说是生生不息。一直到清光绪二十八年（公元1902年），新学兴起，正定知府江槐序在原文庙、府学基础上，创办了正定府中学堂。中华民国成立后，先后改为直隶省和河北省省立第七中学，进入了近代教育的轨道。

二是由官员和乡绅等私人开办的书院、义学和私塾。义学是设置在乡村中的免费初级学校,私塾则是邻里式的教学场所,邻近的家长联合为孩子请一位先生执教。义学和私塾,使教育网络由城镇延伸到了乡村,为家境一般的孩子上学提供了帮助,在育人方面功不可没。民国年代,正定全县尚有私塾42处,在校学生535名。

书院是介于义学和私塾之间的教育场所,出现于唐,发展完善于宋。北宋一批理学家为了重振儒家文化,书院由研究机构向传道授业转变,成为具有自发性的教育组织。

正定书院开办最早的是明嘉靖年间真定知府王腾创办的崇正书院,20多年后,又改名恒阳书院。书院聘请儒学大师任教,声名鹊起,以培养出明清两代名士赵南星、梁清标、梁清远、魏裔介等而闻名。

赵南星是明代晚期的政治家、文学家,曾任礼部尚书,为明代中兴作出过贡献。梁清标和魏裔介(公元1616—1686年)则在明后期曾同时就学于恒阳书院,分别于明崇祯、清顺治年间中进士,先后入阁任过尚书职,成为清朝要臣,又先后拜为保和殿大学士。同一书院造就了三位尚书、两位保和殿大学士,是恒阳书院值得夸耀的成就。

清乾隆年间,恒阳书院改为科举考试的场所——正定府贡院。民国十三年(公元1924年),又在此改建了"直隶省立第八师范学校"。

再就是清乾隆二十九年(公元1764年),正定知府郑大进集资捐建的风动书院,后改为常山书院;乾隆四十二年(公元1777年),正定知府方立经创办尊文书院。此外还有元代史学家苏天

第七章 涓涓文脉——何处如今更有诗

爵之父苏荣创办的滋溪书院、医学家李杲创办的书院，等等。

如果书写到此为止，可能有一个重大的遗漏，那就是封龙书院。不错，它坐落于元氏封龙山南麓，并不在真定城内。因辽金时代的战火，到金末书院已经衰败。

但元代封龙书院的再度兴盛，与真定的关系非同一般。且不说书院就在元代真定路的管辖内，就是整个封龙书院的复兴，也与当时统治真定的史天泽家族有十分密切的关系。

前述，史氏家族统治真定期间，敬贤礼士，广纳人才，大批名士大儒接踵而来。结果是，不仅成就了元杂剧的繁盛，也使真定的教育事业达到一个巅峰。著名的"封龙三老"元好问、李冶、张德辉等人受邀不约而同地来到真定，又都选择在封龙书院任教。

这三位都是赫赫有名的大儒。元好问、李冶是金代进士，张德辉任过"御史台橡"，在国家法律监督和行政机关监察机构做官。三老坐镇，群贤毕至，封龙书院成为当时北方师资最强的教

复建的封龙书院

育场所之一。

这些名师把理想社会的希望寄托在兴学育人上，倾注了极大的精力。元好问教授的诗词歌赋、李冶传授的天元术、张德辉主讲的儒学，都有相当的造诣，影响八方。

其中李冶的天元术，即代数高次方程的解法，独创于世界，比欧洲同类解方程的方法至少早了300年。张德辉更是以大儒之身份，三次觐见元太祖忽必烈，劝导实施以儒治国的方略，忽必烈颇为赞同，并诏令张德辉回真定"提调真定学校"。

名师之下，真定路桃李芬芳，一大批人才破土而出。譬如史天泽的后人都从师于封龙书院而成了才，元杂剧大家白朴、李文蔚、尚仲贤等人，也都是受益于"封龙三老"，白朴更是元好问的亲传弟子。

立体化、多层次的教育体系，浓郁的兴学氛围，使得正定成为人才辈出的适宜土壤。

正定历代一直是科举的兴盛之地。据县志载，自宋至清代曾有101人考中进士，221人中举人。

有学者考证，为方便学子们赶考，明代嘉靖年间曾在北京设立真定会馆，在今宣武门外教佳胡同一号，一直沿用到民国初年，将近400年的历史。可以想象当年学子们赶考之盛况。

三

教育的发达，有赖于一批启蒙者。莘莘学子由蒙昧到开慧，由知之不多到才学充盈，他们是持着火把前进的先导者和领路人。

第七章 涓涓文脉——何处如今更有诗

1400多年前的隋唐时期,真定出现了两位教育大师。一位是熟读儒学经典、满腹经纶的国学大师,一位是熟读经学、雄才大略的佛教大师。凑巧的是,两位大师是一对叔侄,术业有专攻,分别在儒、释两道解疑释惑、传道授业而留名于世。

这两位大师一位是叔叔房晖远,一位是侄子慧净。

房晖远(公元531—602年)字崇儒,恒山真定人。唐代政治家魏徵在《房晖远传》中这样介绍他,"世传儒学、幼有志行、潜心究治《三礼》、《春秋三传》、《诗经》、《尚书》、《周易》,兼善图纬,以教授儒学经典为务,远方前来从学者达千余人。……文帝杨坚称帝,任晖远为太常博士,后又任国子博士"[①]。大意是说,房晖远才识渊博,弟子众多,隋朝初年进入朝廷,做了掌教授太学生的学官。

国子博士当时的品级并不高,也就是五六品官衔。但房晖远却在这个位置上做得有滋有味,成就颇多。他是以渊博的学识赢得尊敬的。

房晖远的最大贡献,是促进了南北经学统一。当时儒学没有统一的版本。北方经学笃守汉学,本正质朴;南方经学善谈名理,增饰华词。隋文帝命,凡能够通一经的皆可举荐录用。但因为考生各自强调其长而掩饰其短,策试后,老师无法判断优劣、能否录用。

主持的官员将这个难题交给了房晖远。他不但精熟儒学经典,还通晓南学、北学的要旨,可以称为是一位通儒。房晖远判

---

① (唐)魏徵等撰:《隋书》75卷《房晖远传》,中华书局1973年版,第1717页。

定考试结果胸有成竹，从容应对，凡有不服者当面解疑释惑。很快，应试的四五百人，没有几天便有了优劣结果，且众人信服，朝野上下皆大欢喜。隋文帝下诏，命房晖远修改相关章程，以便促进南北经学的统一。时任太常卿的牛弘赞房晖远博学多才，送一个雅号"五经库"。

房晖远47岁时，房氏家族添了一个男丁，这就是他的侄子慧净（公元578—？），俗名已无记载。

与国学渊博的叔叔不同，侄子并没有继承叔辈的衣钵，而是走上了佛学之路。慧净少小出家为僧，志业宏远。后到长安游历，入纪国寺为上座，经多年勤奋精读，深悟佛经，成为唐代高僧，人称"东方菩萨"。

"东方菩萨"的桂冠实至名归。慧净的人生里程碑上镌刻着两件大事。

一件是在佛学理论研究和传播方面功不可没。慧净是一位佛学的理论家，对佛经有着透彻的解悟，他潜心研究经文，并结合体会加以注述、诠释，撰写了一批佛学理论著作。其中有《杂心玄文》30卷，《具舍论文疏》30卷。在纪国寺开讲经论后，又撰写了《法华经缵述》10卷等经文注释，影响很大。

与此同时，他还是一位经学翻译家。贞观二年（公元628年），一批新经运抵京城，皇帝下令诏选高僧大德翻译。慧净入选，并承担了《大庄严论》的翻译。他的译文辞旨深妙，表述精当。译本完成后，又作文疏30卷，阐发经义。其文令西域高僧三藏法师赞叹不已，当着众官员抚摸着慧净的背说："这真是东方菩萨啊！若非精爽天拔之人，怎么能写出这么好的译文呢。"[①]

[①] 正定史源编委会：《正定史源》，河北人民出版社2017年版，第779页。

第七章　涓涓文脉——何处如今更有诗

另一件是巩固了佛教在唐代社会中的地位。隋末唐初，儒、释、道三家影响势均力敌，特别是佛道之争激烈，互相较劲，常常辩经论道。慧净代表释家出战，以深厚的佛学造诣，雄辩的口才，博古论今，释文举义，每每大获全胜。贞观十三年（公元639年），皇子李治，即后来的唐高宗，召集百官及儒、释、道三家在弘文殿听慧净阐讲《华严经》，道家再次与其争辩，慧净从容不迫，引经据典，驳得对方无言以对。从此道家渐渐势衰，皇子遂请他出任京城普光寺住持。

从"五经库"到"东方菩萨"，叔侄二人能在精英无数的儒、释两界脱颖而出，靠的还是那句老话，"三分天才，七分勤奋"。慧净闭关苦读，每日攻读经文8000言；房晖远一辈子专注一件事，研学育人，乐在其中。专心致志地持守，严肃认真地治学，勤勉敬业的态度，是他们成功的秘诀。

在正定的历史上，还有许多教育家辛勤耕耘。例如元代学者安熙、思想家虞集均在滋溪书院里任教，弟子有文学家、史学家苏天爵等人；金代学者王若虚、冯璧，曾是著名医学家李杲的老师；还有进士、著名词人杨果，文学家元好问，白朴的父亲白华；等等。这些名师为正定人才辈出，接续发力，实为功在当代、利在千秋。

四

可以与桃李芬芳的学坛媲美的，是救死扶伤、春暖人间的杏林。正定历史上诞生过许多救死扶伤的医学大家。

最有成就、青史留名的，当数金元时期的名医李杲。

李杲（公元1180—1251年），字明之，真定人，晚年自号

| 品读正定

李杲

东垣老人,亦称李东垣。他是中国医学史上"金元四大家"(刘完素、张从正、李杲、朱震亨)之一,是中医脾胃学说的创始人。

李杲出生在一个大户人家,《东垣老人传》说他家"富于金财","户冠两路"。按正常生活道路,应当学成入仕。但有两个原因改变了他的人生轨迹。一是母亲壮年因病早逝,刚刚20岁的李杲难以接受,发誓学医,解救天下病痛之人。二是遭遇金代动乱,文人士大夫备遭压抑,社会极不安定,加之疫病流行,人们疲于奔命。"不为良相,即为良医",这种士大夫的情怀,促使李杲走向医者仁心之路。

李杲之所以成为一代名医,是因为他具有在继承中探索、在创新中发展的治学精神。在此之前,中医学影响最大的著作之一是东汉名医张仲景的《伤寒杂病论》,一直是人们行医的教科书。李杲没有把他作为"金科玉律",而是科学地总结完善,创造性地确立了脾胃学说。

他认为脾胃是元气之本,元气是健康之本,"内伤脾胃,百病由生",主要表现为内伤热中症。由此多采用补益脾胃,滋阴降火的"温补"办法。因为脾胃在五行中属于中央土,因此他的学说也被称为"补土派"。

李氏学说突破传统诊脉原理的局限,开创了新的病理学理论，在中医药史上产生十分深远的影响，而在实践中也大放异彩，李杲被人传为神医。

神到什么程度？有例为证。大学者冯璧的侄子得了伤寒，眼睛赤红，心烦口渴，医生给他开了承气汤准备服用，正赶上李杲回来。李杲一摸脉象，大吃一惊说："这碗汤差点要了孩子的命啊！"他接着解释说，脉以诸数为热，诸迟为寒，这孩子是热极了，遂叫人取姜附来，以热因寒法给他诊治。每顿服八两，药后大汗一出，孩子的病果然好了。这件事在真定传扬开来，有诗赞颂："健羡活人手，所见一何异？脉理造精微，起死特游戏。"

我认为，李杲的成功，是继承了中医"辨证施治"这一充满思辨的传统理念。因人而异，对不同的病人采取不同的诊疗方法，是传承几千年的中医最核心的要义，也是一切行医人的准则。遗憾的是，如此简单的道理，很多现代医生并不懂，千篇一律、照本宣科地给病人开药，贻误了病情，增加了病人的痛苦。真心建议，我们的医生除了学习业务之外，要好好地学一学唯物辩证法，那是会大有裨益的。

医学传承源远流长。到了近代，正定又有一批良医名士。比如，以中医药攻克脑膜炎难关的郭克明大夫。

郭克明（公元1902—1968年），字大德，出身正定中医世家，三代行医。20世纪50年代，石家庄一带因水灾暴发乙型脑炎疫情，危及群众生命。郭克明运用祖国医学理论，提出"清热、解毒、养阴"三大治疗原则，探索出"白虎汤加减方、重用石膏的方剂"，一举击退了曾经束手无策的顽症，治愈率达到90%以上，且无后遗症。因此，受到卫生部的高度评价，并向全国推荐了治疗经验。这一疗法，在北京、天津、沈阳、西安等地使用，同样效果显著。

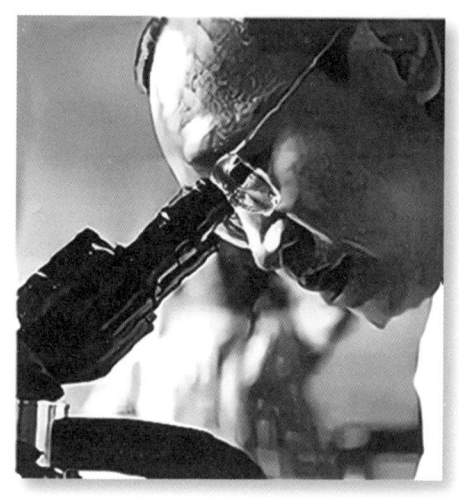

张晓楼

郭克明的贡献引人注目，他于1956年列席了全国政协会议，受到毛泽东主席、周恩来总理的接见。

还有两位著名的西医。一位是张晓楼（公元1914—1990年），国际著名眼科专家，曾经当过毛泽东的保健医生。20世纪中期我国沙眼病肆虐，无数患者饱受折磨。张晓楼与另一位眼科专家汤飞凡教授一起，反复试验，找到了治病的病原体，以后他又发明了治疗沙眼的特效药，彻底解除了沙眼病的威胁。1981年，国际沙眼组织授予张晓楼和汤飞凡国际防治沙眼金质奖章。

另一位是张香桐（公元1907—2007年）教授，著名国际神经生理学家、中国科学院学部委员，中国神经科学的奠基人之一。他一生致力于脑神经科学研究，在研究针刺麻醉机制及痛觉机理等方面，作出了巨大贡献，在国际上享有盛誉。2020年，经国际小行星命名委员会批准，316450号小行星正式命名为"张香桐星"。

良医都有高尚的医德。李杲在大疫之时，无偿公开自己的特效药方，解救老百姓于水火之中；郭克明免费为穷苦人医病，还赠衣送饭；张晓楼为突破科研难关，毅然在自己的眼睛上做实验。张晓楼是我国眼角膜库建设的倡导者，也是第一位眼角膜捐献者。去世后，按照他生前遗愿，眼角膜移植给两位工人，使他们重见光明。张晓楼以这样的方式,最后一次为我国的眼科事业作出了贡献。

大医大德,长留人间。他们是一群有志向、道德高尚的人。

五

你可能想不到,正定历史的星空中,还有一批智慧的科学家,以卓越的工匠精神和高超技能熠熠生辉。比较著名的有两位。

按年代顺序,首先介绍一下北宋时期真定府的僧人工程师怀丙,他以解决建筑难题而知名。

迄今为止,没有发现怀丙在佛教修行方面的记载,想来能在寺宇众多的真定立身,也不是平庸之辈;只不过与此相比,他的工程技术才能令人印象深刻。不少让人望而却步的"疑难杂症",在他手上药到病除,化腐朽为神奇,令人叹为观止。按今天的话,绝对算得上一位"牛人"。

神奇之一,巧用船沙,浮力"捞牛"。宋朝的时候,黄河发大水,冲断了河上的一座浮桥,河两岸拴住浮桥是八只大铁牛,每尊有数万斤重,连铁牛也被大水冲走了,陷在河底的淤泥里。洪水退了,马上要重修浮桥。可是笨重的铁牛怎么捞起成了难题。不得已,官府张榜请贤。怀丙应招,满怀信心地说,"铁牛是被水冲走的,我还叫水把它们送回来"。

怀丙先准备两只很大的木船,船上装满泥沙,行驶到铁牛沉没地,用结实的木料将铁牛夹在两船之间,再请水手们一起动手把船上的泥沙铲到黄河里去。船里的泥沙渐渐地少了,船身慢慢地向上浮,拴住铁牛的绳子越绷越紧,铁牛一点儿一点儿地从淤

黄河边大铁牛

泥里被拔出，离开了河底被拖回到岸边。难题破解，上下欢心，当朝皇帝也赞赏有加，赐给怀丙一件紫袈裟。

　　神奇之二，妙手回春，独挽高塔倾覆。真定城有千年凌霄塔，高41米。塔为砖木结构，在塔中心竖有一根直达塔顶的木柱，并依次与各层的八根扒梁连接。天长日久，塔中间的大柱朽坏，塔身倾斜，岌岌可危，很多工匠施救无效。怀丙再次出山，他先是量了柱子的长短粗细，做了同样的柱子吊到塔中间，然后关上塔门，一个人在里面开干。许久之后打开门，人们发现坏柱子已经被换下，新柱已经立起，倾斜的高塔很快扶正过来。神奇的是，一个人手无寸铁，是怎样把一根沉重的柱子换下来的？至今还是一个谜。唯一肯定的是，他给后人留下了一座祛除沉疴、获得新生的巍峨古塔。

　　神奇之三，治虚补实，矫正古桥。赵州大石桥，建造坚固，

第七章　涓涓文脉——何处如今更有诗

质量上乘，但是时间长了，桥身歪斜，人们多次抢救也没有把石桥矫正过来，只好求助于怀丙。怀丙现场勘察之后，发现有人贪小利，偷走了里面稳固桥身的铁块，因此重力不均衡导致倾斜，于是有针对性地"补实祛虚"。他按照重力学的原理，逐块石头进行修补，丢失了铁块的石头，逐一重新灌满了铁水，桥恢复了均衡，很快就被正了过来，并且一直使用了下去。

先有李春造桥，后有怀丙扶桥，两位大师前赴后继，确保千年古桥今天仍然屹立在洨河之上。

时间来到了元朝，一位新真定人崭露头角，他就是赡思。

赡思（公元1278—1351年），字得之，祖先为大食国（阿拉伯帝国）人。祖父鲁坤，随蒙古军东迁，迁居真定。受家庭熏陶，赡思9岁时能每日记诵儒家经传至千言。弱冠之年，博览群经，才华横溢。如果不看外貌，他已经与一个有学问的真定人没有什么区别。

赡思做过官，颇有政绩，但他淡于名利，无心做官，而酷爱做学问。除儒学外，天文、地理、水利、音乐、算术及外国历史，无不研习精到，著有一大批著作，影响广泛。近代著名教育家陈垣在《元西域人华化考》中赞曰："赡思诚九流三教无所不通者也，真可谓异人矣。"

西域人成为儒学家的不乏其人，成为科学家、工程家的鲜见。鲜为人知的是，赡思在水利工程研究方面成就斐然，其治水理念、工程方法独树一帜，一直传承后世。

赡思所在的元朝中后期，一桩治国隐患困扰朝野多年，那就是河务。黄河年年都有河患发生，百姓苦不堪言。赡思下决心为国家谏言献策，为苍生减除苦难。历经15年艰辛，最终在他53岁那年，在北宋以及金代旧著的基础上，整理修改完成了中国水利史上的巨著——16卷之多的《河防通议》。

这本《河防通议》最重要的创举,一个是精准的治水理念。赡思提出了"辨土脉"的理念,将治河时遇到的土质划分成19种类型,对每一种土质的特性和适用范围做了归纳总结;对水流的运动规律及引发的河浪,赡思精确地分了18类之多,说明每一类的成因与冲击力各不相同。因之提出了治理不同土、水相应的策略,克服了粗放的、"一刀切"式地治水理念和弊端。仅此一点,就起到了事半功倍的效果。

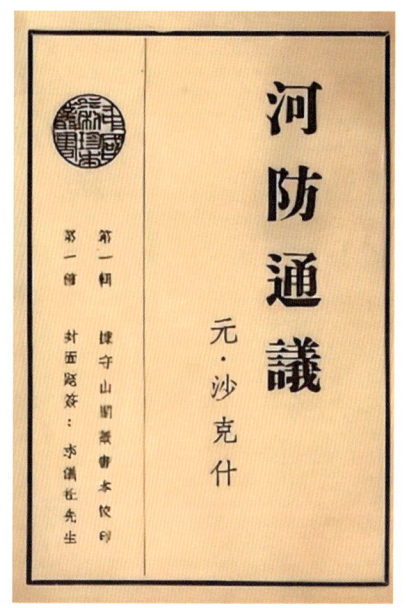

赡思修订《河防通议》

另一个是治水工程管理的创新。实现了工程的分类管理、环节核算和程序化运作,这是中国历史上最先进的水利工程建造和管理监督方法。

赡思发挥自己数学家的优势,以强大的"算法",把《河防通议》分为河议、制度、料例、工程、输运、算法六大部分,开创性地列举了治水工程各环节、工程用料的标准和堤坝设计比例,确保简单实用,操作规范,也可以防止常见的偷工减料的弊端。

赡思付出心血的这本巨著,是水利科学技术研究的一个高峰,他的先进理念、治理技术、管理方法,于今天也不过时。但元代后期腐朽的朝政,并没有给予足够重视。

第七章 涓涓文脉——何处如今更有诗

1351年,74岁的瞻思积劳成疾,在他弥留时,暴发了空前的黄河水灾。统治者临时抱佛脚,想起瞻思那本实用的《河防通议》,被火速印发给相关官员,帮助完成了黄河全线治理。虽然水患得以控制,但并没有挽救元王朝覆灭的命运。

真正将《河防通议》学懂弄通的,是取而代之的明王朝。自洪武二年(公元1369年)起,《河防通议》被明王朝大规模开印,全国各地河流流域的地方官,几乎人手一本。甚至朱元璋派到全国各地的巡按御史,也拿着《河防通议》,当作考核官员河务业绩的蓝本。

以这部著作为依据,明王朝开始了一场中国古代史上的水利大建设,用了28年时间,全国疏浚河道4000多处,开挖塘堰4万多处,修筑堤坝5000多处。农业生产得以稳定,大明朝的粮食总产,达到创纪录的3200万石,是宋、元时代最高值的两倍多。[①]瞻思的理想开始变为现实,他在中国水利史上留下了自己的名字。

瞻思多才多艺,除了工程科学家之外,还是一位书法家,现存他撰写的《哈珊神道碑》,记叙在栾城县(今石家庄市栾城区)的西域人、曾任元朝荣禄大夫的哈珊生平,陈垣先生评价"其书法体式波磔,亦用力至深",称瞻思为"西域之中国书家"。

当然,"西域之中国书家"的称谓是否恰当,还可商榷。毕竟,瞻思的成功,已经不能简单地证明为中华文化融合力的强大,因为他已经是一位地道的中国人,并且为国家安危、百姓福祉贡献良多,当然也为养育他的正定增添了荣耀。

---

① 参见郭涛:《中国古代水利科学技术史》,中国建筑工业出版社2013年版。

戏剧的春天

一

当众多学者谈到中国戏剧史时,会不约而同地聚焦到元代大都和真定,元杂剧在这两个地方破茧而出、走向繁盛,标志着中国戏剧成熟时代的到来。

这是一个不大容易解释清楚的现象。在此之前,几千年来中国文脉浩浩荡荡,各种文学艺术形式,辞赋、诗歌、散文、小说、音乐、舞蹈、曲艺、杂技等,几乎都在蓬勃发展,唯独戏剧落后于世。

尽管,先秦时期我们就有了祭祀礼仪,汉代就有了与胡风交融的宫廷歌舞,唐代更有了歌舞小戏与滑稽表演,以及"百戏杂陈"——能引起人们审美愉悦的动态技艺表演,宋代又出现了固定的游艺场所——"瓦舍"。瓦舍,历史上第一次把表演和观众作了稳定性的聚集,戏剧的舞台似乎已经搭建完成。

但是,一直还没有中国近代著名学者王国维先生所说的"必合言语、动作、歌唱,以演一故事,而后戏剧之意义始全"[1],即真正意义上的戏剧。

真正意义上的戏剧,与其他艺术形式的显著区别是,它有一个足以贯穿全局的脉络——一个完整的故事;有一种足以梳理整

---

[1] 王国维:《宋元戏曲史》,安徽人民出版社2019年版,第25页。

第七章 涓涓文脉——何处如今更有诗

体的节奏——一种严整的曲调,是说、唱、诗、舞、演、耍等各种文学形式的有机融合。

讲述一个完整的故事,这个道理貌似十分浅显,也不难做到。但时至今日,有的所谓"大师"却经常健忘,戏剧也好,影视作品也好,本末倒置,在炫目的视觉、震耳欲聋的听觉冲击中,忘记讲述一个完整的合情合理的故事,遂整部剧几乎全军覆没。

元代不负众望。元杂剧的出现,使"中华文明几千年的一个重大缺漏,在这个不到百年的短暂朝代获得了完满弥补"[①]。王国维先生也由衷地说,论真正之戏曲,不能不从元杂剧始也[②]。

在这次"补漏"中,真定表现得异常完美,完成了如雏鸡啄壳、春蚕破茧式的突破,培育了一批才华横溢的元杂剧作家,奉献出一批轰动当代、流传后世的剧目,产生了与时代呼应的社会影响力,在中国戏剧发展史上写下璀璨的篇章。

专门收集元杂剧曲目的元人钟嗣成在《录鬼簿》中记载,当时全国"名誉昭然"的元杂剧作家有56人,作品378种。除大都(北京)之外,真定作家为最多,有9人,作品57种,且名篇迭出,成果斐然。

这个团队的旗手,无疑当数与关汉卿、马致远、郑光祖齐名的"元曲四大家"之一的白朴。此外还有亦官亦文的李文蔚、尚仲贤、戴善甫、史樟,以及侯正卿、汪泽民、王嘉甫等一批上了戏剧史的人。

[①] 余秋雨:《中国文脉》,长江文艺出版社2013年版,第33页。
[②] 王国维:《宋元戏曲史》,安徽人民出版社2019年版,第49页。

在戏剧的春天里，真定作家团队的创作硕果累累。艺术题材繁多，既有现实生活剧，又有历史演绎剧，既有喜剧，又有悲剧，还有神话剧，天上人间，五彩斑斓；艺术表现力丰富，以鲜明生动的艺术形象、曲折完整的故事情节、雅俗共赏的曲调和念白而著称。

最为称道的是，创作者们是很接地气的一个团体，他们以庶民的目光、平等的视角，叙说世俗百态、人间悲喜，为人民疾苦发声，为社会的美好追求而呐喊，精神分量十足。其代表作如白朴的《梧桐雨》《墙头马上》、尚仲贤的《柳毅传书》、李文蔚的《燕青博鱼》等优秀剧目光彩夺目，源远流长，成为不可多得的戏剧艺术珍品。

难能可贵的是，还形成了鲜明的创造风格。日本元杂剧研究者青木正儿在《元人杂剧概说》中，将元杂剧分为五种流派，真定作家就占了三种。白朴为绮丽纤秾派，李文蔚为豪放激越派，尚仲贤、戴善甫为温润明丽派。

明代开国皇帝朱元璋的儿子朱权，据说也是一位戏剧爱好者。他评价说，白仁甫（白朴字）之词，如鹏搏九霄；李文蔚之词，如雪压苍松；尚仲贤之词，如山花献笑；戴善甫之词，如荷花映水。

且不说这些评价是否准确，就风格的多样性上，足以说明真定元杂剧的灿烂多彩。

余秋雨说，真定元杂剧把中国戏剧的第一个辉煌的春天装扮得非常美丽，其强悍的艺术生命力，在中国戏剧史上占有重要的历史地位，并具有重要的文化价值。

这是一个客观的评价。

第七章 涓涓文脉——何处如今更有诗

二

如同其他文学形式一样，社会发展是戏剧创作的温床。"无心插柳柳成荫"，在一定意义上讲，元代特殊的历史环境，是元杂剧诞生并繁盛的"助产婆"。

不过，她经历了痛苦的分娩过程。

元代统治者入主中原初期，虽然也提倡汉文化，但不重儒教，对汉族知识分子采取歧视政策。"蒙古贵族实行界限森严的等级统治，民族分四等，汉人、南人被压在社会底层；职业分十级：一官、二吏、三僧、四道、五医、六工、七匠、八娼、九儒、十丐。文士儒生竟屈居'老九'，位于工匠娼妓之后，仅先于乞丐一步。"[①]

在这种歧视政策下，科举制度一度被终止，进入仕途的道路受阻，大批传统的知识分子被藐视、被遗弃，惶惶不知所措。正如马致远在他的《荐福碑》中所说，"这壁拦住贤路，那壁又挡住仕途"。

政治上的失意、生活上的窘迫，使不少文人儒生不得不沉沦于人世间，有的混迹于勾栏瓦舍，渐渐地与"倡优"结合在一起，形成了元杂剧的创作队伍。

尽管这种进入多少有些无奈，但给了人们一个排解苦闷、抒发郁积、反映大众呼声的平台。结果是高文化素质人才的参与，意外给元杂剧注入了强大活力，为戏剧繁荣提供了支撑。

---

① 冯天瑜、何晓明、周积明：《中华文化史》，上海人民出版社2005年版，第583—584页。

大环境使然，小环境更为重要。元杂剧在真定的成功，还有赖于一位尊重知识、尊重人才的地方官——史天泽。

史天泽

史天泽（公元1202—1275年），字润甫，河北永清人。蒙古国及元朝初年名将。元太祖二十年（公元1225年），接替其兄史天倪都元帅职，率军击败金将武仙，历授真定、河间、大名、东平、济南（五）路万户，河南等路宣抚使，中书右丞相，枢密副使，中书左丞相等职。至元十一年（公元1274年），奉命统军出征南宋，因病北还。次年，病逝于真定，年73岁。累赠太尉、太师、镇阳王。

史天泽在真定期间，多行善政，广纳贤士，兴学崇文，留下很好的口碑。纳新在《河朔访古记》中写道，"真定路南关阳和门外史丞相遗爱碑一通"，碑文概括了史天泽的历史功绩："公之治真定也，披荆棘，驱狐狸，开城郭，立官府，以招人民，成天下之剧郡，四方之都会。"①

良好的生态环境具有强大的吸引力。时在金末元初，兵荒马乱，大量移民北迁，不少文人儒士纷纷慕名来到真定。诸如文学家元好问、数学家李冶、教育家张德辉、文学家王若虚、医学家李杲，以及杨果、王昌龄、李正臣等名人。白朴一家就是依附史天泽而定居真定的。

---

① 《钦定四库全书》史部，《河朔访古记》卷上。

第七章 涓涓文脉——何处如今更有诗

耳濡目染，史天泽的公子史樟，也加入了元杂剧的创作团队。这位公子边世袭官爵，边热心写作，留下了《花间四友庄周梦》等作品，也被列入《录鬼簿》中。

就这样，在史天泽的麾下，一批有才华的文人儒生云集真定。史天泽为他们提供了休养生息的环境，还与他们保持密切的联系。生活的稳定、宽松的环境，使一批元杂剧作家脱颖而出。

与此同时，真定繁荣的经济也为元杂剧提供了丰富的创作素材。在经历金末元初的战乱之后，真定的经济渐渐恢复，物产丰富、商业繁荣，成为元大都之外的又一繁华都市。彼时真定城阳和楼周围一片繁华，瓦市、优肆、娼门、酒茶灶，豪门大贾并集于此。物流、人流聚集的地方，也是文化需求比较旺盛的地方，应运而生的瓦市勾栏大受欢迎。

瓦市（也称瓦舍），是宋代以来在市场里设立的演出娱乐场所，每个瓦市里可以划有多个演出的圈子，称为勾栏，类似今天的小剧场。

瓦市勾栏里的演出，天然地与市井活动融为一体，并形成互动。市民的日常生活，人们的喜怒哀乐，非常容易成为戏剧的丰富素材，而剧目演出的效果，又迅捷地反馈给创作者，后者会对戏折再次加工打磨。这种良性的循环，直接作用于戏剧的艺术上，演出效果有了保证。

那个时期，真定的元杂剧家们常常是这样生活的：在和煦的暖风中，登高阳和楼，吟诗作画、杯盏觥筹之余，带着微醺的状态，走进附近的瓦市，欣赏一折演出，甚至自己参与其中，在观众的喝彩或道好声中，完成了剧目的再次创作。

700多年前的戏剧就证明，生活是文学创作的唯一源泉，这是一条放之四海、颠扑不破的真理。

三

一个春天来到了。有了合适的土壤和水肥，戏剧的种子在这里结出丰硕的果实。元杂剧家们没有辜负这个春天，他们尽情地描绘绚丽的时代篇章。

首先表现在艺术性上。王国维先生有一个极为准确的结论：元剧最佳之处，不在其思想结构，而在其文章。其文章之妙，亦一言以蔽之，曰：有意境而已矣。何以谓之有意境？曰：写情则沁人心脾，写景则在人耳目，述事则如其口出是也。[①]大意是说，抒情要像花朵的芳香直入人心，描写景物要生动形象得如人所见，讲故事要如亲历者亲口所说。因此他还说，元杂剧是最自然的戏剧艺术。

按照王国维的标准，从真定作家知名的《梧桐雨》《墙头马上》《柳毅传书》《燕青博鱼》等精品中可以看出，情、景、事达到了完美统一，意境雄浑直抵人心，情景交融绚烂多彩，人物刻画栩栩如生。故事的完整性、戏剧的艺术性和观赏性，都达到了"自然和美"的地步。

但是，如果仅仅从艺术角度欣赏元杂剧，那就很可能犯了"一叶障目不见泰山"的错误。

元杂剧的巨大影响力，来自她鲜明的时代性、思想性和大众性；其强烈现实意义在于她通过戏剧的形式，通过一个个主人公的悲喜人生，反映了特定时代的生活状态与精神图谱，表达了足以震撼社会的期盼与呐喊，她深刻的社会意义是巨大的，也是空

---

① 王国维：《宋元戏曲史》，安徽人民出版社2019年版，第80页。

前的。

正如余秋雨所说，元杂剧在精神上有两大主调：第一主调是倾吐整体性的郁闷和愤怒；第二主调是讴歌非正统的美好追求。①

我以为，这两大主调，可以凝练为"倾吐"与"追求"两个词。"倾吐"，当然是宣泄那个年代人们生活当中的悲苦和愤懑，而适合以悲剧的形式反映；"追求"，自然是人民对美好生活的向往，追求光明的未来，而适合以喜剧的形式完成。

当然，元杂剧的倾吐并不是简单地发泄，期望也不是空洞缥缈的，透过完整的故事、生动的情节，我们似乎可以看到更深一层的含义。

以白朴的代表作《梧桐雨》为例，这是一部以喜剧开始，以悲剧结尾的戏剧。表面上看，是一个单纯的爱情悲剧，实则是一个揭示历史规律的大戏。表面上写的是帝王与贵妃的个人情爱，实则是一个朝代的兴衰缩影。

在《梧桐雨》中，白朴将唐明皇的泪和秋天的雨相互映照，仿佛思念的泪化成了秋天的绵绵阴雨，凄冷的雨淋湿了帝王哀恸的心，将回忆、伤痛、悔恨、无奈、孤寂的心境表现得淋漓尽致。

悲剧是最好的镜子。这不能不让人想到历史的兴衰。唐玄宗在位43年，曾经是一个励精图治的君王。执政前半段兢兢业业，昌明勤勉，创造了举世闻名的开元盛世；后半段陶醉于现实，疏于朝政，放纵迷信，骄奢淫逸，终于酿成"安史之乱"，自己成了孤家寡人，一个强大的大唐王朝也由盛到衰，走上了不归路。真正是丢了美人，又丢了江山！

不同的人对同一文学作品有不同的见解。鲁迅在评价《红楼

---

① 余秋雨：《中国戏剧文化史述》，湖南人民出版社1985年版，第152页。

梦》时说，就因读者的眼光而有种种：经学家看见《易》，道学家看见淫，才子看见缠绵，流言家看见宫闱秘事……

而我们看到的《梧桐雨》，是写出了历史兴衰的大势，它所倾吐的不仅是李、杨二人的无尽情思，更是历史兴衰的绵绵悲哀，让人感受到千古之训的震撼。幕布上分明写着：生于忧患，死于安乐。

我以为，这才是《梧桐雨》强烈的思想意义所在。

由此王国维在《人间词话》中高度评价："白仁甫（白朴字）《秋夜梧桐》（即《梧桐雨》）剧，沉雄悲壮，为元曲冠冕。"

四

相比较悲剧，喜剧在某种程度上说，可能更难写一些。原因在于喜剧的戏剧冲突，有时并不比悲剧小，但要笑对人生，较少用悲戚的眼泪，而以智慧的灵光寻找出路，在笑声中解决矛盾，得到圆满的结果。

与哀伤的《梧桐雨》不同，白朴的《墙头马上》是一出富有喜剧色彩的爱情剧。故事发生在洛阳，李总管的千金在花园的墙头看到骑在白马上的裴尚书的公子，二人一见钟情，当夜私奔，在裴家花园暗住七年，生育一儿一女。裴尚书发现后强行拆散了二人。后公子高中状元，寻找妻子，经过一番曲折，夫妇终于重新团圆。

似乎是一出俗不可耐的老套戏，但白朴写出了新意，写出了严肃的话题，那就是"追求"。在大胆的追求下，李千金一个弱女子冲破世俗的理念，勇敢地反抗封建压迫，义无反顾地寻找自己的爱情，维护自己的婚姻自由。该剧大胆肯定了两情相悦、私

第七章 涓涓文脉——何处如今更有诗

《墙头马上》剧照

订终身的婚姻方式,特别是塑造李千金这一热情泼辣、敢爱敢恨的女主角形象,对爱情自由、男女欢愉都作了坦率的赞美。艺术表现得张力十足,李千金以辛辣嘲讽的语气,抨击裴尚书等封建卫道士的嘴脸,幽默诙谐、淋漓畅快,令人忍俊不禁。

作者不仅给自由婚姻以圆满的结尾,而且还充满理想地大声疾呼"愿普天下姻眷皆完聚"。与此相呼应,学者在《西厢记》中找到了"愿天下有情人都成了眷属",在《拜月亭》中找到了"愿天下心厮爱的夫妇永无分离"等类似的呼唤。

婚姻自主,大胆追求爱情,这在当时封建的桎梏下,是多么"大逆不道",因而也是多么难能可贵,作家又需要多么大的勇气!这一呼唤,代表了天下受压迫妇女的心声,是对封建礼教的有力揭露和批判,具有突破性的社会意义。

元剧的第二主调——讴歌非正统的美好追求,表现得也丰富多彩。除了追求"法制公正"之梦,如《窦娥冤》,追求"自由婚姻"之梦，如《墙头马上》等，还有追求"团圆之梦""社会公平"之梦的剧目，并且常常借助神话等手段加以强化。

真定作家尚仲贤的《柳毅传书》，就是一出追求团圆的神话爱情剧。余秋雨有评价：

在《柳毅传书》中，书生柳毅初遇龙女时，龙女正陷身在一种极其不幸的婚姻生活中：她的丈夫垂青于婢女，丈夫的父亲却对她进行贬罚。柳毅路见不平，就答应了龙女的请求，千里迢迢给龙女的父亲洞庭君送信，请这位父亲了解女儿的处境，前来搭救。待到柳毅办了这些事，龙女也从不幸的遭遇中挣脱出来之后，他们俩很自然地产生了爱情。但对柳毅来说，这种爱情又与他侍养老母的使命有矛盾，只好放弃了爱情，回到了母亲身边。这似乎又要构成悲剧了，然而神话毕竟有自己特殊的本事，龙女一家竟施行法术，让龙女暂时变作一个民女，挽请媒人与柳毅结婚，待到真相大白，自然皆大欢喜。这出戏，虽然神奇诡谲，却包含着浓厚的人间气息。①

创作者精心用神话、传说的艺术手法，为"团圆之梦"增添了瑰丽色彩，反映了人们对团圆之梦的期盼和执着。

另一位真定作家李文蔚的《燕青博鱼》，写《水浒传》中梁山泊英雄燕青为民除害的故事。戏剧的主题是反霸锄奸，追求社会公平。

梁山好汉燕青因违反山规被撵下山，又因生活所迫，博鱼（用鱼作注以赌输赢）求生。当地一霸杨衙内，以及与之勾搭成奸的王腊梅，屡次欺压燕青及燕和兄弟，燕青忍无可忍，剪灭了这对狗男女。全剧塑造了一个疾恶如仇、与权势恶霸不共戴天的

---

① 余秋雨：《中国戏剧文学史述》，湖南人民出版社1985年版，第260页。

第七章 涓涓文脉——何处如今更有诗

英雄，寄托了要扫除人间一切不平，善有善报、恶有恶报的理想追求。结局符合民心众望，大幕落下，引来无数叫好声。

《燕青博鱼》在艺术上也相当讲究。在词曲与道白上，李文蔚大量运用真定当地的语言，自然通俗、诙谐生动。

如第三折中，杨衙内"我若负了你的心呵，灯草打折脚古拐，现报在你眼里"。第二折中，燕青"我揣巴些残汤剩水，打叠起浪酒闲茶"。第三折中"我这里呵欠罢，翻身打个吃挣"等，都采用了真定方言俗语。"脚古拐"，是指脚踝；"揣巴"，是指胡乱地往嘴里塞；"吃挣"，是指寒噤、发愣。鲜活的方言，反映了社会的民俗风情，对整个剧起到锦上添花的作用。

五

尽管我们已经用大量篇幅介绍了白朴的剧作，但还是应当叙述一下他的身世、生平、创作成果以及对后世的影响。毕竟，白朴是元杂剧历史上一位旗帜性的人物。

白朴（公元1226—约1306年），字太素，号兰谷，字仁甫，祖籍隩州（今山西河曲一带），后居金朝开封。

如果从籍贯和出生地来说，白朴并不是真定人，但历来戏剧史都把他列入真定籍。这是因为，白朴的学识和创作得到史天泽、元好问等真定儒学名士的鼎力扶持，主要戏剧成就

白朴塑像

完成于真定。白朴对真定也十分依恋。晚年他寓居金陵（今南京市），去世后，后人不远千里将他归葬于真定，长眠在养育他的热土。

白朴是一个苦孩子，他的童年是在颠沛流离中度过的。6岁时，遭遇"壬辰之难"。蒙古军队围攻金朝开封城，城破后，大肆杀戮，屠杀汉人甚多。白朴丧母，居无定所。后来他和姐姐被父亲的好友元好问收留，带到山东聊城、济南等地避难，其间感染瘟疫，几乎死去。直到他12岁时，元好问才将他送到真定回到父亲身边，其父写诗谢曰："顾我真成丧家犬，赖君曾护落巢儿。"

真定是白朴稳定生活的开始，他在这里接受了良好的教育，文学天赋逐渐显现，开始元杂剧创作并渐入佳境。

在元杂剧家中，白朴的作品不是最多的，但其思想性、文学性之强，艺术水准之高，在元杂剧发展史上是一个高峰。《录鬼簿》著录，白朴写过16本剧。现仅存《唐明皇秋夜梧桐雨》《董秀英花月东墙记》《裴少俊墙头马上》（简称《墙头马上》）三部著作全本，以及《韩翠颦御水流红叶》《李克用箭射双雕》的残折。

因为童年国破家残的记忆，白朴的作品有着一种强烈的家国情怀，带有浓重的伤感情调和浪漫主义色彩。白朴好友王博文在《天籁集》序中评价说，（白朴）然自幼经丧乱，仓皇失母，便有山川满目之叹，逮亡国，恒郁郁不乐，以故放浪形骸，期于适意。

同时，白朴在艺术上独具一格，是知名的文采派，作品风格清雅秀丽，追求唯美，词曲隽永，常常令人拍案叫绝。他的代表作《梧桐雨》《墙头马上》，其题材一悲一喜，分别被列为中国古

第七章 涓涓文脉——何处如今更有诗

典十大悲剧之一、元杂剧四大爱情剧之一,这些剧都代表了当时中国戏剧的最高水平。而300年后,西方著名戏剧大师莎士比亚才创作出《哈姆雷特》这样的悲剧。

白朴的作品对后世影响很大,《梧桐雨》被后人接续改编,《墙头马上》传演至今。清代洪昇的著名戏剧《长生殿》,甚至连曲词都沿袭白朴的原文。20世纪60年代,由俞振飞、严慧珠两位大师表演的昆曲《墙头马上》,被拍成电影,也曾风靡

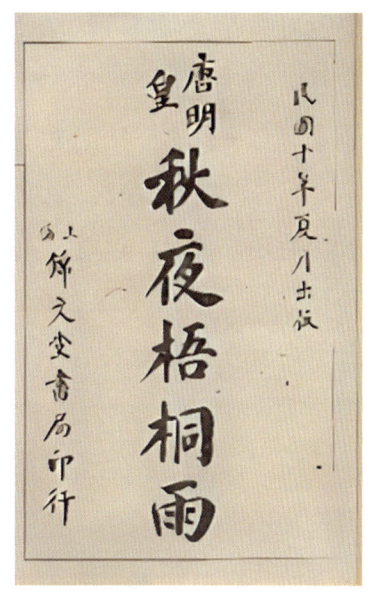

民国年间的《秋夜梧桐雨》剧本

全国。元杂剧的经典作品,在经过700多年的岁月之后,仍然散发出特有的魅力。

因此,白朴在元杂剧历史上地位很高。有关元杂剧创始于何人,有关汉卿、马致远等说法,王国维曾有一番考证。他倾向于关汉卿,但也说,同时期元杂剧家,其时代可考者,则有白仁甫(白朴字)。按年龄推算,两人相仿,均出生于13世纪20年代。王国维还说:"元代曲家,自明以来,称关、马、郑、白,然以其年代及造诣论之,宁称关、白、马、郑为妥也。"①

白朴还是一位优秀的词人。著名的《天净沙·秋》这样写道:"孤村落日残霞,轻烟老树寒鸦,一点飞鸿影下。青山绿水,白

---

① 王国维:《宋元戏曲史》,安徽人民出版社2019年版,第84页。

草红叶黄花。"白朴通过撷取十二种景物，用五种颜色描绘出一幅从萧瑟、寂寥到明朗、清丽的秋景图，恰当地反映了作者既苦闷又怀有希望的心境。画面感十足，是不是很生动？

白朴的政治取向自始至终未变，不做官是他一生的持守。元代中后期，统治者起用汉人，李文蔚、尚仲贤、戴善甫等人都南下做了官，唯白朴终生不仕。其间，史天泽等人多次推荐他入仕，白朴坚辞不就，甚至游走他乡，一直保持着自由写作者的身份。

由之，仕途上少了一个官员，剧坛上保留了一位大师，中国戏剧文化史甚幸！

晚年，白朴身在他乡，还在怀念故里，有词曰："北风下庭绿，客鬓入霜华。回首北望乡园，双泪落青笳。天地悠悠逆旅，岁月匆匆过客，吾也岂瓠瓜。四海有知己，何地不为家。"读来令人唏嘘。

梁家那些事儿

一

漫步正定历史文化街区,在阳和楼北面不远处会看到一个不大起眼、却很有历史感的院落,大门的匾额上书写着四个大字"梁氏宗祠"。走进大院,便跨入了正定明清时期名门望族梁家的门槛,尘封在史书上的那些事儿,要从这里说起。

这座始建于明代万历年间的建筑,至今已有400多年历史。据说附近是当年梁家府邸所在,庄园阔大,占地40余亩,岁月久远,仅留些许遗迹。唯宗祠经过修葺,再现当年风貌,被列入全国重点文物保护单位。

祠堂是中国文化特有的家族祭祀场所,除了家族一代代世袭的族谱,往往特别标明子孙那些光宗耀祖的事儿。例如学业成就,中举进士;仕途顺遂,加官晋爵,荣归高位;等等。败坏家风、有辱祖宗的人和事,是不能进入祠堂的。如果代代平庸,无事可载的祠堂也就没有什么存在的价值了。

因此,中国社会家族数以亿万计,真正能够几百年传承下来族谱,并且有名人业绩记载的祠堂不是很多,一般来说都是名门望族。正定梁氏宗祠就是其中之一。

梁家的声望,可以从祠堂正殿前的一副楹联看出端倪:"光被家邦九分韬略五经济,荣及闾里一门栋梁两朝功"。大意是,上联讲(先祖)文韬武略泽被国家,下联说的是(家族)两朝功德荣及故里，语气很大。须知，不是什么家族都可以与邦国、两个朝代及其功德联系在一起的，梁氏宗祠这样一览无余的直书，应当是以其家族地位显赫、功绩光耀为底蕴的。

梁氏原是山西蔚州之巨族，明洪武年初为避战乱，一世祖梁聚携眷前来真定定居。至三世时，人丁开始兴旺，家世日盛。从第四世起，正定梁家仕途蓬发，到第七世梁梦龙、第十世梁清标时更是官位显赫，进入中枢，参与治国理政。二人乃是正定梁家的代表人物。

一个家族显赫一时并不鲜见，但持续繁盛则不容易。中国社会有"富不过三代"之说，许多大家族都是昙花一现。但真定府是个例外，这里人杰地灵，很出了些显赫经年的大家族。府西南的赞皇县许亭村李氏家族，在唐中晚期100多年中，出了六任宰相，以李吉甫、李德裕最为知名；府西的灵寿县傅家，明末清初出过傅永淳、傅维鳞父子两代尚书，但正定梁家的声望似乎更大些。

梁家从四世算起，跨越明清两个朝代，前后200多年而长盛不衰，人才辈出，在中国北方历史上实属罕见，除了孔、孟那些所谓的"国姓"。

二

不仅时间长，而且有那么多载入史册的荣耀，足以让人仰慕。且看梁氏家族头顶上的光环：

进士及第家族。一个家族欲保持长盛不衰，良好的教育必不可少。梁家家风崇学重教，世代相传，因而硕果累累，人才辈出。明清以来，梁家考取进士的有五人，分别是梁梦龙、梁士纯、梁清标、梁清宽、梁清远。梁梦龙的曾孙辈更是出了"一门三进士"。明末清初，梁清宽及其族兄弟梁清远、梁清标皆科甲折桂，传为佳话，时称"三梁"。至于中举的弟子就更多了，来不及一一详列。

我以为，梁家四世的梁钊、五世的梁泽、六世的梁相，都曾恩赠为明朝的太子太保、吏部尚书，这样的荣誉，又是皇太子的老师，应当也有相当资质。

官宦世家。"学而优则仕"，梁家子弟纷纷通过科举入仕为官，施展才干和抱负，后人赞曰"一堂荣五代"。这也是个概数，可能是从七世"梦"字辈说起，到十一世"允"字辈为止。实际上，梁氏家族从四世开始，几乎代代入仕，包括恩宠世袭的，七品以上的官员达60余人。官至内阁尚书、光禄大夫的有八人，其中梁维基、梁维本是去世后恩赠的；授过太子太保衔的四人，除梁钊、梁泽、梁相外，还有梁梦龙。太子太保虽然是个虚衔，但贵为太子老师，是很多人可望而不可即的荣耀。

官运最兴盛的是第七世，梁梦龙、梁梦熊、梁梦弼、梁梦阳一门四亲兄弟，都位居高官。官爵最为显赫的当数梁梦龙及其曾孙梁清标两位。梁梦龙官至明朝的兵部尚书、吏部尚书加太子太保；梁清标则任过清代的户、刑、礼、兵四部尚书，保和殿大学士。

考虑到明清两代不设置宰相一职，尚书是内阁的首辅大臣，位高权重，权倾一时，这是梁家最为风光的时刻。

梁家还出过不少武将，例如七世梁梦弼任真定卫指挥，八世的梁慈、梁心、梁勤，九世的梁维祯、梁维丽、梁维华等人分别授镇国将军、昭勇将军、明威将军，执铠甲镇守一方；而八世的梁忠，九世的梁维大、梁维撰都任职锦衣卫，护卫当朝。

才华横溢，文武兼备，梁家为明清两代朝政储备了大量人才，定会蓄势而发、有所作为。

文化世家。梁氏家族除了贡献政治家、军事家之外，还贡献了许多文学家，出现了知名的诗人、词人、小说家和鉴赏收藏家。在治国理政的同时，梁梦龙、梁维枢（梁梦龙的孙子）、梁清标、梁清远、梁清宽等人，还是诗词歌赋的高手，创作了大量风格鲜明、颇有造诣的文学作品，梁维枢甚至奉献了明末清初的第一本小说《玉剑尊闻》。其他如梁梦龙的《赐麟堂集》《海运新考》《史要编》，梁清标的《蕉林诗集》《棠村词》等著作，也影响广泛，至今是学者研究的对象。至于梁清标价值连城、举世艳羡的收藏，则要另节专述了。

这是一个极有文化底蕴的家族，为官可以参政天下、指点江山，赋闲可以吟诗作画、侍老弄孙。生活得很有质量。

三

按照儒家的衡量标准，士大夫以"修身、齐家、治国、平天下"为己任；而一个家族的显赫与否，恐怕首先是看对国家贡献大小，所谓载入史册的，都是对国家社稷作出的功绩。

以此为标准，正定梁氏家族有若干人，但标志性人物，或功绩最显赫的，非梁梦龙莫属。

梁梦龙（公元1527—1602年），字乾吉，号鸣泉，北直隶真定人，明朝政治家、军事家、文学家。嘉靖三十二年中进士，任顺天府丞、河南副使。隆庆年间任右佥都御史，督理营田、巡抚山东，迁右副都御史，巡抚河南。万历年间为户部右侍郎、兵部左侍郎，总督蓟、辽、保定军务，加兵部尚书。后遭弹劾去

第七章 涓涓文脉——何处如今更有诗

官,在真定家居19年卒。为官秉直,颇享清名,人称"梁阁老"。崇祯末年,赠少保,追谥"贞敏"。

"贞敏",并不是什么官爵,而是对前人的一种谥号,词典解释为"清廉俭约而又勤敏于事"追谥"贞敏",德才兼备,颇似梦龙风采。

梁梦龙的从政生涯在明代中晚期,历经嘉靖、隆庆、万历三朝,为官27年。

27年干了些什么?梁梦龙主要有三大功绩,即抚民之功、开试海运、戍边抗敌。

明朝,被历史学家称为鲜少作为的朝代,"是一个内向和非竞争的国家""晚明时期显得停滞而无生气"①。在这样社会沉闷、缺乏创新的时代,梁梦龙能有如此政绩非常难得,值得一书。但我以为,如果能探索其从政理念和为官之道,可能会更有深层次

梁氏宗祠内的梁梦龙挂像

① 黄仁宇:《中国大历史》,九州出版社2011年版,第177、195页。

的意义。

譬如梁梦龙的体恤民生、关怀民瘼的意识。他在巡抚山东时，稳妥解决了由于辽东大饥灾民不得已跨海来到山东，进而与当地民众发生纷争的矛盾，社会秩序得以安定。巡抚河南时，梁梦龙亲力亲为，在治理黄河泛滥、开辟新河中，身先士卒，与民工白天一同劳动，晚上一起在工棚休息。时值天气炎热，瘟疫暴发，梁梦龙积极救治，还拿出自己的大半俸禄为百姓治病，最终使疫情得到了控制。《河南通志》称颂其治下"安静不扰，地方宁义，百姓颂之"。

这种爱民忧民的心态，也反映在他的文学作品里。《悯农诗》写道："彼苍生四民，尔农独和辜。……十一供公家，羡余枭长衢。岂惟食劳心，仍复代游徒。每观七月篇，为尔与长吁。"[①]开篇设问，农民为什么无辜受罪？接着又自问自答，风雨劳作得到了什么呢？打下的粮食，十分之一上交公家，剩余的还要被层层盘剥，留下的寥寥无几了。结尾感叹，每到丰收的七月，只能为农长吁短叹！一个身居高位的封建时代官员，能够这样怜农、悯农，感同身受农民的艰辛，实属难得。

再如他的务实实干的官风。明朝移都北京之后，北方的粮食需求猛增，要靠漕运南粮北运，其数额巨大。在1000多公里的漕运河里，每年有数以万计的船只来往于京师与南直隶、浙江、湖广之地，年运输量约为400万石（四亿多斤）。

可是途经的黄河流域，经常大面积泛滥，漕运面临极大威胁。由此开辟海运的方案提上议程。方案一经提出，拥护方和反对方激烈争论不下。先后任职山东和河南的梁梦龙力主试行海运。

---

① 梁梦龙：《赐麟堂集·五言古诗》卷一，国家图书馆藏本。

实干是梁梦龙的作风,在朝野争论不休时,他已经开始出海考察、测绘海图,选定航道和口岸,完善了海运的方案。隆庆五年(公元1571年),海运正式试行,自此,"堪分漕运之半,为国家利甚巨"。梁梦龙因此受赐白金文绮,加俸一级。

虽然后来由于出现船只倾覆,保守的朝廷停止了海运,但海运试行的历史意义不可磨灭。它开辟了交通运输的新渠道,密切了南北方的经济联系,还在一定程度上加强了海防。梁梦龙实地考察而撰写的《海运新考》,有大量的第一手真实数据,为后世海运提供了重要参考。

这种实干的作风在戍边抗敌中,也有突出的表现。万历年间,梁梦龙奉命总督蓟、辽、保定军务,他认为,"边臣无他奇谋,只在办实心,干实事耳。"在任期间,他"简军实,修马政,筑城堡,谨烽堠,慎择将领,以忠、勇、勤为上,无取恹然者"①。

实干家梁梦龙最突出的贡献是筑台修城,特别是在他的力促下完成了修建难度很大的古北口、黄花镇长城。至万历九年,共修成蓟镇、昌平边墙10004丈,敌台111座,铲削偏坡642丈,并建潮河川大桥一座。其所修筑的边墙、敌台有的至今仍存。真定梁梦龙的名字,也永久镌刻在长城边的石碑上。

梁梦龙还是一位知人善任、驾驭贤能的帅才。在总督蓟、辽、保定军务时,大名鼎鼎的戚继光等名将是他的手下。戚继光本身就是一位讲求实战效果的将领,毛泽东评价说,戚继光在他的兵书中早就讲到,不要搞那些只是好看的,要搞实际战斗中能

---

① 张毅:《略论梁梦龙的历史贡献》,《社会科学论坛(学术研究卷)》2008年第9期。

用的东西。①这与梁梦龙的务实思想如出一辙,梁梦龙对戚继光更是信任有加,放手使用,使他全力施展才干,并且推功揽过,"捷闻必推功归美,不自己出"。

将帅和鸣,边墙牢固,军势大振,取得九战大捷,明朝北部边疆迎来了最稳固的时期。梁梦龙多次受到褒奖,加封兵部尚书。

说到底,梁梦龙为官有一股正气,传承了中华优秀传统文化中的家国情怀,是不尚空谈、务实图强的实干家。公文韬武略,泽被家国,惠及故里,赢得荣光,乃一栋梁雄才也!

四

讲完梁梦龙的故事,梁家另一个显赫人物必须登场了,他就是"梁阁老"的曾孙梁清标。

如果说,梁梦龙是明代梁家在朝的代表,那么梁清标就是清代梁家为官的翘楚,这样才凑得齐宗祠楹联上"两朝功德"的题写。

梁清标(公元1620—1691年),字玉立、苍岩,号棠村、蕉林。明崇祯十六年进士,清顺治元年补翰林院庶吉士,授编修,历任国朝多职,一直做到户部、刑部、礼部、兵部四部的尚书,保和殿大学士。

与先祖梁梦龙相对清明、畅达的从政经历相比,梁清标的为政生涯充满着曲折隐晦、起起伏伏,甚至可以说是矛盾的仕途。尽管官做得足够大,名誉足够多,但那个"一失足成千古恨"的

---

① 《毛泽东评点二十四史·人物精选》下卷,时事出版社1997年版,第1755页。

第七章 涓涓文脉——何处如今更有诗

古语，却经常萦绕心头，以至于断断续续影响了他的一生。

不知哪位哲人说过，人生有许多错误可以犯，但在大是大非上不能糊涂。当然一个时代有一个时代的标准，在封建朝代，这个大是大非涉及官员的忠贞、气节等，是不能越雷池一步的，否则后果严重。

而梁清标恰恰是在这个问题上没站稳脚跟。

梁清标生活在明末清初改朝换代时期。入清之前，他中进士、入翰林院，科举入仕之路平坦，生活一帆风顺。但明末时局骤变，李自成率农民军打进北京城，建立大顺政权，崇祯皇帝在煤山自缢身亡，梁清标等人也做了农民军的俘虏。

改朝换代之时，旧朝的官员面临两种选择。一是忠贞不渝，随帝而去；二是附于新朝，重新称臣。有两个朝官做了不同的选择，结果也大不相同。戏剧性的是，这两个人都是北直隶人。

一位是出自顺德府的太监王承恩，随崇祯帝在煤山自缢而亡。王承恩在一个朝代即将覆亡、朝中重臣作鸟兽散的时候，不离不弃，护佑君主，表现了一个士大夫的气节。他的死充满了悲壮，甚至赢得了清代统治者的尊重。顺治皇帝为王承恩修墓立碑，将他葬在崇祯思陵门外，仍然"伴驾"旧主。

另一位是出自真定府的翰林院庶吉士梁清标，经过李自成的谋臣牛金星甄别录用，当了大顺政权宏文院庶吉士。虽说官职如前一般且很短暂，但曾出仕"大顺"则是板上钉钉了。据说当时有1200个降官等待录用，牛金星像点物件一样地摸着这些人头顶，一双、两双地核对人数，最后选90多人听候派遣。梁清标也名列其中。

用今天的眼光看，李自成是农民起义军，靠拢这个号称老百姓的政权也无可非议。问题是起义军的首领没有"考好"，进城之后就"飘飘然，昏昏然"，迅速腐化起来，从入京到溃败，总共40多天，梁清标等人的新官椅还没有坐稳，就再次下了岗。

卷土而来的是擎着龙旗的大清国。梁清标耐不住寂寞（有学者认为其有"急仕"的焦虑），顺治元年（公元1644年）降清，仍任原职。于是，梁清标被士大夫打上了不光彩的标签：叛变大明政权的"贰臣""亡国变节"和身仕三朝的仕人，还被列入《清史列传》的《贰臣传》中。这一年梁清标仅24岁。

虽然后人认定其失节性质较轻，但无论如何都成为他人生的大污点，像一顶无形的帽子，沉沉地压在头上，一生不能摘掉。

在这顶大帽子下，梁清标为官几十年，始终小心翼翼，唯上是从，难以有大的作为。功绩也乏善可陈，既没有像梁梦龙那样救百姓于水火之中的抚民之功，也没有戍边卫国的壮举。

史料记载的一次功绩，是他比较坚定地支持康熙帝削藩的决策，算是一次大事上的不糊涂。康熙帝遂派他到广州推进削藩，但效果不佳，梁清标一路走来，留下不少诗篇，反倒像一次采风活动。

也许正是政治上不突出，举止低调，加之性格平润且文采斐然，却得到顺治、康熙二帝的青睐，梁清标先后任过内阁四部的尚书。

唯如此，他政治上还是起起伏伏。许多人还是有意无意地拿当年那点事说事儿。偶有失误，皇上也严格核查，两次降职、一次革职于他，中间他在北京闲居7年多。后期，他的主要精力放在了编史修志上。不知是不是皇上的考验，他还当过《明史》的总裁官。

晚年，梁清标因保荐的一位官员贪污而受弹劾，康熙下旨"降三级留任"。由此，梁清标去世后，并没有得到谥号的赐封。

第七章 涓涓文脉——何处如今更有诗

这在同类官员中很少见。康熙帝给出的理由是,"梁清标补授大学士以来,缄默不言一事"①,多少有些牵强。

与仕途上的起起伏伏相比,梁清标的文学之路显然顺畅得多。可能由于谨小慎微,埋没了政治才华,而在文学创作和文化鉴赏方面,则没有那么多顾忌和束缚,蕴藏的潜力喷薄而出,梁清标展现出惊人的创造力,且硕果繁盛。

因而,后人对梁清标文学造诣的赞赏远多于对其从政功绩的褒扬,如果没有他的为官经历,人们会以著名的清代诗人、词人和收藏家而盖棺定论。

梁清标的文学成就在于诗、词两个方面,前人多有惊人的赞美之词。

关于诗作,曾为同窗又为同朝重臣的清代政治家、文学家魏裔介评价说:"玉立(梁清标字)之为诗,不屑屑模拟三唐陈迹,亦不屑屑取青媲白,如近人仿佛于鳞七子等声调气格之间。唯是枕藉六经,沉酣诸史。"又说:"海内之言诗者,得玉立一字一咏,莫不珍为天球河图,空青丹砂。"②魏裔介本身就是一位文学家,他赞赏梁清标的诗歌如古代天子之宝器,世上罕见的奇特矿石,多少有些过誉,但梁的文学造诣之高可想而知。

关于梁清标词作,"西泠三子"之一的著名词人吴仪一评价,"大司农梁公,高阀巨笔,埒宋韩、范、欧阳,所撰乐府小令,多旖旎语,世亦以'武陵凝睇,秋色连波,水晶双枕'之句相方儗"。③把梁清标与北宋著名词人韩琦、范仲淹、欧阳修相媲美,

---

① 《康熙起居注》,清康熙三十年(公元1691年)九月十七日。
② 梁新顺点校:《蕉林诗集》上卷,河北人民出版社2012年版,第1页。
③ 梁新顺点校:《棠村词》,河北人民出版社2013年版,第13页。

不能不说是很高的评价了。

梁清标一生诗词创作颇丰，流传下来的有2000多首。我以为，如果选代表作的话，《蕉林书屋歌》可入列，摘录其中。

诗开宗明义，"主人疏放麋鹿性，小筑茆茨爱幽靓。地偏偶结陶潜庐，客至暂开蒋诩径"。回归故里如放松的麋鹿，筑起的茅庐又似陶渊明的屋子，自比不满王莽专权辞官而退的蒋诩。又直接现实，"主人乐此长闭关，檐花如绮图书闲"。"车马九衢任杂遝，坐拥万卷心悠然。"最后，"自笑平生与世违，且对蕉林共晨夕。出门波涛滚滚来，仰视浮云兴太息。"全诗由环境写到心境、由过往写到现实，发出对人生的感叹，实为梁清标心绪的真实写照。

但诗人、词人并不是梁清标的全部头衔，举世闻名的收藏家和鉴赏家，才是他更知名的称谓。

出得梁氏宗祠，向北行约百米处，有一处相对严实的四合院，正房的屋檐下挂有"蕉林书屋"的匾额。这是当年梁府里相对独立的一处宅院。但已经物是人非，早没了当年的堂皇。

当年的蕉林书屋，是不同凡响之处，布局严谨的院落，板瓦覆顶的砖屋、葱茏的芭蕉、叠置的太湖石相互映衬。蕉林书屋面阔三间、进深两间，占地约1000平方米，是梁清标珍藏历代名人字画和古籍之地。

书屋冠名蕉林，主人自述出于特爱芭蕉青翠，舒卷自如，有林下风味，又仰慕大书法家怀素种蕉取叶供书，号所居曰"绿天"的风范。

康熙六年（公元1667年），梁清标被革职后，离开喧嚣的京城回到故里，摆脱了冗杂事务的纠缠，建起蕉林书屋，与文人儒士品帖赏画，吟诗唱赋，尽享生活乐趣。渐渐地，蕉林书屋名人

第七章 涓涓文脉——何处如今更有诗

蕉林书屋

荟萃,珍品云集,成为清代收藏甲天下的博物馆。

这座书屋里有多少珍宝?有专家统计,蕉林书屋蓄古书数十万卷。其中经梁清标鉴赏收藏的法书108件,多为晋唐、宋元明历代名家名迹;收藏古画511件,其中有晋至五代、宋元的绘画作品349件,明清绘画87件,几乎件件是独一无二、震古烁今的艺术珍品。

书帖有号称"镇国之宝"的陆机的《平复帖》、王羲之的《兰亭序》(张金界奴本)、李白的《上阳台帖》、杜牧的《张好好诗》、颜真卿的《自书告身帖》、苏轼的《洞庭春色赋》、黄庭坚的《阴长生诗》、米芾的《七言诗》、蔡襄的《自书诗》、赵孟頫的《洛神赋》等。

古画有晋代顾恺之的《洛神赋图》,隋代展子虔的《游春图》,唐代阎立本的《步辇图》、周昉的《簪花仕女图》,五代

《韩熙载夜宴图》（局部复制）

顾闳中的《韩熙载夜宴图》，宋代赵佶的《雪江归棹图》、范宽的《溪山行旅图》等，每一件都堪称中国古代绘画史上的扛鼎之作。

非常遗憾的是，梁清标倾其一生收藏的书画珍品，未出三代，随着家境衰落而散失殆尽，其中有部分回流宫廷。

末代皇帝溥仪退位后，为维持奢靡生活，曾经多次盗卖故宫珍稀字画。其中就有从蕉林书屋流出的南唐著名画家顾闳中的《韩熙载夜宴图》，画卷上"蕉林"的名章清晰可见。该画后经多处辗转，新中国成立后，被人民政府重金购回，现珍藏在北京故宫博物院，成为一件镇馆之宝。蕉林书屋存有复制品，可略见其风采。

现在国内各大博物馆，美国、英国、日本等国家博物馆珍藏的中国书画中，几乎都有蕉林书屋的旧藏。画旁那字迹清晰的"蕉林""蕉林书屋""棠村品鉴"等钤印，还在无言地诉说着这些珍品的出处。

第七章 涓涓文脉——何处如今更有诗

五

说完梁梦龙和梁清标,梁家的精气神似乎都已写尽。这两位无论是科举还是仕途,无论为官还是为文,都历史性地达到了家族的巅峰。

可还有个名字不断浮现脑海,强烈地提醒我,梁家那些事应当分一些笔墨给他。那就是梁梦龙的长孙、梁清标的叔叔梁维枢,其父梁志。

梁维枢(公元1587—1662年),字慎可,号西韩生,曾任清朝山东按察司佥事、工部主事,都不是很高的职位。

梁维枢值得一写,不是以科举和官位而论的,这两方面他都不及祖父和侄子,但他身上刚正不阿、忠信侠义的燕赵风骨,以及洒脱豪放的气质,却独树一帜,很好地诠释了梁氏家族长盛不衰的精神根源。

梁维枢少小聪敏,告老还乡的祖父梁梦龙格外疼爱,言传身教,携游河山。梁维枢自然受燕赵豪侠之气所感染,而从师于祖父至交、晚明重臣赵南星及当朝大儒、有"天下第一廉吏"之称的杨涟，更引领了他人生观、价值观的取向。

在被看好的人生道路上，梁维枢却意外"翻了车"，由于多种原因，未能科举入仕。只是他颇具才华，才被荐入朝中。没有功名，如同今天没有文凭一样，在封建朝代更是极大的短板。即便如此，梁维枢却不卑不亢，保持着一贯的文化自信，腹有诗书气自华。有自信方有从容心态，有从容心态方能坚定地秉持人生的信念和价值观。

大事方识君。在关键时刻为国、为师、为友的态度说明一切。

崇祯十七年（公元1644年），李自成率农民起义军攻入北京城，梁维枢正奉命守卫安定门，城破后誓死不降被囚，幸得不久清兵入关，梁维枢侥幸生还，但其父梁志惊扰致疾去世。同样的换代背景下，侄子梁清标选择了另一条道路，虽然保住了仕途，但一生污点不可抹去。两相对比，反差大矣！

当然，今天我们可以说，梁维枢是"愚忠"，是为一个腐败的王朝殉葬，但要求一个封建官员，对视为国家的朝廷"翻脸像翻书一样快"，无论如何是不能褒扬的，何况很多人是刚降了"大顺"又转脸入了"大清"，完全没有什么政治"节操"，只不过是见风使舵罢了。

事实上，清军入关，许多仁人志士曾经做过激烈的抗争，几十年后文化认同才告一段落。正是这种抗争，才有效地促进了满汉文化的融合。梁维枢的举止，绝对是一个士大夫的应有表现。

再看梁维枢是如何对待老师的。梁维枢刚正不阿的性格，多来自他的两位老师——赵南星、杨涟的教诲。后两者都以秉笔直书、敢于谏言而著称，自然也是仕途坎坷。

第七章 涓涓文脉——何处如今更有诗

天启初年,魏忠贤等阉党独揽朝政,赵南星被逮捕入狱,许多人为自保而落井下石。梁维枢却不畏高压,挺身而出,多次为恩师辩护,称赵南星为"国之正人,乡之君子"。赵南星出狱后对人说:"若慎可(梁维枢字)者,斯可谓之义故矣。"①

另一位老师杨涟为人正直磊落,为社稷事常常拼死抗争。东林党争之时,杨涟遭诬陷被捕后押解北上,路过真定,誓以生命诠释何为忠义。为保护学生,他提前写信给梁维枢,"迟日抵真定,此日行迹宜避,台纵可以无如常下顾为妙,心诚相照,政不必行迹。"②话说得很明白,我们心心相印,不必公开露面。

好一个梁维枢,当杨涟囚车过真定时,他全然不顾身家安危,骑驴趋前探望,全程护送出城。

时兵卒森严,解差横眉冷对,两人却边走边从容对话。梁维枢说,"公此行足以垂名竹帛,死者公之本志,岂足畏哉!"杨涟举手曰,"知子此来师资之情,昔人有言九死不悔,此吾心也。"③师生二人临危不惧,相互激励,早已将生死置之度外,以死明志,何其壮哉!

后来,当朝曾经又起用梁维枢,但他因政见不合而不愿趋附,以侍奉老母为名坚辞回家。这就是梁维枢,不合我意,什么功名利禄都可以抛弃。

五年之后,梁维枢病逝,享年75岁。

梁维枢一生活得洒脱、活得侠义,活出了梁家的精气神。我

---

① (清)吴伟业:《吴梅村全集》卷42,《金宪梁公西韩先生墓志铭》,上海古籍出版社1990年版,第891页。
② (清)梁清远:《雕丘杂录·眠云闲录》,直隶总督采进本,第42页。
③ (清)吴伟业:《吴梅村全集》卷42,《金宪梁公西韩先生墓志铭》,上海古籍出版社1990年版,第891页。

们甚至感觉，如果没有梁维枢，一门望族的梁家就似乎少了些什么。少了什么？那就是人最容易缺乏、最需要补足的骨气。

以史为鉴，我们可以做不到像鲁迅那样"横眉冷对千夫指，俯首甘为孺子牛"；可以做不到像闻一多那样拍案而起，横眉怒对国民党的手枪，宁可倒下去，不愿屈服；可以做不到像朱自清那样面对贫困，"不吃嗟来之食"的勇气；但一定要在国家、民族大义面前，保持起码的尊严，危难时刻不在自己母亲、师长、挚友的身上"插刀子"，像梁维枢那样有一点骨气。

梁维枢是值得被怀念的，因为他代表了中华优秀传统文化中令人神往的精神气质，而此精神气质是不朽的、可以传承的。故以诗纪念之：骑驴过燕市，慨然伴师行，风骨烁燕赵，大义镌碑铭。

我以为，正定梁家为后人打开了一本家风家教的参考书。人们记住的不应仅是居于庙堂之上的权位、金榜题名时的荣耀，更应当是闪烁着中华优秀传统文化的那些光泽。例如仁爱民本、济世安邦的家国情怀，诚信正义、好学务实的做人之道，尊老敬贤、勤俭持家的门风，等等。

一个家庭需要这样的传承，一个国家更需要这样的传承。当更多家庭的家风家教正本清源、神清气正时，一个国家、一个民族将拥有长盛不衰的社会基础。

摇篮曲

一

1948年的夏天，正定城还沉浸在解放的欢乐气氛中。老百姓不知不觉地发现，一批批操着不同口音、穿着灰布制服的青年人来到古城，行走在大街小巷。细心的人发现，昔日的天主教教堂前，已然挂上了"华北大学"的牌子。

一座红色的大学悄然落户正定，给古城带来了蓬勃的生机，也直接与人民解放和新中国的诞生发生了联系。

1948年，是中国革命改天换地的历史关头。中国共产党一边要指挥最后的战略决战，一边在准备迎接即将到来的新事业。一个崭新的中国即将诞生在东方地平线上。

面对历史性的胜利，党的领袖们保持着清醒的头脑，意识到成为执政党后，需要大批有理想、有文化、有能力的建设者。然而这正是现实中所严重缺乏的。

为此，在西柏坡召开的中共中央政治局扩大会议上，毛泽东预见性地指出，为保证新旧政权的顺利过渡，要求党迅速地有计划地训练大批能够管理军事、政治、经济、党务、文化教育等项工作的干部。

毛泽东不无急迫地说，我们必须克服困难，我们必须学会自己不懂的东西。①

党中央发出了加强学习、培养干部，迎接新挑战的号召，一场空前的学习运动在全党展开。

距西柏坡不到百公里的正定古城，率先感受到学习的紧迫性，并为筹建大学校提供了积极帮助。

华北大学师生合影

1948年5月9日，中共中央和中央军委决定，将晋冀鲁豫、晋察冀两解放区合并为华北解放区，晋冀鲁豫及晋察冀中央局合并为华北中央局，并委托华北局办理大党校、大军校、大党报及华北大学。

1948年8月，由毛泽东亲笔题写校名的、我党创办的第一

---

① 《毛泽东选集》第4卷，人民出版社1991年版，第1481页。

第七章 涓涓文脉——何处如今更有诗

所新型的综合性大学——华北大学，在正定古城正式开学。

华北大学下设四部两院，一部为政治学院，二部为教育学院，三部为文艺学院，四部为研究部，分别承担短期政治思想训练、师资和教育、文艺干部培养的任务。两院是工学院和农学院，培养理、工、农方面的专门人才。

这是有史以来在正定设置的第一所新式高等学府。有着浓厚文化教育氛围的古城，往日培养的是旧式学堂的书生，今日锤炼的是一大批有理想、有道德、能文能武的新式知识分子，是建设新中国的各类人才。

从那时开始，到1949年年底，在一年多的时间内，这座人民的大学，就像一个硕果累累的摇篮，一次次、一批批输送出新中国的建设者，总计达2万多名。在大军南下迅速接管新解放区的过程中、在为共和国大厦的奠基建设中、在开创壮大新中国的各项事业中，都有华北大学师生的身影。他们就像一块块粗铁淬火成钢，从里到外焕然一新，精神抖擞地走向更远的地方。

历史造就了他们，他们又在革命建设的大潮中展翅翱翔，大显身手，在奋斗中体现了人生的价值。

这是一个崭新的人才摇篮。华北大学完全挣脱了旧式学校的办学模式，在新中国高等教育事业的组织框架、办学宗旨和学风方面完成了里程碑式的探索。人民新式大学的种子、新的学风，由这里扩散到未来的首都，扩散到祖国的四面八方。

二

华北大学虽然成立于解放战争时期，却有悠长的历史根脉。其前身是隶属晋察冀中央局的华北联合大学、隶属晋冀鲁豫中央局的北方大学。

花开两朵，各表一枝。

说起华北联合大学，那可是赫赫有名。1939年夏，抗战烽火正旺，根据形势需要，中共中央决定，将陕北公学、鲁迅艺术学院、延安工人学校、安吴堡战时青年培训班等四个学校合并，成立华北联合大学，开赴抗日前线，边办学边开展抗战活动。由著名教育家成仿吾任校长，教育家江隆基任教务长。当年9月，学校到达晋察冀边区的城南庄，正式开始办学，先设社会科学、文艺、工人、青年四个部，后又改设法政、文艺、教育三个学院和群众工作、中学两个部。全校教工和学员最多时达4000多人。

因为形势发展，华北联大先后在阜平县、平山县、张家口、束鹿县（今辛集市）办学。于1947年11月来到正定。

再说北方大学，1946年1月5日，在邢台市正式成立。是由晋冀鲁豫解放区兴办的一所高等学府，专业比较齐全，规模比较大。北方大学经过两年多的办学，已经拥有行政学院、工学院、农学院、医学院、财经学院、艺术学院、文教学院等，学员除陆续调出参加工作的外，还有1000多人。

北方大学校长由著名学者、教育家范文澜先生担任。通过教职员工的努力，北方大学形成了比较成熟的教育方式，为创办新式大学提供了经验。

可想而知，两所有实力的大学合并，产生一个更大的大学，华北大学从一开始就站在了较高的教育平台上，成为解放区名副其实的最高学府。

这里有一流的革命家、政治家、教育家领衔。著名的教育家、"党内五老"之一的吴玉章任校长，著名历史学家、教育家范文澜，教育学家、社会学家成仿吾为副校长，资深的经济学

第七章 涓涓文脉——何处如今更有诗

家、国际问题专家钱俊瑞任教务长。

这里有一大批有成就的专家学者任教。吴玉章亲自讲授《民族与民主革命史》,范文澜讲授《中国通史》,艾思奇讲授"大众哲学",胡华讲授"革命史",李新讲授时事政治,沙可夫、艾青、光未然等讲授诗歌文学;学校还经常请胡乔木、田汉、周扬、吴晗等人来讲座,大大开阔了学生的视野。

吴玉章

这里有高层次的学术机构——研究部。由叶丁易、王冶秋、刘大年、何思敬等一批知名学者担纲,他们在为新中国的教育科研谋划着未来。

栽得梧桐树,引得凤凰来。还有一个不可忽视的因素,有着光荣革命传统的正定,为华北大学提供了良好的办学环境和后勤保障。

实事求是地说,华北大学落户正定城,给当时只有二万多人、约十平方公里面积的县城来说,着实是不小的压力。

但是,正定人民有崇文尚学的传统,自己的大学更是十分珍爱。他们像拥军支前一样,千方百计克服困难,帮助解决华北大学的教学和生活用房问题。正定一些学校挤出校舍,政府机关拿出办公用房、干部家属让出自己的住房,供华北大学使用。

校领导带头过紧日子,吴玉章一缩再缩自己的用房,起居办公混为一体,挤出来的房子给了研究部和教师做宿舍用。

大学教学办公的地方,则安排在了天主教教堂、县文庙和过去达官贵人的旧宅中。

天主教教堂位于隆兴寺西侧,原来是清代帝王的行宫,建成于 1709 年,占地 50 亩,康熙、乾隆来正定曾在此下榻。1858 年,被法国传教士改建为天主教正定教区的主教堂,华北大学开办后,成为校部所在地。

县文庙则是正定城历史悠久的古建筑,其中的大成殿,被梁思成先生鉴定为五代时期的遗存。

达官贵人的旧宅最有代表性的是"北洋三杰"之首、曾任民国北洋政府总理王士珍的故居。奔波一生的王士珍乡情未泯,在故乡正定建了一所宅子,有东、中、西三个院落,环境雅静,是个适合读书做学问的地方。王士珍去世 20 多年后,宅子成为华北大学研究部的办公场所和教师宿舍。

50 年后,曾在此居住过的史学家刘大年,于 1999 年重访王家大院。老先生指着花厅西头的一间房子说,我的儿子就出生在这里,特意取名刘定,以纪念正定这段难忘的日子。

教堂、文庙和王家大院,这些有历史痕迹的建筑,被解放军很好地保护起来,并为人民所用。只不过,昔日的有神论、封建伦理的传播场所,今日成为师生们学习无神论的马克思主义的课堂。

一切都已就绪,华北大学的校铃当当响起,一场大课即将拉开帷幕。

三

与校舍、用房相比,更重要的任务是新式大学的创办。

第七章 涓涓文脉——何处如今更有诗

正定历史上是兴学之地,很早就是科举乡试场所,清代又有了贡院——选拔举子之地。但那都是旧式教育,经过漫长岁月的侵蚀,曾经引以为豪的科举选拔制度已经浸透了腐朽之气,陈旧落后,民国的高等教育乏善可陈,也跟不上时代的脚步。因此,华北大学要开创的是新式大学。

新式大学新在哪里?华北大学从一开始,就向全社会开宗明义,它不是一个旧式大学的复制品,不再培养出人头地、光宗耀祖、为封建制度服务的殉葬者,而是要培育出有着鲜明革命理想、能文能武、服务社会民众的公仆。因此,新的办学宗旨、新的教学理念、新的学风,在探索中不断完善发展。

新的大学,首先新在校训上。在一张已经发黄的华北大学毕业证书上,还清晰地印着"忠诚、团结、朴实、虚心"八个大字,这是70多年前华北大学的校训,印有这八个字的胸章也佩戴在华大学生的衣服上。

华北大学校徽

华北大学胸章

为什么提出这样的校训?校长吴玉章这样解释:

"什么叫忠呢?尽己之力谓之忠,就是说要尽我们的力量,老老实实,为广大群众服务,尽我们的能力,不辞辛苦,不怕困难，为社会服务。

"什么叫诚呢？诚就是诚实不欺，不自欺欺人，说话做事都要有信用。我们言行一致，表里一致，我们的一切言行完全对人民负责。

"团结是人类社会生存、发展的要素，尤其是被压迫人民反抗压迫者的最有力量的武器。……只要正确的思想理论一为群众掌握，就立刻成为物质的力量，就能使群众团结得像一个人一样。

"朴实就是不虚伪、不轻浮、不好高骛远、不粗枝大叶，而是脚踏实地、实事求是的作风和态度。"[①]

关于虚心，吴老没有细说，但从学校倡导的严肃认真、虚怀若谷的治学精神上，已经了然其中含义。

简单的八个字，蕴藏着丰富的内涵，有为人民服务的理想，有团结互助的作风，有脚踏实地的态度，有严谨的治学精神，而且每一条都看得见摸得着，清晰准确。

过了40多年，作为传承华北大学根脉的中国人民大学，于1992年重新制定校训，确定为"实事求是"。

我无意在两个校训之间做比较。但还是感觉新校训比较"高大上"。实事求是，一切从实际出发，是我们党的思想路线，适用于一切党政机关、政法部门、理论研究机构，放之四海而皆准。这样提，政治上、思想上没有任何问题，但作为校训，似乎缺了一点特色和翔实内容。

恕我直言，作为培育学子的地方，华北大学那八字校训更朴实无华，直指人心，看起来平常，真正做到并不容易。相反，看似"高大上"的原则，但实际上是很宽泛的标准，既不好落实又

---

① 王律：《正定华北大学史话》，河北人民出版社2018年版，第283页。

不好检验。华北大学的校训,从学校育人的基本职能出发,针对学生的必备素养提出要求,更有针对性,更容易把握落实。

你看,诚实不欺,言行一致,不虚夸,不浮华,不好高骛远,脚踏实地,于当时极有针对性,于今天也须臾不可忘记,这恰恰是对实事求是原则的具体解读。

新的大学还新在学风上。华北大学的教学,不是从书本到书本,而是理论密切地与实际相联系。在学习理论和专业的同时,学校开办了社会课堂,组织师生读"无字之书",就近参加土地改革运动、恢复城市经济、发展农村生产的实践,所学的知识迅速与社会变革、经济民生相结合,取得了很好的成果。

在石家庄市槐底村(今槐底社区)的村史上,还记载着华北大学农学院的师生们与村民一起种植甜菜的故事。学生利用学到的知识,帮助农民试验种植甜菜。经过一年的奋战,从没有种过甜菜的土地上获得了丰收,经过加工生产出了雪白的砂糖。师生们与农民一起摸爬滚打,一起品尝着甜蜜的果实,深深感到知识与生产实践结合的可贵,更加坚定了走与工农相结合道路的决心。

轰轰烈烈的土改运动,也成为知识分子了解农村社会、理论付诸实践的大课堂。作家丁玲在宋村领导土改工作队,参与组织了平分土地的斗争,与房东一家、与朴实的老百姓结下了深厚的情谊。鲜活的素材,使她进一步丰富了以往的斗争生活,完成了著名的小说《太阳照在桑干河上》。

甚至还有一位外国老师随队下乡,亲身体验土改运动。畜牧专家、美国人韩丁当时在华北大学农学院任教。土改的经历,使他目睹了一个古老国家翻天覆地的社会变革,思想受到极大震动。后来他出版了反映土改题材的纪实《翻身》一书。他在书中写道:"对于全国几亿无地和少地的农民来说,这意味着站起来,打碎地主的枷锁,获得土地、牲畜、农具和房屋。但它的意义远不止如此。它还意味着破除迷信,学习科学;意味着扫除文盲,读书识字;意味着不再把妇女视为男人的财产,而建立男女平等关系;意味着废除委派村吏,代之以选举产生的乡村政权机构。总之,它意味着进入一个新世界。"[1]

亲身参加进入一个新世界的斗争,对于许许多多刚参加革命的青年人来说,恰逢其时,鲜明的世界观、人生观的确立,将打牢他们的人生坐标,并且影响他们的一生。

四

是的,几十年过后,很多华北大学的学子们回忆起那段激情燃烧的岁月,会众口一致地说到一个词,那就是"熔炉":华大是锤炼理想信念、锤炼品质作风、淬火成钢的大熔炉。

当年的学生成分可不像今天这样整齐。华大的学生从北平、天津等大城市来的青年,占了相当比例。这些人中,有已经参加地下工作的党团员,也有被革命大潮影响的知识分子,还有为了生存而求职的各类人等,各种思想意识并存,理想追求不一,能真正适应革命斗争的需要并不容易。

但是,在华北大学这座大熔炉里,这些人接受了革命的洗礼,褪去了非无产阶级的杂质,像换了一个人似的,迅速成为革命队伍的战士。最初带着各式各样想法来华大的,如今却已怀着同一的为人民服务的信念出去了。

---

[1] 王律:《正定华北大学史话》,河北人民出版社2018年版,第83页。

第七章 涓涓文脉——何处如今更有诗

周海婴——鲁迅先生的儿子,1949年年初从东北来到正定,进入华北大学政训班学习。从小在城市长大的海婴,在这里接受了全方位的革命洗礼。从学习社会发展史、历史唯物论开始,到去附近的村庄体验地道战,又到解放了的石家庄了解城市的工商业政策和管理,还要学习解放军的行军。年轻的海婴,背着背包破天荒一天走了30多里地,脚上打了泡,身体很疲劳,但精神十分振奋。理想的激励、艰苦的锻炼,使他政治上迅速成熟起来,培训结束时,他已经是一名光荣的共产主义青年团团员了。

周海婴与父母

与周海婴有着相同体会的还有许多同学。

2007年11月,在庆祝石家庄解放60周年晚会上,年近八旬的著名歌唱家胡松华精神饱满,格外用心,充满感情地演唱了一首《赞歌》,观众掌声如潮。走下舞台,我向他祝贺演出成功。他毫不掩饰兴奋之情地说,来石家庄演出,我是故地重游,因为华北大学是我政治生命开始的地方。

闲聊中得知，胡松华出生于北京，父亲是画家和中医，他也自幼学习水墨丹青。受革命思想的影响，他带着一支心爱的画笔来到古城，进入华北大学学习。与同学们一样，吃的是小米饭，穿的是粗布衣，学习用的是自制的草纸，钢笔水都是煮槐树豆做的。生活虽然艰苦，但大家都情绪饱满，这个革命熔炉迅速熔化了每一个同学的心，不由自主地进入了革命大家庭。胡松华说，那是一段终生难忘、受用终生的经历。后来我能够一直保持良好的工作状态，与母校的革命洗礼是分不开的。

与来自大城市的同学们不同，从小在农村长大的郭兰英，则需要另一番思想上的革新。她先从学文化开始，再到树立正确的审美观。郭兰英后来回忆说，在旧剧团的时候，时兴镶金牙，随大流的她也镶了一颗，觉得好美。到了革命队伍发现特别丑，后来偷偷到镇上拔掉了金牙。她在这里懂了，朴素无华才是真正的美。

还有很多像周海婴、胡松华、郭兰英一样的同学，他们在踏进革命历程的第一站，接受了华北大学熔炉式的熏陶和教育，奠定了一生的理想追求，并且坚定地走下去，最终都成为共和国的有用之才。

从保留的华北大学同学录中，我们可以看到从这个摇篮里走出来的一个个响亮的名字。

在党政机关有：曾任中央党校副校长的苏星，外交部副部长齐怀远，最高人民法院副院长林准，陕西省委书记张勃兴，海南省省长鲍克明等等。

在军事领域有：曾任第二炮兵副司令员的苏桓中将，他组织指挥发射了我国第一颗人造地球卫星、第一颗返回式卫星和第一枚洲际导弹；著名的火箭专家、长征三号火箭副总设计师

第七章　涓涓文脉——何处如今更有诗

王之任等等。

在经济学领域有：著名的马克思主义经济学家卫兴华，他提出的商品经济学、生产力多要素论，在经济学界影响广泛。2019年9月，卫兴华被授予"人民教育家"的国家荣誉称号。

在教育科技领域有：曾任中国人民大学校长的黄达，外交学院副院长的石磊，历史学家、中国史学会会长的戴逸，北京师范大学知名教授李燕杰等等。

在文学艺术领域有：知名作家徐光耀、冯至，前者创作了脍炙人口的电影《小兵张嘎》，后者写出了《敌后武工队》等抗战题材的名著；还有著名歌唱家王昆、郭兰英、胡松华，戏剧家朱旭、蓝天野、陈强、苏民等。当年他们在华北大学文工团和演出队，共同创作演出了《人民胜利大歌舞》《红旗歌》等一批反映解放区生活的戏剧，反响热烈。

新中国成立后，创作过《我的祖国》《让我们荡起双桨》《难忘今宵》等脍炙人口歌词的乔羽，是在华北大学三部开始从事歌词和剧本创作的。

著名美术家有：江丰、古元、彦涵、罗工柳等，创作了《翻身游行图》《豆选》等一批时代感强烈的年画、版画、油画作品，产生了广泛的影响。

还有许许多多的华大校友，在祖国的各条战线上默默无闻地战斗着，同样作出了自己的贡献。

对于新式大学的成功及其作用，新中国成立初期人民日报知名记者金凤做了生动的报道。在介绍学校人才辈出的繁盛之后，她评论道，从延安到北平，从革命战争到和平建设，必须有若干座桥，把旧中国的知识分子，一个个渡过去，成为参与新中国革命建设的伟大历史工程的一分子，而华大便是这种桥梁之一。

摇篮也好，熔炉也好，桥梁也好，实质上都是用来"度人"的。华大的成功在于，它完成了人生最重要的世界观的塑造，人为什么活着，为了谁而奋斗，怎样实现人生价值，这些在旧式大学学不到的东西，在这里找到了明确的答案，那就是要把有限的生命投入到无限的为人民服务之中。

人生从此清醒，目标从此明确，一路走下去，自然是坚定、果敢和一往无前的。

五

华北大学在正定，创造了载入史册的业绩，不仅成为输送大批干部和建设人才的摇篮，而且成为新中国高等教育事业的肇基之地。

实际上，共产党进城之后，建设什么样的大学，培养什么样的人才，能不能管理好大学，一直有人在质疑。经过华北大学的探索实践，有了明确的组织模板和办学经验。华北大学的创新，就像高质量的"酵母"，在新中国的土地上迅速"发酵"，衍生出一系列新型大学。

作为"酵母"主体的华北大学，完成了自己的历史使命，率先从正定进入北京，实现了蜕变。1949年12月16日，中央人民政府政务院决定，以华北大学为基础，合并中国政法大学，组建中国人民大学。招收对象以革命干部和工人、农民为主。

以人民的名义命名一所大学，是前无古人的。刘少奇在人民大学开学典礼上说，这所大学是我们新中国创办的第一所中国人民大学，是中国历史上前所未有的大学，中国将来的许多大学都要学习我们中国人民大学的经验，按照中国人民大学的样子来办。

"按照中国人民大学的样子",华北大学下属各院系,陆续开始独立办学,孕育了新中国一批不同类型的高等院校。

我们看一下新中国成立后的这个繁衍谱系:

华北大学工学院——组建北京工业学院——现在为北京理工大学;

华北大学农学院与清华大学农学院、北京大学农学院合并——组建北京农业学院——现在为中国农业大学;

华北大学二部外语系与中央外事学校、北京俄文专修学校等合并——组建北京外国语学院——现在为北京外国语大学;

华北大学三部(文艺学院)戏剧系与南京国立戏剧专科学校合并,组建中央戏剧学院;

华北大学三部美术系并入国立北平艺术专科学校,成立中央美术学院;

华北大学三部音乐系与东北鲁迅艺术学院音乐系和南京国立音乐学院合并,组建中央音乐学院。

更重要的是,随着华大新理念、新元素的传播,新式人民大学的办学理念和学风根植于大地上,栉风沐雨,开花结果,长久地影响着新中国的高等教育事业。

回望历史,华北大学在正定,已经过去了70多年,从时间到空间都发生了巨大的变化,但是,那段生动的创学经验依然给整个高等教育领域留下深刻的影响,具有很强的借鉴意义。

我以为,最重要的启示是,坚持人民大学的宗旨,以培养服务人民的新型人才为中心;坚持理论与实际相结合的学风与作风,紧紧地服务于生机勃勃的社会实践;坚持严谨务实的治学精神,在不断攀登科学高峰上奋进;坚持谦虚谨慎、艰苦奋斗的优良传统和作风，永远保持昂扬向上的精神状态；等等。

人民的大学，如此丰厚的精神财富，于今天仍然具有时代意义。传承弘扬这些精神财富，对于新时代的教育事业，对于培养千千万万个政治合格、专业突出的青年学子，无疑是十分有益的。

第八章 上善若水——春风十里润常山

长河的晶莹

一

子在川上曰：逝者如斯夫。

当人类文明的曙光进入新石器时期，正定先祖已然在滹沱河边生活繁衍，耕耘劳作，至今已有5400多年；

当春秋时期鲜虞国雄霸一方，定都新市，掀开正定建城史时，至今已有2700多年；

当秦始皇改东垣邑为东垣县，设置恒山郡，同时派出大将赵佗开赴南越时，至今已有2200多年；

当魏武大帝重新设置常山郡，真定再次成为郡治后，直到民国，真定（正定）都是郡、府、路、州的所在地，至今已有1700多年。

……

当然，品读正定，如果仅仅说她的历史悠长，未免太过肤浅，真正吸引人的是那些经过岁月淘洗，积淀在长河中的、沉甸甸的结晶——中华优秀传统文化的精神与气质。

历史的长河弯弯曲曲，时而汹涌澎湃，时而平缓流淌。正定在这条大河中，享形胜之优，受日月精华，淘尽黄沙，始得真金。

一位哲人说过，岁月就像一把雕刻刀，伴随风雨冲刷，在斯之地印下深深的痕迹。我以为，这痕迹是一方水土的人文性格和特征，是芸芸众生的文化基因和魂魄，也凝聚成斯人斯地的精神与气质。

这精神与气质，有水的清澈与灵动，恰如老子曰："上善若水。水善利万物而不争，处众人之所恶，故几于道。"①

这精神与气质，有金玉之珍贵与永恒，恰如刘勰言："形同草木之脆，名逾金石之坚，是以君子处世，树德建言。"②

让我们来品一品正定人的精神品格与人文气质。

二

对于正定人的精神气质史书多有评价。旧志记载，正定"乃边彻之地，与燕齐接壤，地势险要，士马精强，有慷慨悲歌之风，无繁华柔曼之习"。《隋书·地理志》记载："恒山赵郡人性敦厚，务在农桑，好尚儒学而伤于迟重……重气侠，好结朋党，其相赴死生，亦出于仁义。"而唐人杜佑则在《通典》中高度概括为"性缓，尚儒，仗义，任侠"。③显然，慷慨悲歌、尚文侠义，是其中的关键词。

历史上多有典型代表人物。在1987年出版的《正定古今》一书的序言中，习近平同志赞扬了两位真定人。"宋代英雄杨粹中、褚承亮宁死不屈，至死不降，世人为之高歌，为之赞叹。"④

我们先来认识一下杨粹中（公元？—1128年）。

南宋初年，金兵大举进攻中原，一座座城市接连陷落。志得意满、骄横不可一世的金军统帅完颜宗翰，却在濮州（今河南濮

---

① （春秋）李耳：《道德经》，光明日报出版社2014年版，第28页。
② （南朝梁）刘勰：《文心雕龙》，光明日报出版社2014年版，第184页。
③ 光绪年《正定县志》卷十八。
④ 习近平：《知之深 爱之切》，河北人民出版社2015年版，第216页。

第八章 上善若水——春风十里润常山

阳市范县濮城镇）——一座小城摔了个"大跟斗"。

与完颜宗翰对峙并让他颜面扫地的，正是真定人杨粹中，时任鲁南濮州知州。

濮州只是一座小城，兵微将寡，且在平原，无险可守。一路顺风顺水的金军统帅，视这座小城唾手可得，并不急于进攻，而是扎营城外休憩，甚至分兵一部，去进攻其他地方。

但他不知道守城的知州杨粹中，已经抱定了与城共存亡的决心。辅佐的守将则为出身于北宋西军、有丰富战斗经验的姚端。意志与经验结合在一起，迸发出强大的力量，宋军不仅没有固守城池，反而主动出击，趁金军初到立足未稳，出城夜袭金营。

宋军在半夜杀入金营。金军主帅完颜宗翰在中军大帐被喊杀声惊醒，惊慌失措，仓皇出逃，连鞋和外衣都顾不得穿了。时为初冬时分，天降霜露，着单衣、光着脚的完颜宗翰在寒风中瑟瑟发抖，侥幸逃过了宋军的追杀。

躲过一劫、恼羞成怒的完颜宗翰，命令金兵猛攻濮州。在杨粹中的率领下，濮州军民拼死抵抗，多次挫败金军的破城图谋。

战斗格外惨烈。腐败的北宋东京留守官却不敢增援，反而掘开黄河，企图以水代兵，阻挡金军前进，虽迟缓了敌军进程，但也彻底断绝了救援濮州的道路。外无救兵，内无粮草的濮州城终于沦陷。从城被围之日算起，濮州整整坚守了33天！

金军入城后，杨粹中带人退入一座塔上坚守，塔被攻破后，被金军抓住。完颜宗翰感其忠义，欲免其一死并带往金国，但杨粹中英勇不屈，壮烈就义。

杨粹中留下残存的《题青泥驿》一诗，许多诗文网都有刊载，其中曰："山犹连蜀道，人却作秦音。"这短短的两句诗，能作为佳句流传后世，意境如何不论，实为杨粹中真情实感的表达——

一种浓浓的家国情怀：不管走多远，家还是那个家，国还是那个国，为家为国，忠贞不贰。

近来上网浏览，见黑龙江阿城一广场上矗立着完颜宗翰的塑像，细察才知道这里历史上是金上京所在地。由此联想，不知历史上濮州的所在地，今天有否抗金英雄杨粹中的塑像？毕竟，杨粹中更值得我们怀念。

与杨粹中同时代的，还有一位真定人褚承亮。与杨粹中不同的是，他并没有投笔从戎，而是以其特殊的方式忠于自己的国家。

褚承亮少小聪敏，成年后撰写的文章曾经受到途经真定的北宋重臣苏轼的赞扬。宋宣和五年（公元1123年）秋，在800人参加的乡试中，褚承亮名列第一。次年又中进士。

这样一位才华横溢的学子，本应出仕为国效力，但适逢金兵进攻中原，褚承亮毅然决定不再为官。天会六年（公元1128年），金兵破真定，拘集境内进士考试，褚承亮名亦在其中。但他躲藏起来不参加，后被押赴考场与诸生对策。策问的题目是："上皇无道、少帝失信。"明显指向宋君王。有的举人见风使舵，极口诋毁。褚承亮却坚决不遂，质问主考官刘侍中说："君父之罪，岂能是臣子所说得？"说完遂长揖而去。刘侍中为之动容，知道褚承亮有才德，不仅没有问罪，反而推荐他为藁城县同知。褚承亮不为所动，弃官而去。年七十终，去世后弟子尊称他为"玄贞先生"。

"玄贞"，为神圣的信守，用在褚承亮身上十分贴切，正定人是有骨气的。联想到戏剧大师梅兰芳在日据时期，蓄须明志，再不登台表演的故事。既为庶民，国家已被玷污，自己的功名利禄又算什么？保持坚贞的民族气节，的确是一种神圣的信念！

其实，除了杨粹中、褚承亮之外，历史上南越王赵佗，唐代反抗安史之乱的颜杲卿，明末清初誓不降清、仗义执言的梁维枢等许多正定人，自古以来就传承着忠贞不渝、为国尽忠的传统理念，信守的是一种铮铮铁骨的高风亮节。

这是一种中华文化的大美人格。著名学者王运熙先生诠释《文心雕龙》"风骨论"时说道，"风"为清、显、明，是鲜明爽朗的思想感情，"骨"为精、健、峻，是明朗刚健的艺术风格。

为文之道如此，做人之道何尝不是如此；古代如此，当今又何尝不是？新时代，面对百年未有之大变局，中华民族欲自立于民族之林，我们遇到的挑战将是空前严峻的。当代人如都能"风骨清举"地为人，"明朗刚健"地做事，不管是和平岁月，还是风雨袭来，信守忠诚信念，保持家国情怀，我们将越过艰难险阻，达到成功的彼岸。

三

正定地处燕南赵北，自古就屡出慷慨悲歌之士，历史长河中，洋溢着坚韧不拔的精神，闪耀着自强正义的光辉。

正定人民，是最可爱的人民。他们自强不息，勇敢奋斗，百折不挠，可歌可泣。历朝历代的农民起义军，面对封建统治者的残酷压榨，揭竿而起，虽屡战屡败却九死而不悔，为的是追求社会的公平正义。

民间如此，名士也不乏其人。元代的苏天爵就是一位典型代表。

苏天爵（公元1294—1352年），字伯修，元朝名臣，著名史学家。曾任翰林国史院典籍官、江南行台监察御史、刑部侍郎、御史台都事，吏部尚书、礼部尚书等职。

延祐四年（公元1317年），23岁的苏天爵以一篇文辞典雅、考据翔实的《碣石赋》而初露锋芒；两年之后，到京师参加国子学生考试，名列第一，被授为从仕郎，从此步入仕途。

学识渊博、才华横溢的苏天爵入仕为臣，创立了两方面的业绩。

一是编史修志，主攻的是元朝当代史。他以严谨的治学精神，倡导史家要有直道之行，提高史德修养，敢于去粗取精，去伪存真，以真实为第一准则，忠实地记录了元代的历史，编录了文学、建筑、教育、城市发展、少数民族等方面许多史料，以及知名人物的"碑、志、铭"。代表作《元文类》，是一部集大成的元代历史文献汇编，极具珍贵史料价值，被后来的学者称为"元朝一代文献之萃，尽在此矣"了。

苏天爵在史学上还有一个贡献，就是修《实录》，把汉人的优良史书传统，运用于元史编撰中，使之成为中华文化共同财富保存下来。元代《实录》除元顺帝因系末代皇帝无书外，完全仿照汉族修实录的方法，从元世祖起历朝修撰，其史料丰富翔实，是研究元代历史必读的基本文献之一。

苏天爵为保存中华民族优秀的历史文献，为民族文化的交融贡献良多，凸显了刚直守正、秉公求实的史学观和人文气质。

二是在监察御史方面的功绩。所谓监察御史，实际上就是整饬官吏，惩奸肃贪。不管是任江南行台监察御史，还是任淮东道、山东道肃政廉访史期间，苏天爵都满怀忧国忧民之心，勇于仗义执言，秉公整饬贪官污吏。

时湖北道地域广阔，民俗犷悍，案件繁多。苏天爵不畏险阻，在三四个月的时间里，行程数千里，巡察刑狱。此前朝廷官员也多次检察，但因应付差事，使许多含冤者难以申冤。苏天爵深为忧虑，为伸张正义，夜以继日查阅案卷，审核司法条律，先后甄别改判了数十宗冤假错案,使真凶伏法,无辜者得以昭雪。

元代学者黄溍编修的《苏御史治狱一记》中,一共记述了苏天爵办理的八个疑难案件,都是由他纠正和平反的死刑案。

"雷乙杀人案"堪为典型。沅陵人文甲无子,收养了其外甥雷乙为子。后文甲妻又生二子,将雷乙赶出家门。雷乙心生不满,趁二子外出卖茶之机,用斧把二人砍死。随后把血衣和斧头沉于水中。案发后,雷乙被捕并承认了犯罪事实,但主审官却以不可确断为由,把雷乙释放了,民情哗然。苏天爵经过详细调查,对此凶案作出明确判断,他认为此案事实清楚,何为疑案?遂给杀人凶犯以应得的严惩。

苏天爵这种维护正义、敢于担当的精神,同样反映在入朝理政上。元统元年(公元1333年),苏天爵回朝再度任监察御史,在仅4个月的任职中,上奏章45次之多,只要与朝廷得失、国家兴亡有关,皆无不奏。他还不畏权贵,顶着压力弹劾了5位"很有来头"的官员,旗帜鲜明地荐举109名才俊。后者没有什么"关系",地位也不高,但都是才德俱佳,堪当重任。

在为官的30多年里,苏天爵也有沉浮,甚至一度被同僚诬陷,罢官归里。但可贵的是,不论人生顺遂还是蹉跎,苏天爵都保持了信念不改、荣辱不惊的名士风范,充盈着公平正义的精神追求。《二十五史·元史·苏天爵传》载其一生:兴利除弊783事,纠劾贪官949人,因此有包(拯)、韩(琦)之誉。

苏天爵在元代思想文学史上,也占有一席之地,是元代后期著名儒臣的代表,其文学造诣颇高,诗文皆佳。正定故里滋河之畔,曾经是他的读书之处,所筑的"滋溪书堂"和"春露亭",曾经是学子们读书、文人唱和之地。后来他以此为名撰写的《滋溪文稿》30卷,其中词、赞、铭、诗、碑志、行状、制诰、祝文等文体皆有，亦有不少真定的人物和故事，反映了他对家乡的思念之情。

在《春露亭辞》中他写道："镇阳东郭，滹沱北浒。有亭翼然，密迩先墓……感吾念兮思亲，怅音容兮惚恍。览日月兮交驰，寒与暑兮相依。"

从真定到江南，从湖北、山东，再到元大都北京，在日月交驰与寒暑相依中，苏天爵完成了人生历程。斯人已去，留下的是令人敬佩的精神与气质。

四

在正定历史长河中寻觅，还有一块晶莹剔透的宝石——中华文学艺术，同样绽放着耀眼的光辉。正定人对文学的热爱和持守，萌发于内心，蓬勃于外形，传承延续，年年代代，累积为一条奔腾的河流涓涓而出，无私地润泽这一片沃土。

在这条河流中，我们可以看到许多声名显赫的文学大家，以及记载正定历史的精彩篇章：唐代颜真卿的《祭侄文稿》，宋代李至的《座右铭》、田况的《真定行宫》，元代苏天爵的《志学斋记》、王若虚的《恒山堂记》、杨俊民的《修阳和楼记》，明代欧阳唤的《重修真定府学记》，清代李渔的《真定梨赋并序》、顾祖禹的《读史方舆纪要·北直五》等，每一篇都主题鲜明，文采飞扬，皆为传世之作。

停下脚步，先来欣赏一下北宋名臣李至的《座右铭》："短不可护，护则终短。长不可矜，矜则不长。尤人不如尤己，如圆不如好方。用晦则天下莫与汝争智，谦则天下莫与汝争强。多言者老氏所戒，欲纳者仲尼所臧。妄动有悔，何如静而勿动？太刚则折,何如柔而勿刚。吾见进而不已者败,未见退而自足者亡。为善则游君子之域,为恶则入小人之乡。"

1000多年前的处世感悟,今天听起来仍然言之谆谆,直抵人心,不乏劝人向善、激浊扬清之意。

正定更是诗与词的佳作摇篮,恒岳、滹水、关楼、寺宇、古塔、名人、轶事等,皆是吟咏的主题、叙事的对象。在这里留下诗篇的名家有,"唐宋八大家"之首韩愈,"初唐四杰"之卢照邻,边塞诗人高适,"大历十才子"之李益、崔峒,"诗豪"刘禹锡,唐宋代的著名诗人李商隐、杜荀鹤、胡曾,苏轼、欧阳修、文天祥、范成大等。

元代时,"元曲四大家"之一的白朴,是元杂剧创作的领军人物。明代诗坛"后七子"李攀龙、王世贞,文坛领袖赵南星,"公安派"代表人物袁宏道、梅之焕,"竟陵派"领袖钟惺;清代,正定"一门三进士"的梁清宽、梁清远、梁清标兄弟等,都有歌咏正定的佳作。

在群星荟萃的文学长河里,不能不提到一对父子文学家、诗人,他们就是金代的蔡松年和蔡珪。

蔡松年(公元1107—1159年),字伯坚,真定人,金代诗人、名臣。曾任金朝真定判官、吏部侍郎、户部尚书、尚书右丞、左丞,右丞相等职。晚年,因不满官场的腐败,退隐山林,清淡赋诗,在真定建有萧闲堂,自号萧闲老人。

金代是一个短暂的、民族文化冲撞的朝代,汉民族文学的传承以及客观上对外来民族文化的融合,显得十分重要。

蔡松年虽然自幼随父入仕,一生官运亨通,但内心深处潜伏着的民族意识,则又使他感到"身宠神已辱",其作品流露出颇为矛盾的思想感情,成为他诗词的一个重要特征。

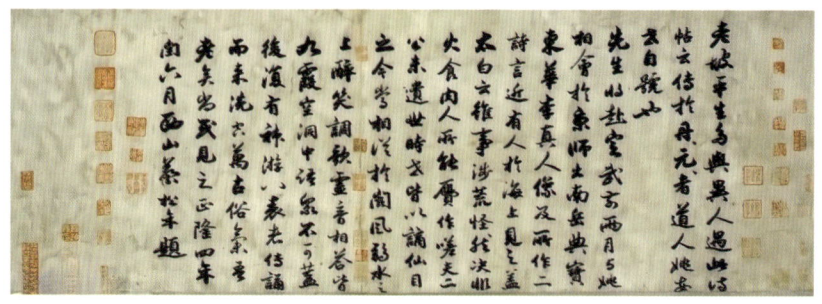

蔡松年书《李白仙书卷》

作为特殊境遇下的诗人，蔡松年作品风格隽爽清丽，词作尤负盛名，有文集《明秀集》传世。其《念奴娇·离骚痛饮》为代表作之一：

离骚痛饮，笑人生佳处，能消何物。江左诸人成底事，空想岩岩青壁。五亩苍烟，一丘寒玉，岁晚忧风雪。西州扶病，至今悲感前杰。

我梦卜筑萧闲，觉来岩桂，十里幽香发。嵬隗胸中冰与炭，一酹春风都灭。胜日神交，悠然得意，离恨无毫发。古今同致，永和徒记年月。

词借用历史上王衍、谢安、王羲之三人的经历和情怀，用典巧妙，用韵清隽，以典抒怀，别有铿锵之意。后人评曰："此公乐府中最得意者。"

联想到金代另一位诗人吴激，与蔡松年齐名，由于风格相近，而被时人称为"吴蔡体"。

吴激（公元1090—1142年），字彦高，自号东山散人，建州（今福建建瓯）人，宋、金代书画家，北宋宰相吴栻之子，书画家米芾之婿，善诗文书画，所作诗词风格清婉，多家园故国之思。例如脍炙人口的《人月圆·宴北人张侍御家有感》：

南朝千古伤心事，犹唱后庭花。旧时王谢，堂前燕子，飞向谁家。

恍然一梦，仙肌胜雪，宫髻堆鸦。江州司马，青衫泪湿，同是天涯。

两者比较，同样是引经据典，但风格略显不同。蔡松年偏重婉约，吴激偏重豪放，作为互补，不约而同开启了金代诗词的新阶段。

推动这个新阶段深化定型的，是蔡松年的公子蔡珪。

蔡珪（公元？—1174年）金朝文学家，字正甫，真定人。蔡松年之子，天德三年进士，官至翰林修撰同知制诰，终潍州刺史。

蔡珪在金代文坛上占有特殊地位。其文章在世宗大定年间声名很大，公认为金代文学的实际奠基人。蔡珪主要以文名世，著有文集55卷，诗存46首。

蔡珪诗亦清劲雄奇，时有佳作。如《雪川道中》：

扇底无残暑，西风日夕佳。
云山藏客路，烟树记人家。
小渡一声橹，断霞千点鸦。
诗成鞍马上，不觉在天涯。

闭目品味，全诗意境开阔，神韵淡雅，文辞清丽，读之心旷神怡。

五

中华文学有强劲的生命力。除蔡松年、蔡珪父子之外，正定历史上，还有一大批在特殊环境下坚守文坛的士大夫，他们自强不息，恪守着对中华优秀文脉的传承，不断为优秀文化根脉培土固基，从而滋养着一代代后来者，使之发扬光大。慢慢地，正定形成了一种特有的人文地域文化。

也许正是这种传承和赓续，自古以来正定就以崇文重学闻名，文化根基坚厚，习文作画之人甚多，近代以来更是知名的文化大县、诗词、书法之乡。单说书法一项，常年活动着大批的爱好者，拥有一批全国、省级书法家协会会员，而且，"上到九十九（老叟），下到小朋友，人人都能露一手"，组织一个书画展，往往只需要一两天的时间，参加者往往是父子兵、夫妻档。如果你走到历史文化街上，迎面遇到的一位普通老者或小朋友，很可能就是位书画的高手。

进入改革开放年代，在当代文学史上，正定则出了一位闻名全国的小说家贾大山，其作品《取经》获全国优秀短篇小说奖，并与另一篇散文《花市》一起，入选语文课本。贾大山并不是高产作家，但其作品文风淳朴，语言生动凝练，人物栩栩如生，篇篇令人印象深刻。

不管是知名作家，还是普通百姓，都是中华优秀传统文化的受益者，也是持守者、创新发展者。他们从天地共生、饱满精华的沃土中走来，还将在生机勃勃、充盈智慧的文脉中升华。我们相信，岁月不息，历史长河里的晶莹，将越来越璀璨，熠熠生辉。

续写，红楼新曲

一

"习近平同志在正定工作的思考实践，充分体现了他在青年时期就具有的坚定信念、为民情怀、改革思维、开放意识、务实作风和责任担当。他在正定期间的创新探索，真切体现了'人民对美好生活的向往，就是我们的奋斗目标'，为我们留下了弥足珍贵的精神财富。"[1]

正定人民对这些精神财富的弥足珍贵性，是从当年荣国府的修建、从对历史文化的保护弘扬中，强烈地感受到的。

1987年，是中国电视剧硕果丰收的一年。根据古典文学名著《红楼梦》改编摄制的电视连续剧，在中央电视台隆重播出。

一时间，《枉凝眉》的主题曲响彻大江南北，观众好评如潮，每晚那个黄金时间，成为无数个家庭的欢乐时刻。至今，这部电视剧已重播千余次，被誉为"中国电视史上的绝妙篇章"和"不可逾越的经典"。

人们在赞叹之余，可能并不清楚，古城正定与这部电视剧有着密切的联系。因为，北京的大观园、正定的荣国府，分别为电

---

[1] 本书编写组：《让群众过上好日子——习近平正定足迹》，河北人民出版社、人民出版社2022年版，第1页。

荣国府牌楼

视剧贡献了两个主要的外景地。

回到当年，20世纪80年代初期，筹拍《红楼梦》电视剧的消息传出，海选演员形成热潮，外景地的选择也是关注点。出乎意料，在离北京将近300公里的正定古城引发了一场不大不小的争论。

背景是主政的正定县委领导，第一时间敏锐地发现了机遇，计划把电视剧的外景地——荣国府和宁荣街，争取到正定来建造。延伸的效果是，建造一个名副其实的荣国府，制作电视剧之外，留下一处影视拍摄基地和文化旅游胜地。制作方看重古城的历史文化背景，也欣然同意。条件是需要提供40亩地、350万元资金。

本来是一件大好事，没有想到正定县内却有不同的声音。"一种是觉得这件事情可以办，我们正定县本身就是文化古城，增加一个景点，就增加一个正定的旅游项目，确实对拉动经济大有益处；另一种意见是认为这件事不能办，一个项目就要花三百多万，这可不得了，风险太大了，万一收不回投资，县里担不起这个责任,况且当时县里也没有那么多钱,还需要募集资金。"①

也难怪有不同意见,抛却其他原因,350万元对当年县财政来说,也是一笔不小的开支。

可贵的是,县委没有动摇,也没有简单从事,而是循循善诱,引导干部破除僵化的思维,打开创新的视野。

"个别谈心,大会动员,提高了认识,统一了思想。县委很快作出兴建荣国府的决定,成立了筹建荣国府的工作班子,将修建地址选在隆兴寺西北角的一片空地上。"②

资金的问题也要解决。县委主要领导亲自动手,上京城,去石家庄,争取各级支持,到企业寻求合作的机会。功夫不负有心人,多方筹集了300多万元资金,县财政只拿了27万元。

开工并不是结束。忠于原著,再现历史风貌,是工程始终坚持的方针。"正定多次邀请全国知名专家学者就工程施工进行专题论证。著名红学家冯其庸、中国古建科学研究院工程师杨乃济等应邀来到正定,为修建荣国府现场指导、出谋划策。"③每一座房屋、每一道影壁、每一处门廊墙窗都精心设计,每一棵树、每一簇花木的种类、位置都讲究章法,力争高度还原小说《红楼梦》中规模宏大的古建筑群。

经过两年时间努力,一座雍容富贵、"金玉满堂"的荣国府再现正定古城。这是一组"仿古建筑,共有房屋212间,游廊

---

① 中央党校采访实录编辑室:《习近平在正定》,中共中央党校出版社2019年版,第94页。
② 本书编写组:《让群众过上好日子——习近平正定足迹》,河北人民出版社、人民出版社2022年版,第48页。
③ 本书编写组:《让群众过上好日子——习近平正定足迹》,河北人民出版社、人民出版社2022年版,第48页。

102间，由杨乃济主持设计。整个府邸，按照西、中、东路修建。西路修建了垂花门、穿堂、花厅、贾母院、凤姐院等；中路修建了府大门、外仪门、向南大厅、内仪门、荣禧堂、后围房等；东路是贾政书房院、贾赦院等。宁荣街则参照乾隆南巡图设计，街上店铺林立、旗幌招展"①。

"电视剧还在拍摄中，荣国府就火了。1986年国庆节，游客排到了1公里以外，超过1万人次。开放当年，荣国府吸引了130万人次前来参观，门票收入达221万元，旅游总收入1761万元。"②

这时，当年主政的县委书记已经离开正定，但"功成不必在我"的精神长留在第二故乡。

荣国府

---

① 本书编写组：《让群众过上好日子——习近平正定足迹》，河北人民出版社、人民出版社2022年版，第50页。

② 本书编写组：《让群众过上好日子——习近平正定足迹》，河北人民出版社、人民出版社2022年版，第51页。

第八章 上善若水——春风十里润常山

从那时起至今30多年来,荣国府长盛不衰,接待了数千万游客,极大地带动了正定旅游业的发展,开创了中国旅游业的"正定模式"——利用古典文学原著营造人文景观,形成新的旅游增长点。

思路开,百事通。一座建筑、一首红楼新曲,留下的不仅是古典文学的辉煌,更重要的是开辟了一条道路:一条改革开放之路,一条创新发展之路,一条为正定指方向、立目标、引领未来的康庄之路,其精神价值弥足珍贵。

二

"窥一斑可见全豹"。一座荣国府反映了那个时期主政者的历史文化情怀。县委把挖掘历史文化、实施旅游兴县,作为一项重要战略措施来抓,千年古城的历史文化在新时期不断续写。

两棵古树的故事。正定县委大院里有两棵老槐树,花开花落,几多春秋。人们习惯了闻花香、纳阴凉,却从没想过探究它的年龄。

"习近平同志正定上任不久,就对苍劲有力的老槐树产生了兴趣。老槐树树干上沟纹纵横,树冠如同一把撑开的大伞,伸开双臂量一量树干,要两个人才能合抱过来。

'这槐树有多少年了?'他问。

人们都答不上来。"[1]

习近平同志提出请林业专家来鉴定。没想到,这槐树竟然是明洪武十年(公元1377年)所植。他叫人围上铁栏,挂上古树

---

[1] 本书编写组:《让群众过上好日子——习近平正定足迹》,河北人民出版社、人民出版社2022年版,第145页。

保护的标牌。习以为常的老槐树，第一次成了"文物"。

从这"两棵古槐开始，习近平同志让县林业局搞了全县的古树普查。经查，全县共有百年以上古树43株，树龄最长者已有1400余年。……县里公布了古树名木的名单，统一在古树周围做了栏杆和标牌，提示大家爱惜和保护"。①

如同两棵古槐一样，正定文物尽管很多，却并没有得到重视。经历"文化大革命"浩劫，这座古城还没有恢复元气，到处是残垣断壁、碎砖烂瓦，有些古建已是伤痕累累。古城墙周边被坟地包围，上面的砖经常被人们拆下来盖房子。

"习近平同志对正定的文物特别关心，有一次在隆兴寺院西侧，他看到元代书法家赵孟頫撰写的名碑'本命长生祝延碑'上

隆兴寺建筑群（武英伟摄）

---

① 本书编写组：《让群众过上好日子——习近平正定足迹》，河北人民出版社、人民出版社2022年版，第146页。

第八章　上善若水——春风十里润常山

沾满泥土，缺乏保护，他平时看书很多，对历史很有兴趣，知道这是一个珍贵文物，当即找到主管领导，提出严肃批评：'我们对文物保管不好，就是罪人，就会愧对后人。"①

他在不同场合多次说道："这些都是国宝啊！一旦消失，就永远看不到了。我们保护和修复文物，既是对祖先负责，也是对后人负责。况且，这些文物古迹修复好了，将来可以发展正定的旅游事业，给正定增加收入，何乐而不为呢？"②

那个年代，十年浩劫刚刚结束没几年，毁庙砸佛像的阴影挥之未去，有这样的勇气和胆识，着实难能可贵。

修缮好价值连城的古建筑，是他一直挂念的大事。"1984年4月，正定向上级争取到一笔古建筑修缮专款。利用这笔资金，正定对隆兴寺方丈院、天王殿、戒坛、弥陀殿等进行了修缮和彩绘，还在戒坛南面修建界碑及牌楼。此外，还修建了西马道，拆除了东马道，动迁居民22户，在寺院外修建了停车场，千年古刹重放异彩。"③

还有一个临济寺，是佛教临济宗的祖庭，但寺庙已荡然无存，只剩下一座佛塔。由于及时拨款、筹款，恢复了临济寺。

隆兴寺、临济寺……这些几近湮灭在市井深处的千年古刹终于重放异彩，成为正定最鲜亮的文化名片。

不仅如此，年轻的县委书记"在对这座古城文物的保护上，

---

① 中央党校采访实录编辑室：《习近平在正定》，中共中央党校出版社2019年版，第247页。
② 中央党校采访实录编辑室：《习近平在正定》，中共中央党校出版社2019年版，第128页。
③ 本书编写组：《让群众过上好日子——习近平正定足迹》，河北人民出版社、人民出版社2022年版，第144页。

投入了很大心血与精力。县里部署对全县文物进行了大普查,让古建、遗址家底有了一册明细账,并且立起了统一标志、区划出保护范围、纳入城市规划"①。

从两棵古树、一通古碑,到对整个古建筑的保护利用,是对正定历史文化传承作出的历史性贡献。当然,更让人念念不忘的是,老书记(正定干部对习近平同志的亲切称呼)留下的家国情怀、心系民生、文化自信的理念,以及真刀真枪干一场的作风。她将长久地影响着这一方热土,惠及整个社会和千家万户。

三

榜样的力量是无穷的。前辈留下的改革创新理念和发展思路将引导后人继续前行。

1999年6月,我到正定担任县委书记。上任之初,面临许多矛盾和问题,一直思考从哪里入手?通过调查研究,我发现当年县委审时度势,结合正定实际,充分利用区域优势、历史文化资源,提出了一系列发展战略,契合县情,符合民心,目标长远,为正定开辟了可持续发展之路。

重温历史,县委决心按照当年的思路,发扬光大于新时期。于是,结合改革开放新形势,进一步贯彻落实"科技、开放、旅游、市场"四大带动战略,提出经过持续努力,实现"经济强县、文化名县、旅游大县"的奋斗目标,并作出全面规划,以提升古城风貌为突破口。来年,利用与老领导见面的机会,专门作了汇

---

① 中央党校采访实录编辑室:《习近平在正定》,中共中央党校出版社2019年版,第270页。

报，得到充分肯定和鼓励，这更增加了我们的信心。

有了规划，从哪里入手？由于历史上的重视，正定文物保护较好，但古城风貌不够鲜明，缺乏鲜明的古街、古民居和成片的文化街区。

为此，县委决定在文物单位较集中的燕赵南大街，复建高标准的历史文化街区。

燕赵大街是历史上古城的中轴线，曾经是上京下卫的通衢官道、商道，也是当年正定城最为繁华的地段，寺庙林立，驿站红火，店铺兴隆。岁月的消逝，使她湮没在尘封之中，变成正定城内交通难行、环境脏乱差的地方。今天，要把这颗明珠擦亮重拾人间，有着特殊的意义。

街区以修建历史上"三关雄镇"之称的南城门为龙头，向北延续近1500米，将广惠寺华塔、临济寺澄灵塔、开元寺钟楼、南城门等四个国家级重点文物单位串联起来。

同时也是一个富民项目，沿街建筑改造为古香古色的商铺和民居，既改善生活环境，也为老百姓增收致富创造条件。届时将引入古玩市场、正定土特产品和各具特色的风味食品，形成集吃、住、行、游、购、娱为一体的历史文化街区。整个街区建筑面积3万平方米，总投资4700多万元，是北方规模较大的一个历史文化街区。

决策得到了全县上下的广泛赞同，但真正干起来，困难矛盾却一个个冒出来。这是一场硬仗。

重头戏是沿街120多户居民的房屋改造。正定城南是回族聚集区，经济相对落后，缺乏改造资金；基础设施差，又涉及众多单位和居民工作生活，不可能旷日持久。怎么办？县委认为，还是要坚定地依靠广大干部群众，攻坚克难，拿出当年建荣国府的劲头，真刀真枪地干一场。

广泛动员群众。正定古城墙周长24里,"文化大革命"中被拆毁,城墙砖散落四处,有的被居民垒了院墙,甚至建了猪圈、鸡窝。县委发出号召,"捐出城墙砖,为古城做贡献",得到热烈响应。短短时间,居民们就捐出了上万块城墙砖,重要的是,调动了群众参与古城建设的积极性。

出台扶持政策。坚持统一规划、居民自愿的原则,对参与建设的居民给予小额贷款支持;新建房屋可作商铺经营或出租,给予税费减免;对不愿参建的居民,可置换房基地。这样一来,居民们积极性很高,建设速度也快了起来。若干年后,沿街的房屋

2001年9月30日南城门重新开放仪式

2001年复建的历史文化街区

价值将成倍增长。许多居民见到我说:"过去的贫民窟,现在的摇钱树,还是县委的政策好啊!"

咬牙坚持,同心攻关。县四大班子领导分片包干,下到工地组织协调,各单位夜以继日,满负荷工作。县委先是每月、后是每周、最后是每两三天调度一次。就这样,顶过去最困难的时期,一个被认为不可能的工程如期完成了。

2001年9月30日,雄伟壮观的正定南城门楼和宽阔整洁的历史文化街区呈现在人们面前。古城万人空巷,男女老幼结伴而行,涌向新落成的南城门下,一场隆重的庆典仪式在这里举行。大家感慨万千:半年多前,这里还是正定有名的"龙须沟",街道坑洼不平,环境脏乱,然而在短短的时间里,勤劳智慧的正定人民就用自己的双手描绘出一幅最新最美的图画。

余秋雨来到这里,由衷地说,这条历史文化街下的决心比我想象得要好,而且也觉得比我想象得更有希望。关键是一条街把几个点(国宝级文物)串起来,搞得很有魅力。我愿意继续关注正定在这条路上走的步伐。我相信正定将来的文化旅游会在世界面前展现出一个非常美好的形象。

王鲁湘也有同感,他说,正定县委、县政府下了很大决心,沿着中轴线建了一条古文化街,这是建设文化名县的一个了不起的重大举措,因为如果没有这条街,沿街的千年古寺,千年古塔就会被埋没在一堆贫民窟一样乱七八糟惨不忍睹的环境中,经过建设以后,这条街敞亮了,古雅了,沿街的古迹也凸显出来了,参差错落地摆在街的两侧,这条文化街就是一条真正的文化街,因为有千年的历史文化的强有力的支撑。

历史文化街区的建成,延续了县委当年的思路,标志着古老的正定进入了新的发展阶段。之后,县里又按照古城风貌要求，对主要街道和商铺进行改造，对重点文物周边环境实行严格的控制，由此古城历史文化氛围逐渐浓厚，得到社会各界的认可。

四

"守旧未必风平浪静，改革必然海阔天空。""没有现成的模式可循就自己探索，没有前人铺平的道路就自己开拓。要紧的是敢不敢迈出这一步。"这是习近平同志在正定工作时讲的话。① 这种锐意改革的精神，20 年后，仍然鼓舞正定人开拓前进。

进入新世纪后，改革进入深水区，调查研究发现，当时阻碍正定文化旅游发展的弊端主要是：

思想观念僵化。单纯的文物保护观点，强调文物的特殊性、封闭性，忽视了在保护中利用，在利用中有效地保护。

管理体制不顺。文物部门和旅游部门分设，文物单位由文物局管，荣国府等人文景观由旅游局管，彼此之间不协调，各唱各的调，甚至相互降价竞争，没有形成大文化旅游的一盘棋。

市场开发滞后。国宝级的文物大多是养在深闺无人识，很多游客不知道正定的宝物，看了以后很震惊，认为没有推介出去很可惜。

针对这些问题，县委在解放思想的同时，采取了两手抓。

一方面，理顺体制，率先将县文物与旅游机构合并为文物旅

---

① 本书编写组：《让群众过上好日子——习近平正定足迹》，河北人民出版社、人民出版社 2022 年版，第 80、67 页。

游局，打破市场分割，形成大旅游格局。同时成立综合执法队，强化旅游市场管理，优化旅游环境，彻底解决市场分割、管理不统一的问题。

这些改革当时没有经验可循，在全省也是先例，颇有些压力，需要硬着头皮推下去。除了内部的不同声音，起初有的上级部门对此也颇有微词，怕由此影响文物保护。记得一个老领导言辞激烈地批评正定，斥责是"瞎胡闹"。

县委、县政府没有动摇，多次与相关部门领导沟通，表示一定会一如既往地尊重上级意见，严格落实文物保护法的相关规定。经过一段时间运行，文物主体保护得很好，周边环境优化了，游客多了，影响力大大提升，文物保护和利用相互促进，体制改革得到了上级部门的认可。那位老领导也给予了理解，我们成了好朋友。如今，这种改革模式已经在全省推开。

另一方面，多措并举，走出去请进来，宣传推介正定的历史文化资源，开拓更广阔市场。

走出去，县委领导带队到北京西单文化广场和上海人民广场举办正定文化旅游宣传活动，接受央视、北京电视台和上海广播电台的采访，引起很大反响。当常山战鼓在大都市敲响的时候，当地的同志说，你们是第一家来宣传推介的县城，很有气魄。

我们还和北京、上海、石家庄等地的旅行社建立了合作关系。与东方航空公司达成协议，共同开辟石家庄—上海的航空旅游热线。作为先导，邀请上海八家新闻媒体和十几家旅行社专程来正定采风，收到了很好的效果。

请进来，主要是利用名人名台效应，提高古城的知名度。"三顾茅庐"，邀请知名学者余秋雨、王鲁湘以及凤凰卫视中文台台

| 品读正定

正定历史文化街（燕赵南大街）

长王纪言来正定考察。

　　他们实地考察了隆兴寺等六处国家级重点文物单位，以及新建的历史文化街区，对正定源远流长的历史文化、珍贵的文物古迹、古城的历史地位给予了高度评价，对弘扬古城历史文化提出了宝贵建议。

　　余秋雨说，正定我来得晚了，我看到的正定比我想象的还要好。我在正定找到了中华文明最辉煌时期的图谱与证据。它的历史地位很高。如果在中华文化复兴过程中，正定还不为大家所知道的话，那是不可想象的。

　　这次活动，在国内产生了强烈反响，国家、省、市媒体刊发了大量报道，旅行社纷纷商谈合作，京津冀及山东、山西、河南的周边城市游客络绎不绝，一时形成又一轮正定旅游热。

　　经过多措并举、持续努力，正定的发展环境不断优化，知名度逐渐提升，在荣国府等文化旅游热之后，新一轮文化旅游热潮

第八章 上善若水——春风十里润常山

和成效逐步显现。2002年,正定文化旅游收入比1999年增长了一倍多。

"栽得梧桐树,引得凤凰来。"文化旅游的带动作用明显增强。纳爱斯、华龙面等一批知名企业相继落户正定,全县经济总量、财政收入上了新台阶。2002年,正定县综合实力跨入全国百强、全省十强行列。

2005年4月2日,习近平同志回到正定,专门到历史文化街区考察,并登上新建的南城门楼,俯瞰复建的历史文化街区。他兴致勃勃,频频指点着几处文物,那是花塔,那是青塔,那是砖塔(都是老百姓的俗称),当年是什么样子……,原定10分钟的浏览延长到40多分钟。

在随后的座谈会上他说,"明显感到发生这么大的变化,是非常高兴的。南城门这个地方,城门楼是新修的,整个一条街全部改造了,形成了富有特色的文化街。记得我上次是1997年来的,还没有看到这些变化,是万勇同志到任以后修的……看到自己工作过的地方、努力奋斗过的地方能够不断发展,是我感觉最欣慰、最幸福的。"[①]

我知道,这是老领导对我们的鼓励和鞭策。实际上,我们是在习书记开辟的道路上继续前行,所取得的成效与他的战略指引和鼓励支持是分不开的。

---

① 河北省人民政府参事室、河北省文史研究馆编:《春风杨柳万千条——庆祝改革开放40周年述怀》,中国文史出版社2018年版,第7页。

感念民心

一

写下这几个字,心中不免有些悸动,仿佛又回到正定,面对那些淳朴善良的父老乡亲。

2015年,习近平总书记在同中央党校第一期县委书记研修班学员座谈时指出:"县委书记这个岗位很重要,官不大,责任不小、压力不小,这个官不好当。"他又引用了清代郑板桥的诗句"衙斋卧听萧萧竹,疑是民间疾苦声。些小吾曹州县吏,一枝一叶总关情",激励大家做好工作。①总书记的话语重心长,也是我常山岁月的真实感受。

1999年6月,我任新中国成立后第十五任中共正定县委书记,时间将近四年。有人问我,坐在这个位子上是什么感受?我的回答是,如临深渊、如履薄冰。

可能有人觉得,县委书记是一方土地最高权力的掌管者,可以号令四方,潇洒自如。但真的不是这样。不是冠冕堂皇,故作玄虚,不是惧怕,畏难不前,而是带着一种敬畏的心情去履职。原因很简单,几百平方公里的安危、几十万群众的福祉系于一身(当然不是一个人),能够轻飘飘、随意而为吗?在公务员队伍中,县委书记是最有条件、最可能干成事的岗位之一,但

---

① 习近平:《做焦裕禄式的县委书记》,《学习时报》2015年9月7日。

也是最繁难、最具挑战性的工作之一，没有高度的责任感和强烈的事业心，没有苦干实干的劲头，不夙兴夜寐、不兢兢业业，行吗？

在正定工作的近四年中，我最大的体会是，县域经济要发展、农村社会要稳定，必须循着群众呼声去干，要把老百姓的事当回事儿去办，舍得下功夫，为他们排忧解难。

实际上，老百姓最大的愿望就是致富，提高生活水平。如何让老百姓过上好日子、生活好起来，就成为县委始终追求的工作目标。

二

在农村，遇到的首要问题是如何发展经济，让农民富起来。正定是传统农业大县，结构单一，种植业高产但农民收入低。习近平同志主政正定时，曾经提出因地制宜，发展城郊型经济的思路，并且打开了局面取得了收获。但农民增收的期望值不断提高，解决农民的增收问题，始终是县域工作的大事。进入新世纪后，这个问题更加突出、更加迫切。

农民要增收，必定要从传统种植业走出来，发展多种经营，势必要调整农业结构。在这方面，正定有经验也有教训。有的地方也出现过行政命令，"一刀切"地硬性规定种什么、养什么，结果好心办了坏事，伤害了农民的利益。

为了找到正确的办法，我们按照当年习近平同志提出的思路，深入田间地头访农问计，又借鉴外地经验，逐步形成了新时期农业结构调整的指导思想。县委、县政府提出"面向市场，百花齐放，适度规模，择优扶壮"的十六字方针。

所谓面向市场，就是以市场为导向，紧紧盯住城乡两大市场，调整农业结构；

所谓百花齐放，就是不拘泥于一产一业，只要市场有需求、生产有效益的产品，都可以自主选择去发展；

所谓适度规模，就是要切合实际，稳扎稳打，不搞人为的揠苗助长、急于求成；

所谓择优扶壮，就是选择优势品种扶持，形成集约规模，做大做强。

在此基础上，从正定区位、交通、自然条件的实际出发，县里引导农民重点发展有优势的粮食、鲜蛋、生猪、蔬菜、牛奶五大产业。

这个指导思想的核心是，尊重农民的自主权，不搞行政命令"一刀切"，种什么不种什么，由农民立足自身优势，自主确定，逐步形成一村一业、一村多业；同时政府加大引导力度，对市场前景好、效益高的产业出台鼓励扶持政策，包括农业良种创新的补贴、畜牧业以及新兴产业的引导资金，努力做好市场销售和病虫害疫病防治服务等。

以上思路和办法较好地避免了行政命令的弊端，调动了农民的积极性。农民群众解放了思想、卸掉了包袱、立足实际、各显神通，产业调整结构热潮迅速兴起。

经过几年努力，五大重点产业在正定逐步发展壮大起来，像东权城、曲阳桥一带的禽蛋、金针菇产业；新安、南牛一带的错季草莓和蔬菜；南楼、新城铺一带的奶牛养殖、马铃薯种植；城郊的生猪、蔬菜等产业，都形成了可观的规模。正定的鲜蛋、牛奶、蔬菜、生猪产量名列石家庄市前茅，禽蛋产量位居全省第一。

第八章 上善若水——春风十里润常山

产量上来了,销路又成了问题。县委、县政府又积极帮助农民打开市场,除进入本地市场、做好深加工之外,专门到广东、香港等地,开拓销售渠道。正定县与香港华润公司五丰行达成协议,建立鲜蛋直销联系,以火车集装箱方式,远销港澳地区,销量大且回款及时,还打开了广东、湖南、四川等地市场,农民的收入得到较快增长。

三

农民增收是个系统工程。由于农村基础设施薄弱,有些问题靠一村一户很难解决,需要统筹力量予以支持。为此,县委安排每位县领导都明确联系点,深入下去,协调解决农民的实际问题。

正定镇塔元庄村是个不大的村子,在城西五六公里的滹沱河边。历史上人多地少且土地瘠薄,交通不便,20世纪80年代初,这里是全县有名的穷村。"盼着一年吃细粮,盖上新房娶新娘",说出了老百姓的渴望。

30多年前,习近平同志任正定县委书记,在无数次骑车下乡中,提出"正定应该走'半城郊型'经济的发展路子"。[①]

从那时开始,塔元庄按照习近平同志提出的思路,开始扬长避短,调整产业结构,种起了大棚蔬菜,建起了养鸡场、养猪场,农民的粮袋子、钱袋子一天天鼓了起来。在全乡第一个通上了自来水、第一个搞了村庄规划。

[①] 中央党校采访实录编辑室:《习近平在正定》,中共中央党校出版社2019年版,第2页。

产业发展起来了，新的矛盾又出现了。由于历史的原因，塔元庄长期没有出村的公路，运输农产品的车辆只能颠簸于坑洼不平的滹沱河大堤上，遇到雨雪天更难行。运费比别的地方都高，收运一斤鸡蛋就多一两毛钱，因为车主担心会被颠破。没有出村公路，成为制约塔元庄发展的瓶颈。

得知这一情况后，我同县委常委肖建儒选择这个村为联系点。我们连续几次进村入户了解实情，并与村干部、农民代表座谈，发现修好一条出村进城的路，不仅可以一举解决塔元庄的困难，同时也可有效带活周边一带的村。于是，召集县财政、交通部门和镇、村共同商议这个问题，决定共同筹措资金，列入县里的重点工程来办。之后，我们多次实地察看道路走向、研究施工规划，直接调度工程进度。

思路决定出路。但能不能实现先修路的目标，还是要调动干部群众的积极性。为此，县委和正定镇党委，首先从建设强有力的领导班子入手，经过整顿，产生了以尹小平为书记、赵贵林为主任的村两委班子。

新班子上任后，奋发努力，率先垂范，很快赢得群众的拥护，一个坚强的战斗堡垒矗立在塔元庄。得知县里帮助修路，塔元庄村民群情振奋，在党支部带领下，农民主动以工代赈，积极参与铺路奠基，工程很快就干起来了。经过多方努力，半年之后，一条十余里长平展展的柏油路从塔元庄一直通到正定县城。从此，塔元庄结束了没有正式出村道路的历史，沿途斜角头、东西柏棠等村也同时受益，为农业产业化发展创造了条件。

这以后，塔元庄村的发展走上了大道，蔬菜、禽蛋产业发展迅速，板材厂和家具厂也陆续建了起来，老百姓收入直线上升，成为远近闻名的富裕村、精神文明的先进村。村民们说，多年没

第八章　上善若水——春风十里润常山

办的事县里给解决了,这条路是我们的开放路、致富路。

2008年1月12日,习近平同志刚担任中央政治局常委、中央书记处书记不久,就把第一次出京下基层的地点定在了这里。那时,塔元庄正在进行新农村建设。

2013年7月11日,习近平总书记在调研指导河北省第一批党的群众路线教育实践活动时,再次来到这里考察。那时,塔元庄提出了提前奔小康的目标。

"希望你们在全国率先建成小康。"[①]离开时,习近平总书记对塔元庄提出了快发展、大发展的厚望,给予了全村群众极大的鼓舞。

塔元庄全家福

---

① 杜飞进、耿建扩:《三十年回望塔元庄》,《光明日报》2016年8月24日。

四

　　与农村情况不同,县城居民的主要愿望是改善生活环境,提升生活质量。其中包含着对城市服务功能齐全、方便、舒适的期盼。更重要的是,干部群众对环境脏乱差等问题早有微词,有着改变古城面貌的强烈要求。

　　循着群众的呼声,县委研究制定了城建三年规划,郑重提出"连续抓三年,一年一变样,三年大变样"的目标。作为第一步,第一年规划为城市建设形象年,重点清理脏乱差问题,优化城市环境。在取得初步成效的基础上,又连续抓好第二年的城市建设深化年,第三年的城市建设攻坚年。

　　咬定目标,持续不断地整治古城环境。2000年全县按照"整洁、美观、通畅、规范"的八字标准,连续组织了环境综合整治和绿化、美化、亮化工程。主要任务:治脏,解决街道不洁、垃圾乱倒问题;治乱,解决街道车辆乱停、摊点乱摆问题;治差,解决管理滞后、水平低下的问题;提升植树绿化、城市照明水平,让整个县城绿起来、亮起来、美起来。

　　与此同时,坚持疏堵结合的原则,努力完善城市的服务功能。为巩固整治成果,县里增设三处垃圾中转站,增加十余辆垃圾清运车,从源头解决垃圾清运的问题;新建或改造十个小商品、菜市场,开辟三处停车场,方便群众购物,解决街道、小区乱摆摊点、影响交通的问题;先后新建绿地、恒府和镇州街等三个城内广场,为居民提供了休闲健身场所,满足大众的文化需求;建设集中供热系统,连续几年对供热设施进行改建新建,拆掉几十座小锅炉,县城集中供热面积达到110万平方米,占全部民居

第八章　上善若水——春风十里润常山

正定县政府中心绿地广场（古槐）

面积的 70% 以上；抓住机遇，引天然气进城，逐步改善居民生活燃料结构；规划建设了县污水处理厂。

以上这些举措，都是第一个城建三年规划的主要任务，截至 2002 年年底，绝大多数圆满完成。古城拥有了第一个文化广场、第一个垃圾转运站、第一个居民生活燃气系统、第一个污水处理厂，古城面貌和生活品质有了较大幅度提升，被评为全省的"文明县城"。

干部群众看到这个变化，积极性空前高涨。县委、县政府又乘势而上，做了第二个城建上台阶三年规划，力争再经过三年努力，使古城环境和生活质量再上一个新台阶。但由于后来我的工作变动，这个规划没有完全组织实施。至今想来，仍感遗憾。

在任县委书记的几年中，我特别感谢城建系统的职工。他们任劳任怨，不辞辛苦，特别能战斗，为建设美丽古城付出了心血和汗水。所以，每年春节前，不管多忙，我都挤出时间去城建环保部门、环卫清洁队看望职工，代表县委、县政府向城市美容师表示感谢。职工们很高兴，也很自豪，因此干劲更足了。

五

有句老话说，金杯银杯不如老百姓的口碑，金奖银奖不如老百姓的夸奖。要考察一个地方的工作，靠干部之间的考评还不够，来自老百姓的口碑，则更靠谱得多，也更准确得多。

正定老百姓是勤劳智慧的，他们有文化，见过世面，参政议政能力强，而且时刻关心家乡的建设与变化。他们对县领导的评价也是直截了当，直言不讳。对于一个领导干部来讲，在这里工作要求更高、标准更严，既要有真本事，又要诚心诚意地干事。要让群众服气，则要拿出真抓实干的业绩。

记得刚开始搞古城环境优化时，遇到不小阻力，有的群众一时思想不通，发牢骚，讲怪话，甚至给我起了个"万拆"的外号。县委、县政府不搞争论，边干边引导，坚持几年见到了成效。复建历史文化街区和南城门、修建城内几个广场、旧城改造、新区建设都展现出新姿，城市容貌和生活环境有了突破性的变化，生活越来越好。老百姓的评价也逐步由怀疑到认可，由认可到主动献计出力，真心实意地叫好。

当时印象最深的是南关村。这个村是历史文化街区及南城门复建的"主战场"，也是最大的受益者，他们也经历了从怀疑到赞同、到积极参与的过程。开始有顾虑，但思想统一后，群众的热情和力量出乎意料，沿街住户顾全大局，实干加巧干，想方设法加快建设进度，看起来很难完成的工程，却在很短时间内保质保量地完工了。及至昔日坑洼不平、难以行走的"龙须沟"，今

第八章 上善若水——春风十里润常山

朝成为宽敞的文化街区和通衢大道时，村民们更是发自肺腑地感谢党和政府。

记得开街那天，村里的老百姓扭着秧歌，边走边舞，逢人就讲政府给老百姓办了大实事，共产党好，人民政府好！这场景过去只在电视剧里看到过，今天真切地出现在眼前，使我很感动，我们仅仅做了一点应该做的事，老百姓就如此称道，他们真的很善良啊！

不仅如此，这个村还打算为县委、县政府立"感恩碑"，写了碑文，并且把我的名字暗含在碑文中。我得知消息后，立即派相关干部马上到镇、村，了解了事情原委，由此引出了一段换碑记。

原来，正定历史文化街区建成后，城南居民生活环境上了一个大台阶，老百姓看在眼里，感受也最真切。立碑，成了他们表达心意、释放情感的最直接的方法。农民自有他们的细致，想出了用藏头联暗镶县委书记名字的办法，成就碑文。其中正面有两句是，"万民称颂感恩英明，勇于开拓决策之星"。

后面的碑文是："常山古郡，闻名遐迩；'三关雄镇'，坐落于此。南门外，滹沱河流经千里，昼夜不息；周汉渭河，清澈见底，东流而去。忙碌的水陆码头，迎接着八方商贾；内外云集的店铺，述说着昔日的繁华。这里九省通衢，北扼京津，南控中原，自古乃经济繁荣富饶之地，历来为兵家必争之重镇。

"岁月蹉跎，风雨沧桑。历史上春风十里的繁华大街，一度退化成晴天一街土、雨天一路泥的破败小巷。友人不愿来，车辆绕道行，悠悠古城的颓废败落，直接阻碍了当地的经济发展，也损害了历史文化名城的形象。

"党的改革开放春风，为古城带来勃勃生机，注入了新的活力。三年来，县委、县政府以非凡的胆识，领导人民克服重重困难，大规模实施城市形象建设工程，规划改造旧街道，修复文物古建筑，整理开放旅游景点，古城旧貌换新颜。县委、县政府的科学决策，谱写出今天古城发展的辉煌篇章。

"雄伟的南城门——长乐门，修葺一新，巍峨壮观。登楼北眺，历史文化街雕梁画栋，飞檐斗拱，商号林立，游人如织，在丰厚的历史积淀中展现出盛世风采……

"登高望远，我们不会忘记，县委、县政府为建设经济强县、文化名县、旅游大县所作出的巨大贡献……饮水思源，我们更不会忘记，正定人民的好领导。"

碑文撰写好后，村民们自发捐款，从200多里的曲阳县挑选上好的大理石料，请人刻上碑文，并定于2002年11月中旬正式揭碑，矗立在南关大道的显要处。

得知这一切后，我又一次被深深地感动了，正定的老百姓多好啊！我们做了一点应该做的事，他们就发自肺腑地感谢，我们还有许多事没来得及做，我们应当俯下身子给老百姓干更多的实事、好事！

当然，我也知道，这种赞颂，绝不仅是对我个人的，而是饱含着对党的领导、党的改革开放政策赞颂的心声。于是我向他们表态：对乡亲们的淳朴感情，县委尊重和衷心感谢，碑就不要立了，更不要把功劳记在个人身上。开始村民不同意，后几经商议总算同意把第一句的"万民"改为"百姓"。但老百姓讲，民心是杆秤，这段"换碑记"，更值得铭记。

多少年后，每每想到这件事，我都情绪难平，它激励我更加努力地工作，为人民群众作出更多的贡献，这才是人生最大的价值。

第八章　上善若水——春风十里润常山

六

不仅老百姓如此，正定的干部也是这样。他们最初认为我只是个省城里来的干部，不知道能否驾好正定这个"辕"，因为那时正是正定面临困难较多的一个时期。记得初到正定时，不少干部看我，都是游移不定的眼神，里边写满着疑问，"他行吗"？但经历共同的奋斗后，并不妨碍他们对我的认可、信赖和全力支持。

在正定工作时期，我们有个团结战斗的领导集体，县人大、县政府、县政协及各乡镇、各部门的领导和广大干部给予了县委无私宝贵的支持。正定的干部是有素质的、有能力的，是能干成事的。如果说，我们在正定做出了一点成绩的话，首先应当归功

古城除夕腊会

于他们。

还要特别说的是，正定的离退休老干部素质极高，人品极好，每每遇到困难和矛盾，他们都旗帜鲜明地站出来鼎力相助。2000年，县委决策整治古城环境，要拆除一些私搭乱建违规建筑，一时间引来一些不同议论。关键时刻，几位离休老干部站了出来，他们拄着拐杖来到县委机关，送来带着体温的离休金，捐款用于城市建设，以实际行动给予了县委莫大的支持。至今想来，都应当向他们郑重地说一声"谢谢"！

记得2003年，听到我工作有可能变动，老干部还联名给上级组织写信，请求让我在市里兼个职务，继续在正定干几年。我理解他们认可我在正定所做的工作，同时又怕耽误我所谓的"进步"，真可谓用心良苦。时至今日，我仍然不知道写这封信的老同志是谁，但他们那片对家乡热土的赤诚之情，对一位后来者的关切之心，使我今生难忘！

时间过得真快啊！一晃我到正定任职近四年了。2003年3月，河北省委研究决定，任命我为中共石家庄市委常委、农工委书记，同时不再担任正定县委书记职务。由此，我结束了在正定的工作。

没有什么思想准备，县里的工作正在爬坡过坎。县委新一年的工作刚刚部署，正在落实：城东新开发区蓝图正在绘就，古城新的三年大变样规划已经启动，一批招商引资项目正在跑办，居民的生活环境需要进一步优化，乡村百姓增收致富的举措还在推进，……还有很多工作要做，而这时我却要离开了，真的有点不舍啊！

离开县委大院，看到熟悉的一草一木，听到老百姓质朴的乡音，那就是我奋斗过四年的地方，但觉得心头一热，两行热泪缓

第八章 上善若水——春风十里润常山

缓流过双颊。

后来回想,我是带着半是欣慰半是遗憾的心情离开正定的。欣慰的是,我们沿着当年老书记确立的思路和开辟的道路,尽己所能,在这片热土上挥洒了心血和汗水,为老百姓做了一点事,丰收的种子正在发芽、成长、开花、结果。遗憾的是,我们还有很多事没来得及做,与老百姓的期盼相比,为他们做得太少了。

离开正定,20年过后,离任那一幕仍然历历在目,正定那些事儿时常萦绕梦中。人虽然离开了县委书记的岗位,心还始终眷恋着那片热土。听到正定的好消息,倍感振奋,得到不尽如人意的信息,则十分惋惜。

其间有一次回正定,走在历史文化街区,一位50多岁的中年男子过来寒暄,操着地道的正定话问候:"孙书记,好长时间么(没)见了,在这歇会儿吧!"见我看他有些面生,便笑着说:你忘了,我就是这街上哩,当年为拆迁还给你起过外号,现在大家伙可都念着你哩!不用多说了,场景再现,宛如昨日,两人不约而同地哈哈大笑。临别时,他像叮嘱家人一样说,可要常回来看看啊!

是的,回家的感觉真好。我知道,这辈子注定要与正定结缘,与她荣辱与共,心心相印,盼着她走得更好……

未来的路还很长,不管走到哪里,不管岁月多久,我都会永远为你祝福——我的正定!我们的父老乡亲!

附 录

正定历代建置沿革简表

先秦时期

早在新石器时代，已有先民居住。域内有仰韶文化遗址、龙山文化遗址。

公元前 770 年，一部分白狄人（姬姓，周人之姓）建鲜虞国，国都新市（今正定县新城铺镇）。

公元前 489 年，鲜虞国被晋国所灭，新市一带属晋国。

公元前 414 年，中山国武公复国，国都于顾（今定州市），不断兵伐晋国，领土向南扩展，东垣邑（今石家庄市东古城村）、新市等地属之。

公元前 406 年，三家分晋之魏国灭中山国，东垣邑、新市属魏国。

公元前 381 年，中山桓公再复国，定都灵寿（今平山县三汲），东垣邑、新市复属中山国。

公元前 296 年，中山国被赵国所灭，东垣邑、新市归赵国所辖。

公元前 228 年，秦军灭赵，东垣邑、新市归属秦国。

秦朝（前221—前206年）

公元前221年，秦统一六国，置东垣县。之后于东垣置恒山郡。恒山郡辖地约为今石家庄市及保定西部，北抵古恒山（今阜平县神仙山）。

汉朝（前206—220年）

公元前206年2月，楚霸王项羽封张耳为恒山王，东垣城为都城。

公元前204年，复置恒山郡，治元氏（今元氏县故城村），东垣县属恒山郡管辖。

公元前196年，汉高祖刘邦亲征东垣，平叛后取"真正安定"之意，改东垣为真定。

公元前179年，避汉文帝刘恒讳，改恒山郡为常山郡，领真定县。

公元前145年，汉景帝封其儿子舜为常山王，改常山郡为常山国，领真定县。

公元前114年，汉武帝废常山国，复设常山郡，领真定县。

公元前113年，汉武帝析常山郡北部设立真定国，都真定（今石家庄市东古城村），辖真定、藁城、肥垒和绵蔓四县。

公元4年，王莽把持朝政，改真定为思治，改新市为市乐，改常山为井关。新朝失败后，真定、新市、常山名称得以恢复。

公元26年，光武帝废除真定国，以其属县并入常山郡，治元氏，领真定县。

■ 三国、两晋、南北朝（220—581 年）

公元 221 年，常山郡治所迁至真定（今石家庄市东古城村），真定县属魏国常山郡管辖。

公元 352 年，前燕大将慕容恪在常山攻打魏冉闵，于滹沱河北岸建军事城堡，起名"安乐垒"（今正定县城前身）。

公元 398 年，北魏道武帝拓跋珪，登常山郡城（今石家庄市东古城村）北望安乐垒，"嘉其美名"，遂将常山郡治所迁于此。之后，真定县的治所从东垣古城迁至滹沱河北岸。

公元 578 年，北周划定州和常山郡各一部分设立恒州，治真定（今正定县）。

■ 隋朝（581—618 年）

公元 583 年，隋文帝废常山郡，真定县属恒州。

公元 605 年，改恒州为恒山郡，治真定。

■ 唐朝（618—907 年）

公元 618 年，唐高祖李渊即位，废恒山郡置恒州，治所移至石邑（今石家庄市振头街道），领真定、石邑、行唐、九门、滋阳五县。

公元 621 年，恒州治所由石邑迁至真定。

公元 627 年，唐太宗李世民分全国为十道，河北道辖十三州，其中恒州治真定，领真定县、石邑县、井陉县、灵寿县、行唐县等。

公元762年，唐肃宗授李宝臣为成德军节度使、恒州刺史，成德军治真定，据恒、赵、深、冀、易、定六州，与魏博、幽州藩镇并称"河朔三镇"。

公元820年，避穆宗李恒讳，改恒州为镇州，治真定。

五代（907—960年）

公元923年，李存勖建立后唐，以镇州为真定府，建北都。同年11月，以太原府为北都，真定府复为镇州，领真定县。

公元947年，契丹改国号为辽，升镇州为中京，镇州改称镇阳，领真定县。后汉兵攻克中京，复以镇阳为镇州，领真定县。

公元948年，后汉又升镇州为真定府，治真定，领真定县。

公元951年，后周改真定府为镇州，治真定，领真定县。

宋、金朝（960—1234年）

公元987年，宋分河北路为河北东、西两路，河北西路治真定，领真定、中山、信德、庆源四府，统天威、北平、安肃、永宁、广信、顺安六军。

公元989年，河北东、西路合并为河北路，置河北转运使司，治真定。

公元1048年，升镇州为真定府，治真定。统真定府和五州及九县。

公元1073年，宋复置河北东、西路，河北西路，治真定。

公元1129年，金沿袭河北东、西两路，各置本路兵马都总管，河北西路治真定。

公元1215年，金设行中书省于河北东、西两路，中书省治真定。

蒙古·元朝（1206—1368年）

公元1229年，改真定府为真定路，治真定，辖一司（录事司）、一府（中山府）、五州（赵、冀、深、晋、蠡），直辖真定、阜平等九县，余辖临城、南宫、饶阳等二十一县。

公元1235年，真定路隶属中书省，中书省、真定路均治真定。

公元1236年，太宗诏真定为光献、庄圣太后"汤沐邑"（皇后收取税赋私邑）。

公元1260年，元世祖置真定织染提举司和纱罗兼杂造局，管理丝纺织品生产。

明朝（1368—1644年）

公元1368年，改真定路为真定府，治真定，辖五州二十七县。

公元1370年，置真定卫，辖真定府、保定府驻军。指挥使驻真定府衙东南，负责守备倒马关、龙泉关、固关等关隘，所辖前、后、左、中、右五个千户所，中千户所驻倒马关，余驻真定。

公元1472年，真定府设真定、保定、河间、顺德、大名、广平六府巡抚署，并兼控倒马关、龙泉关、固关及紫荆、土门等关隘。

清朝（1616—1911 年）

公元 1644 年，改真定卫为真定镇，官署称镇总公署。

公元 1649 年，置直隶山东河南总督，治所驻真定。

公元 1656 年，置保定巡抚，辖保定、真定、顺德、广平、大名、河间六府，治所真定。

公元 1659 年，裁撤保定巡抚，改为直隶巡抚。

公元 1660 年，直隶巡抚治所驻真定。

公元 1723 年，避世宗爱新觉罗·胤禛讳，改真定府、真定县为正定府、正定县。正定府辖一州十三县。

中华民国（1912—1949 年）

公元 1913 年，废正定府，存正定县。正定县属直隶省范阳道。

公元 1928 年，直隶省改为河北省，正定县直隶于省。

公元 1947 年，人民解放军解放正定城。即以正定城内为辖区设立正定市，西北部农村为正定县。

公元 1949 年，正定县改属察哈尔建屏专区；之后，撤正定市，改为正定县城关区。随后，石门区行政督察专员公署在正定城内建立，不久即改称石家庄地区行政督察专员公署，均辖正定县。

中华人民共和国（1949 年 10 月 1 日成立）

公元 1949 年，石家庄地区行政督察专员公署由正定迁石家庄市。

公元1950年,石家庄地区行政督察专区改称河北省人民政府石家庄专区,仍辖正定县。

公元1958年,正定县、灵寿县合并为正定县。

公元1960年,撤销石家庄专区,正定县改属石家庄市。

公元1961年,复置石家庄专区,辖正定县。

公元1962年,恢复正定县、灵寿县建置。正定县仍属石家庄专区。

公元1967年,石家庄专区改为石家庄地区,辖正定县。

公元1986年,正定县由石家庄地区划归石家庄市。

参考书目

习近平：《知之深 爱之切》，河北人民出版社 2015 年版。

本书编写组：《习近平在正定》，中共中央党校出版社 2019 年版。

本书编写组：《让群众过上好日子——习近平正定足迹》，河北人民出版社、人民出版社 2022 年版。

《毛泽东评点二十四史·人物精选》，时事出版社 1997 年版。

《二十四史》，线装书局 2019 年版。

张宏儒、沈志华主编：《文白对照全译〈资治通鉴〉》，改革出版社 1991 年版。

（南宋）袁枢撰，杨寄林主编：《通鉴纪事本末》，花山文艺出版社 1994 年版。

（宋）沈括著，侯真平校点：《梦溪笔谈》，岳麓书社 2002 年版。

（清）顾祖禹：《读史方舆纪要》，团结出版社 2022 年版。

《畿辅通志》，河北人民出版社 1985 年版。

范文澜等：《中国通史》，人民出版社 1994 年版。

冯天瑜：《中华文化史》，上海人民出版社 2005 年版。

王国维：《宋元戏曲史》，安徽人民出版社 2019 年版。

余秋雨：《中国戏剧文化史述》，湖南人民出版社 1985 年版。

《临济录》，中州古籍出版社 2001 年版。

黄夏年主编：《赵州禅研究》，中州古籍出版社 2011 年版。

苑书义、孙宝存、郭文书：《河北经济史》，人民出版社

2003年版。

何高济译:《海屯行纪 鄂多立克东游录 沙哈鲁遣使中国记》,中华书局2002年版。

[法]沙海昂著、冯承钧译:《马可波罗行纪》,上海古籍出版社2014年版。

(元)纳新:《钦定四库全书·河朔访古记》。

梁思成著,林洙编:《梁》,中国青年出版社2013年版。

戴建兵主编:《滹沱河史料集》二集,地质出版社2019年版。

孙万勇:《品读石家庄》,人民出版社2018年版。

王俊华、贾丽英主编:《石家庄文化通史》,中国社会科学出版社2018年版。

明万历五年(公元1577年)《真定县志》。

乾隆二十七年(公元1762年)《正定府志》。

光绪元年(公元1875年)《正定县志》。

张荣芳、黄淼章:《南越国史》,广东人民出版社1995年版。

胡守为:《南越开拓先驱赵佗》,广东人民出版社2005年版。

彭秀良:《王士珍传》,中华书局2013年版。

王律:《正定华北大学史话》,河北人民出版社2018年版。

正定县政协文史委编:《高平地道战》,人民日报出版社2017年版。

河北省历史文化研究发展促进会、正定古文化研究会编:《古圖文汇》,河北人民出版社2003年版。

正定史源组委会:《正定史源》,河北人民出版社2017年版。

后　记

《品读正定》终于完稿了，这是品读系列的第三部。相比于《品读石家庄》《品读西柏坡》，是耗时比较长的一部。友人问我写作的感受，我回答是以敬畏之心完成的。

何以至此？因为公众对正定的关注度与日俱增。这个引人注目的地方，究竟是从哪里走来？她是个什么样子？发生过什么样的故事？对历史发展有过什么样的贡献？这一系列问题，等待人们去解读。而解读不被误读，则是十分重要的。

还因为解读的不易。正定历史底蕴深厚，史料繁多，时间跨越几千年，空间涵盖政治、经济、军事、文化、教育、建筑、交通、宗教、民俗、自然、地理等诸多门类，不夸张地说，就是一部小百科全书。在史料的山峰里，作者就像一个寻宝人，如何才能在"横看成岭侧成峰，远近高低各不同"的视角中准确识别宝物，展现给读者，而不犯舍本逐末、只见树木不见森林的错误，则始终是一个高度关注并力戒的问题。

重要的是品读。品读不是全面记录历史，不是复述故事，而是要透过历史的大幕，采撷波澜壮阔中令人铭记的这一时刻，抓取大千气象里让人怦然心动的那一瞬间，品出这一方的与众不同，读出她的内涵与气质，甚至品读出她的魂魄，品读出她的神貌。如果说筛选史料、提取精华是初始环节的话，那么，此时就是精心打磨、深度领悟的阶段了。作者给读者奉献的不应当是一个初级产品，而是一本发人深省、值得回味的精神读物。

品读还要有自己的风格。既要以史为镜，史论结合，汲取营养，具备观照现实、镜鉴当今之意，而且也要通俗易懂、深入浅出，尽量让读者有读下去的兴趣和愉悦感。而历史是丰富多彩的，许多故事今天讲来，仍然生动鲜活，很有代入感。作者应当是一个讲故事的人，让中华优秀传统文化的价值理念、人文精神和道德规范，寓于历史、寓于人物、寓于历史与人物的结合中，让读者在历史故事中感受正定的人文精神与魅力。

以上这些，就是本书力求达到的写作标准，也是我的感悟与体会。感谢历史，感谢品读，给了我深山寻宝的机会，我也孜孜以求，分外用心。尽管如此，当本书付梓之时，仍有忐忑之情，敬请各位方家和读者鉴析，不吝赐教。

另外，正定史料繁多，对个别人物、事件、时间记载略有不一，个别诗词也有不同版本，限于篇幅，不及一一列举，只选取了较为常用的表述，特此说明。

很多朋友在关注这本书，从各方面给予了帮助和支持。正定老领导程宝怀担任本书顾问并提出宝贵意见，史料方家王志敏、刘友恒先生，肖建科、雍华奇、郭西昌、韩振民等同志在史料订正、内容和资料整理方面热心相助。在此，谨表衷心的谢意！

最后，要特别感谢中共石家庄市委宣传部的大力支持和学习出版社领导的重视、编辑们付出的辛勤劳动。

孙万勇

2022 年 8 月

图书在版编目（CIP）数据

品读正定 / 孙万勇著. -- 北京：学习出版社，2023.4（2024.3重印）

ISBN 978-7-5147-1192-9

Ⅰ．①品… Ⅱ．①孙… Ⅲ．①文化史－正定县 Ⅳ．①K292.24

中国国家版本馆CIP数据核字(2023)第017535号

品读正定
PINDU ZHENGDING

孙万勇　著

顾　　问：程宝怀
责任编辑：宋　飞
技术编辑：刘　硕
装帧设计：壹读闻话

出版发行：学习出版社
　　　　　北京市崇外大街11号新成文化大厦B座11层（100062）
　　　　　010-66063020　010-66061634　010-66061646
网　　址：http://www.xuexiph.cn
经　　销：新华书店
印　　刷：北京顶佳世纪印刷有限公司

开　　本：710毫米×1000毫米　1/16
印　　张：27.5
字　　数：321千字
版次印次：2023年4月第1版　2024年3月第3次印刷
书　　号：ISBN 978-7-5147-1192-9
定　　价：69.00元

如有印装错误请与本社联系调换，电话：010-67081356